高 等 学 校 规 划 教 材

建设法规教程

刘黎虹　主编　　潘慧冰　副主编

化学工业出版社
·北京·

内容简介

《建设法规教程》系统介绍了工程建设领域相关法规的理论和应用，全面反映《中华人民共和国民法典》等新的法律法规变化，引导学生弘扬法治精神、树立法治意识、贯彻依法建设经营理念。主要内容包括：建设工程相关法律基础知识、建筑许可法律制度、建设工程发包承包制度、建设工程合同法律制度、建设工程安全生产管理法律制度、建设工程质量管理法律制度、建设工程其他相关法律制度、建设工程纠纷的解决及法律责任。本书内容精炼，重点突出。为方便教学，在书中重要知识点中加入典型例题及案例，融入执业资格考试的内容；除第 7 章外，其余各章均设有在线测试题，学练同步，便于读者理解、掌握相关知识。

本书配有教师辅助教学资源，主要包括 PPT 课件、电子教案、配套考试题及答案、各章例题解析、课后习题及答案。

本书既可作为土木工程、工程管理、工程造价及土建类其他相关及相近专业的本科和高职高专教材，还可作为工程建设管理人员的业务参考书。

图书在版编目（CIP）数据

建设法规教程/刘黎虹主编.—北京：化学工业出版社，2021.7（2024.1 重印）
高等学校规划教材
ISBN 978-7-122-39064-6

Ⅰ.①建…　Ⅱ.①刘…　Ⅲ.①建筑法-中国-高等学校-教材　Ⅳ.①D922.297

中国版本图书馆 CIP 数据核字（2021）第 080944 号

责任编辑：满悦芝　　　　　　　　　　　文字编辑：杨振美　陈小滔
责任校对：刘　颖　　　　　　　　　　　装帧设计：张　辉

出版发行：化学工业出版社（北京市东城区青年湖南街 13 号　邮政编码 100011）
印　　装：大厂聚鑫印刷有限责任公司
787mm×1092mm　1/16　印张 13　字数 312 千字　　2024 年 1 月北京第 1 版第 5 次印刷

购书咨询：010-64518888　　　　　　　　售后服务：010-64518899
网　　址：http://www.cip.com.cn
凡购买本书，如有缺损质量问题，本社销售中心负责调换。

定　　价：45.00 元　　　　　　　　　　　　　　　版权所有　违者必究

《建设法规教程》编写人员名单

主　　编：刘黎虹

副 主 编：潘慧冰

编写人员：刘黎虹　长春工程学院

　　　　　潘慧冰　长春建筑学院

　　　　　张力元　长春工程学院

　　　　　崔　琦　长春工程学院

前言

　　本书根据土建类专业应用型本科人才培养目标与定位编写，全面反映了近年来工程建设法规的新变化和新发展，融入执业资格考试的内容。为方便教学及适应建筑行业从业人员知识需求，以达到学练同步的目的，用例题和案例讲解知识点，内容精炼，重点突出，有助于读者理解和掌握相关内容。

　　本书从应用型人才培养的职业需求出发，增强教材实用性，注重培养学生的法律思维、法治意识，贯彻合规发展理念，着重体现对学生知法、懂法、用法基本能力的培养。

　　本书由刘黎虹教授担任主编。具体的编写分工为：刘黎虹编写第1、7章，崔琦编写第2、8章，潘慧冰编写第3、4章，张力元编写第5、6章。

　　为便于教学和提高学习效果，本书给教师提供配套PPT课件、电子教案、配套考试题及答案、各章例题解析、课后习题及答案，请选用本书的老师到化学工业出版社教学资源网（www.cipedu.com.cn）免费下载。

　　本书在编写过程中参考了大量同类教材，查阅、检索和参考了相关文献资料，在此一并表示感谢。

　　由于编者水平有限，本书难免存在不足之处，恳请广大读者批评指正。

编　者

2023 年 12 月

目录

第1章　建设工程相关法律基础知识　　1

第5章　建设工程安全生产管理法律制度　　118

第6章　建设工程质量管理法律制度　　142

第 7 章　建设工程其他相关法律制度　　168

第 8 章　建设工程纠纷的解决及法律责任　183

第1章　建设工程相关法律基础知识

1.1　建设法规构成体系和效力层级

建设法规可以分为法律、行政法规、地方性法规、部门规章、地方政府规章等层次。

（1）法律

法律是由全国人民代表大会及其常务委员会制定的规范工程建设活动的法律规范，由国家主席签署主席令予以公布。如《中华人民共和国建筑法》（以下简称《建筑法》）、《中华人民共和国招标投标法》（以下简称《招标投标法》）、《中华人民共和国城乡规划法》（以下简称《城乡规划法》）、《中华人民共和国城市房地产管理法》、《中华人民共和国民法典》（以下简称《民法典》）等。

（2）行政法规

行政法规是国家最高行政机关国务院根据宪法和法律就有关执行法律和履行行政管理职权的问题制定的规范性文件的总称。现行的建设行政法规主要有《建设工程安全生产管理条例》《建设工程质量管理条例》《城市房地产开发经营管理条例》《中华人民共和国招标投标法实施条例》（以下简称《招标投标法实施条例》）等。行政法规在全国范围内有效。

（3）地方性法规

地方性法规是省、自治区、直辖市的人民代表大会及其常务委员会根据本行政区域的具体情况和实际需要，在不与宪法、法律、行政法规相抵触的前提下，制定的地方性法规。设区的市的人民代表大会及其常务委员会根据本市的具体情况和实际需要，在不同宪法、法律、行政法规和本省、自治区的地方性法规相抵触的前提下，可以制定地方性法规，报省、自治区的人民代表大会常务委员会批准后施行。各地方都制定了大量的规范建设活动的地方性法规、自治条例和单行条例，如《北京市建筑市场管理条例》《山西省工程建设项目招标投标条例》等。地方性法规只在本辖区内有效。

（4）行政规章

行政规章是指由国家行政机关制定的规范性文件，包括部门规章和地方政府规章。

① 部门规章。部门规章是国务院各部委制定的规范性文件，部门规章规定的事项属于执行法律或者国务院的行政法规、决定、命令的事项，名称可以是"规定""办法"和"实施细则"等。大量的建设法规是以部门规章的方式发布的，如《工程建设项目施工招标投标办法》《房屋建筑和市政基础设施工程施工分包管理办法》《建筑工程施工许可管理办法》《房屋建筑工程质量保修办法》《招标公告和公示信息发布管理办法》等。

② 地方政府规章。地方政府规章是省、自治区、直辖市和较大的市的人民政府，根据法律、行政法规和本省、自治区、直辖市的地方性法规制定的地方规章。如《重庆市建设工

程造价管理规定》《江苏省建设工程造价管理办法》等。

此外，最高人民法院的司法解释规范性文件对法院审判有约束力，具有法律规范的性质，在司法实践中具有重要的地位和作用。

在我国法律体系中，法律的效力仅次于宪法，行政法规的法律地位和法律效力仅次于宪法和法律，高于地方性法规和部门规章。地方性法规的效力高于本级和下级地方政府规章。地方政府规章的效力低于法律、行政法规，低于同级或上级地方性法规。省、自治区人民政府制定的规章的效力，高于本行政区域内的设区的市、自治州人民政府制定的规章。

部门规章之间、部门规章与地方政府规章之间具有同等效力，在各自的权限范围内施行。

【例题1】规章是一种法律规范性文件，包括部门规章和地方政府规章，其制定者是（D）。

A. 人大常委会　　　　　　　　　　B. 最高人民法院

C. 国务院　　　　　　　　　　　　D. 国家行政管理职能机构

【例题2】下列法规中，属于部门规章的是（D）。

A.《建设工程安全生产管理条例》　　B.《北京市建筑市场管理条例》

C.《重庆市建设工程造价管理规定》　D.《招标公告和公示信息发布管理办法》

[解析] 选项A属于行政法规，由国务院制定；选项B属于地方性法规；选项C属于地方政府规章。

【例题3】关于上位法与下位法法律效力的说法，正确的是（A）。

A.《招标投标法实施条例》高于《招标公告和公示信息发布管理办法》

B.《建设工程质量管理条例》高于《建筑法》

C.《建筑业企业资质管理规定》高于《城市房地产开发经营管理条例》

D.《建设工程勘察设计管理条例》高于《城市房地产开发经营管理条例》

[解析] 本题考查法的效力等级。行政法规的法律地位和法律效力仅次于宪法和法律，高于地方性法规和部门规章。《招标投标法实施条例》是行政法规，《招标公告和公示信息发布管理办法》属于部门规章，选项A正确。

【例题4】下列与工程建设有关的规范性文件中，由国务院制定的是（B）。

A.《工程建设项目施工招标投标办法》

B.《安全生产许可证条例》

C.《中华人民共和国安全生产法》

D.《建筑业企业资质管理规定》

1.2　债权

1.2.1　债的法律关系

（1）债的概述

债是按照合同的约定或者按照法律规定，在当事人之间产生的特定权利和义务关系，享有权利的人是债权人，负有义务的人是债务人。债是特定当事人之间的法律关系，债权人只能向特定的人主张自己的权利，债务人只需向享有该项权利的特定人履行义务，债具有相对性。

（2）债的内容

债的内容是债的主体双方间的权利与义务，即债权人享有的权利和债务人负担的义务，即债权与债务。债权是请求他人为一定行为（作为或不作为）的民事权利。债务是指根据当事人的约定或者法律规定，债务人所负担的应为特定行为的义务。

《民法典》第 118 条规定：民事主体依法享有债权。债权是因合同、侵权行为、无因管理、不当得利以及法律的其他规定，权利人请求特定义务人为或者不为一定行为的权利。

1.2.2　建设工程债的发生依据

建设工程债的发生依据主要有以下几种：

（1）合同

《民法典》第 119 条规定："依法成立的合同，对当事人具有法律约束力。"合同是债的发生的最重要最普遍的根据。例如：施工合同是发生在建设单位和施工单位之间的债，双方的义务主要是施工人完成施工任务和发包人支付工程款；买卖合同债，在建设工程活动中主要是材料设备买卖合同。

（2）侵权行为

侵权行为，是指侵犯他人的人身、财产或知识产权，依法应承担民事责任的违法行为。侵权行为一旦发生，在侵权行为人和被侵权人之间形成债的关系，受害人有权要求侵权人赔偿损失。《民法典》第 120 条规定：民事权益受到侵害的，被侵权人有权请求侵权人承担侵权责任。

《民法典》第 1252 条规定：建筑物、构筑物或者其他设施倒塌、塌陷造成他人损害的，由建设单位与施工单位承担连带责任，但是建设单位与施工单位能够证明不存在质量缺陷的除外。建设单位、施工单位赔偿后，有其他责任人的，有权向其他责任人追偿。

因所有人、管理人、使用人或者第三人的原因，建筑物、构筑物或者其他设施倒塌、塌陷造成他人损害的，由所有人、管理人、使用人或者第三人承担侵权责任。

《民法典》第 1253 条规定：建筑物、构筑物或者其他设施及其搁置物、悬挂物发生脱落、坠落造成他人损害，所有人、管理人或者使用人不能证明自己没有过错的，应当承担侵权责任。所有人、管理人或者使用人赔偿后，有其他责任人的，有权向其他责任人追偿。

《民法典》第 1258 条规定：在公共场所或者道路上挖掘、修缮安装地下设施等造成他人损害，施工人不能证明已经设置明显标志和采取安全措施的，应当承担侵权责任。

（3）不当得利

不当得利是指没有法律上或合同上的根据，取得不应获得的利益而使他人受到损失的行为。《民法典》第 122 条规定："因他人没有法律根据，取得不当利益，受损失的人有权请求其返还不当利益。"不当得利造成他人利益的损害，因此在得利者与受害者之间形成债的关系，得利者应当将所得的不当利益返还给受损失的人。

（4）无因管理

《民法典》第 121 条规定：没有法定的或者约定的义务，为避免他人利益受损失而进行管理的人，有权请求受益人偿还由此支出的必要费用。无因管理在管理人与受益人之间形成债的关系。

【例题 5】下列关于债权案例的说法中，正确的是（C）。

A. 施工单位误将本应支付给 A 供应商的材料款转账给 B 供应商，A 供应商可以请求 B 供应商返还

B. 侵权是产生债的最主要、最普遍的原因

C. 某项目在施工过程中发生火灾，邻近的甲单位主动组织人员灭火，这一行为减少了施工单位的损失 10 万元，但甲单位因此产生了 1 万元的费用。甲有权向施工单位主张 1 万元的补偿

D. 施工现场围墙倒塌造成行人身体受伤的，由施工单位和监理单位负连带责任

【例题6】下列关于无因管理之债的说法，正确的是（D）。

A. 工地的建筑物倒塌造成行人黄某被砸伤属于无因管理之债

B. 施工单位收到了材料商多发送的 10 吨水泥属于无因管理之债

C. 王某丢失的钱被李某拾取不还，则王某和李某分别构成不当得利关系中的债务人和债权人

D. 无因管理是指没有法律上的特别义务，也没有受到当事人的委托，自觉为他人管理事务或提供服务

1.3 代理制度

1.3.1 代理的法律特征和种类

（1）代理

代理是指代理人在代理权限范围内，以被代理人的名义与第三人（又称为相对人）实施法律行为，行为后果由被代理人承担的法律制度。代理涉及三方当事人，即被代理人、代理人和代理关系所涉及的第三人（相对人）。民事主体可以通过代理人实施民事法律行为。

（2）代理的法律特征

代理具有如下法律特征：

① 代理人必须在代理权限范围内实施代理行为。代理人实施代理活动的直接依据是代理权。代理人进行代理活动不得超出被代理人授予的或者法律规定的代理权范围，代理权范围确定了代理人活动的基本界限，在这一界限范围之内，代理人必须根据维护被代理人利益的需要，根据实际情况，向第三人作出意思表示或接受第三人的意思表示。

② 代理人应该以被代理人的名义实施代理行为。代理人与第三人为民事法律行为，其目的并非为代理人自己设定民事权利义务，而是基于被代理人的委托授权或依照法律规定，代替被代理人参加民事活动，其活动产生的法律后果，直接由被代理人承受。

③ 代理行为必须是具有法律意义的行为。代理人为被代理人实施的是能够产生法律上的权利义务关系，产生法律后果的行为。

④ 代理行为的法律后果归属于被代理人。代理是被代理人通过代理人的活动为自己设定民事权利义务的一种方式，因而代理人在代理权限范围内所为的行为，与被代理人自己所为的行为一样，其法律后果应由被代理人承受。被代理人承担责任的范围，既包括对代理人在执行代理事务中的合法行为承担民事责任，也包括对代理人在执行代理事务中的违法行为承担民事责任。

（3）代理的种类

代理包括委托代理、法定代理。

① 委托代理。委托代理是指代理人按照被代理人的委托行使代理权。委托代理，可以用书面形式，也可以用口头形式，法律规定用书面形式的，应当用书面形式。书面委托代理的授权委托书应当载明代理人的姓名或名称，代理事项、权限和期间，并由委托人签名或盖章，委托代理人应按照被代理人的委托授权行使代理权。

②法定代理。法定代理是指根据法律的规定而发生的代理。无民事行为能力人、限制民事行为能力人的监护人是他的法定代理人。

在此需要区分几个概念：

a.完全民事行为能力人。十八周岁以上的自然人为成年人。成年人为完全民事行为能力人，可以独立实施民事法律行为。十六周岁以上的未成年人，以自己的劳动收入为主要生活来源的，视为完全民事行为能力人。

b.限制民事行为能力人。八周岁以上的未成年人和不能完全辨认自己行为的成年人为限制民事行为能力人，实施民事法律行为由其法定代理人代理或者经其法定代理人同意、追认；但是，可以独立实施纯获利益的民事法律行为或者与其年龄、智力、精神健康状况相适应的民事法律行为。

c.无民事行为能力人。不满八周岁的未成年人和不能辨认自己行为的成年人为无民事行为能力人，由其法定代理人代理实施民事法律行为。

建设工程中涉及的代理主要是委托代理，如总监理工程师是监理单位的代理人，项目经理是施工企业的代理人。总监理工程师、项目经理作为代理人应当在授权范围内行使代理权。项目经理根据企业法人的授权，组织和领导项目经理部的全面工作。项目经理部行为的法律后果由企业法人承担。例如：项目经理部没有按照合同约定完成施工任务，则应由施工企业承担违约责任；项目经理签字的材料款，如果不按时支付，材料供应商应当以施工企业为被告提起诉讼。

1.3.2　无权代理

无权代理是指行为人不具有代理权，以被代理人的名义与相对人实施法律行为。无权代理一般有三种表现形式：

① 没有代理权。行为人自始至终没有被授予代理权，就以被代理人的名义进行民事行为，属于无权代理。

② 超越代理权。代理权限是有范围的，超越代理权限与相对人实施法律行为，属于无权代理。

③ 代理权已终止。这是指行为人与被代理人之间原有代理关系，但是由于代理期限届满、代理事务完成或者被代理人取消委托关系等原因，被代理人与代理人之间的代理关系已不复存在，但原代理人仍以被代理人名义与他人实施法律行为。

关于无权代理，被代理人有权根据自己的利益决定是否予以追认。被代理人对无权代理人实施的行为如果予以追认，则无权代理可转化为有权代理，产生与有权代理相同的法律效力。被代理人不予追认的，对被代理人不发生效力。

《民法典》第171条规定，行为人没有代理权、超越代理权或者代理权终止后，仍然实施代理行为，未经被代理人追认的，对被代理人不发生效力，由行为人承担责任。相对人可以催告被代理人自收到通知之日起三十日内予以追认。被代理人未作表示的，视为拒绝追认。行为人实施的行为被追认前，善意相对人有撤销的权利。撤销应当以通知的方式作出。

行为人实施的行为未被追认的，善意相对人有权请求行为人履行债务或者就其受到的损害请求行为人赔偿。

相对人知道或者应当知道行为人无权代理的，相对人和行为人按照各自的过错承担责任。

《民法典》第503条规定，无权代理人以被代理人的名义订立合同，被代理人已经开始履行合同义务或者接受相对人履行的，视为对合同的追认。

1.3.3 表见代理

表见代理是指行为人虽然是无权代理，但由于行为人的某些行为，造成足以使善意相对人相信其有代理权的表象，而与善意相对人进行的、由被代理人承担法律后果的代理行为。《民法典》第172条规定，行为人没有代理权、超越代理权或者代理权终止后，仍然实施代理行为，相对人有理由相信行为人有代理权的，该代理行为有效。

表见代理需具备以下特别构成要件：

① 必须存在足以使相对人相信行为人具有代理权的事实或理由。它要求行为人与被代理人之间存在某些事实上或法律上的联系，如行为人持有已加盖公章的空白合同书等证明类文件。

② 相对人必须为善意。如果相对人明知行为人无代理权而仍与之实施民事行为，相对人具有主观恶意，则不构成表见代理。表见代理是善意相对人通过"被代理人"的行为足以相信无权代理人具有代理权的"代理"。基于此信赖，该代理行为有效。善意第三人与无权代理人订立合同，其后果由被代理人承担。例如，采购员拿着盖有甲公司单位公章的空白合同文本，超越授权范围与乙公司订立合同。乙公司并无过错，属于善意第三人；甲公司与乙公司订立的合同有效，其后果由被代理人甲公司承担。

无权代理与表见代理的对比见表1-1。

表1-1 无权代理与表见代理的对比

项目	无权代理	表见代理
概念	行为人不具有代理权，以被代理人的名义与第三人实施法律行为	行为人虽无代理权，但表面上足以使相对人相信其有代理权的行为
类型	① 自始未经授权 ② 超越代理权 ③ 代理权已终止	① 自始未经授权 ② 超越代理权 ③ 代理权已终止
后果	① 被代理人予以追认，转化为有权代理 ② 被代理人不予追认，对被代理人不发生效力，责任由无权代理人承担	① 保护善意相对人的合法权益，代理行为有效 ② 被代理人在承担责任后，可向无权代理人追偿
特例	被代理人已经开始履行合同义务或者接受相对人履行的，视为对合同的追认	相对人知道行为人没有代理权却与行为人实施法律行为，代理行为无效（相对人不是善意）

【例题7】甲单位委托自然人乙采购特种水泥，乙持着授权委托书向丙供应商进行采购，由于缺货，丙供应商向乙说明无法供货，乙表示愿意购买普通水泥代替，向丙供应商出示加盖甲公章的空白合同。经查，丙供应商不知乙授权不足的情况。下列关于甲单位、乙的行为

的说法中，正确的是（D）。

　　A. 乙的行为属于法定代理

　　B. 甲单位有权拒绝接受这批普通水泥

　　C. 如果甲单位拒绝接受，应由乙承担付款义务

　　D. 甲单位承担付款义务

　　[解析] 乙的行为属于表见代理，此代理行为有效，所以甲单位应承担收货付款义务。

【案例1】

　　2018年7月，甲建筑公司（以下简称甲公司）中标某大厦工程，负责施工总承包。2019年5月，甲公司将该大厦装饰工程施工分包给乙装饰公司（以下简称乙公司）。甲公司驻该项目的项目经理为李某，乙公司驻该项目的项目经理为王某。李某与王某是多年的老朋友。

　　2019年6月，甲公司在该项目上需租赁部分架管、扣件，但资金紧张。李某听说王某与丙材料租赁公司（以下简称丙租赁公司）关系密切，便找到王某帮忙赊租架管、扣件。王某答应了李某的请求。随后，李某将盖有甲公司合同专用章的空白合同书及该单位的空白介绍信交给王某，同年7月10日，王某找到丙租赁公司，出具了甲公司的介绍信（没有注明租赁的财产）和空白合同书，要求租赁脚手架。

　　丙租赁公司经过审查，认为王某出具的介绍信与空白合同书均盖有公章，真实无误，确信其有授权，于是签订了租赁合同，丙租赁公司依约将脚手架交给王某，但王某将脚手架用到了由他负责的其他工程上，后丙租赁公司多次向甲公司催要租赁费无果后，将甲公司诉至人民法院。

【问题】

　　王某的行为属无权代理还是表见代理，本案应如何处理？

【分析】

　　王某的行为构成表见代理。王某是乙公司的项目经理，向丙租赁公司租赁脚手架超出了甲公司对其的授权范围，但他向丙租赁公司出具了甲公司的介绍信及空白合同书，使丙租赁公司相信其有权代表甲公司租赁脚手架。

　　表见代理的后果应由被代理人承担。因此，甲公司对丙租赁公司请求的租赁费用应承担给付义务。对于甲公司自己的损失，甲公司可以向王某追究责任。

1.3.4　职务代理

　　职务代理，是指代理人根据其在法人或者非法人组织中所担任职务，依据其职权对外实施民事法律行为的代理。《民法典》第170条规定：执行法人或者非法人组织工作任务的人员，就其职权范围内的事项，以法人或者非法人组织的名义实施的民事法律行为，对法人或者非法人组织发生效力。法人或者非法人组织对执行其工作任务的人员职权范围的限制，不得对抗善意相对人。

　　（1）职务代理的构成条件

　　① 代理人是法人或者非法人组织的工作人员。如果代理人不是该法人或者非法人组织的工作人员，其按照被代理人的授权从事代理行为，属于一般委托代理。

　　② 代理人实施的必须是其职权范围内的事项。对于职权范围内的事项，可以理解为该法人或者非法人组织对该工作人员（即代理人）的一揽子授权，无须在每次与第三人交易时

都要提交有关书面授权书，其职务、职权本身就是委托授权的证明，这是职务代理与一般的委托代理的不同之处。

③ 必须以该法人或者非法人组织的名义实施民事法律行为。

（2）职务代理的法律后果

职务代理与一般委托代理的后果相同，代理人代理实施的民事法律行为对该法人或者非法人组织发生效力。

（3）越权职务代理的法律后果

出于维护交易安全、保护善意相对人利益的目的，《民法典》第170条规定，法人或者非法人组织对执行其工作任务的人员职权范围的限制不得对抗善意相对人，也就是说只要交易相对人对该职权限制不知情，即产生合法有效职务代理的法律后果。

【案例2】

2020年7月3日，某建筑公司与某混凝土公司签订《商品混凝土买卖合同》，由某建筑公司向某混凝土公司购买商品混凝土，对单价作了约定，并据实结算。2020年9月18日，某建筑公司通知某混凝土公司停止供应商品混凝土。2020年9月28日，某混凝土公司财务负责人王某前往某建筑公司就该公司已供应的商品混凝土进行结算，由某建筑公司财务负责人李某接待。李某和王某核对供货情况后，李某打印结算单，载明某建筑公司欠某混凝土公司商品混凝土货款103万元，于2020年10月8日付清；李某在某建筑公司处签名。王某要求李某加盖公司印章时，李某称"我是公司负责财务的，没问题"。因某建筑公司届时没有付款，某混凝土公司于2020年11月3日向法院提起诉讼。某建筑公司法定代表人以李某出具的结算单未加盖印章、公司未授权李某进行结算为由，否认欠款金额。

【问题】

某建筑公司是否应该付款？

【分析】

某建筑公司财务负责人李某的行为属于职务代理，职务代理是指执行法人工作任务的人员，就其职权范围内的事项，以法人的名义实施的法律行为，对该组织发生效力。职务代理无须法人或者非法人组织的特别授权，不需要一事一授权。故案例中某建筑公司否认欠款金额理由不能成立，某建筑公司应该付款。

1.3.5 不当或违法代理行为

（1）损害被代理人利益应承担的法律责任

《民法典》第164条规定："代理人不履行或者不完全履行职责，造成被代理人损害的，应当承担民事责任。代理人和相对人恶意串通，损害被代理人合法权益的，代理人和相对人应当承担连带责任。"

委托代理时，被代理人对于代理事项、权限和期间等一般都有明确授权，代理人首先应当根据被代理人的授权行使代理权，在授权范围内认真维护被代理人的合法权益，完成代理事项。代理人行使代理权是为了被代理人的利益，应当在代理权限内忠实履行代理职责，如果不履行或者不完全履行代理职责，造成被代理人损害的，应当承担民事责任。

（2）违法代理行为应承担的法律责任

《民法典》第167条规定：代理人知道或者应当知道被委托代理的事项违法仍然实施代理行为的，或者被代理人知道或者应当知道代理人的代理行为违法未作反对表示的，由被代理人和代理人承担连带责任。

代理行为是代理民事法律行为，合法性是民事法律行为的重要属性，违法行为均不得代理。违法代理行为包括两种情况：一种是被委托代理的事项违法，另一种是委托代理的事项本身不违法，而是代理人的代理行为违法。第一种情况，代理人应当拒绝代理，如果代理人知道被委托代理的事项违法仍然进行代理活动，由被代理人与代理人负连带责任。第二种情况，被代理人应予以制止或者取消委托，终止他们之间的代理关系，如果被代理人知道代理人的代理行为违法而不表示反对的，应该由被代理人与代理人负连带责任。

1.3.6　不得委托代理的建设工程活动

《民法典》第 161 条规定，依照法律规定、当事人约定或者民事法律行为的性质，应当由本人亲自实施的民事法律行为，不得代理。

建设工程的承包活动不得委托代理。《建筑法》规定，禁止承包单位将其承包的全部建筑工程转包给他人，禁止承包单位将其承包的全部建筑工程肢解以后以分包的名义分别转包给他人。施工总承包的，建筑工程主体结构的施工必须由总承包单位自行完成。

1.4　担保制度

1.4.1　担保的概念

担保是指依照法律规定或由当事人双方约定的，为保障合同债权实现的法律措施。设立担保的作用是为了保障债务的履行和债权的实现。担保的概念可以从以下三方面来理解：

① 担保是保障特定债权人债权实现的法律制度。担保的目的是为了强化债务人清偿特定债务的能力，以使特定债权人能够优先于其他债权人受偿或者从第三人得到赔偿。

② 担保是以特定财产或者第三人的信用来保障债权人债权实现的制度。

③ 对特定债权设定担保后，债权人或从第三人的财产中受偿，或从债务人的特定财产优先于其他债权人受偿，担保是对债务人不履行债务时保障特定债权人的手段。

担保的方式有保证、抵押权、质权、留置权和定金五种。《民法典》第 388 条规定：设立担保物权，应当依照本法和其他法律的规定订立担保合同。担保合同包括抵押合同、质押合同和其他具有担保功能的合同。担保合同是主债权债务合同的从合同。主债权债务合同无效的，担保合同无效，但是法律另有规定的除外。

1.4.2　保证

（1）保证的概念

保证是第三人为债务人的债务作担保，保证合同是由保证人和债权人约定，当债务人不履行债务时，保证人按照约定履行债务或者承担责任的合同。保证合同可以是单独订立的书面合同，也可以是主债权债务合同中的保证条款。

保证合同的内容一般包括被保证的主债权的种类、数额，债务人履行债务的期限，保证的方式、范围和期间等条款。

保证的后果是保证人以自己的财产为被保证人偿债，《民法典》规定：以公益为目的的非营利法人、非法人组织不得为保证人。

（2）保证的方式

保证的方式有一般保证和连带责任保证两种。

当事人在保证合同中约定，在债务人不能履行债务时，由保证人承担保证责任的，为一般保证。

当事人在保证合同中约定保证人与债务人对债务承担连带责任的，为连带责任保证。

当事人在保证合同中对保证方式没有约定或者约定不明确的，按照一般保证承担保证责任。

（3）一般保证的先诉抗辩权

一般保证的保证人在主合同纠纷未经审判或者仲裁，并就债务人财产依法强制执行仍不能履行债务前，对债权人可以拒绝承担保证责任。一般保证方式的保证人享有先诉抗辩权，承担的保证责任较轻。

连带责任保证的债务人不履行到期债务或者发生当事人约定的情形时，债权人可以请求债务人履行债务，也可以请求保证人在其保证范围内承担保证责任。连带责任保证的保证人不享有先诉抗辩权，承担的保证责任较重。连带责任保证的债权人请求保证人承担保证责任的，只需证明有债务人届期不履行债务的事实即可，不论债权人是否就债务人的财产已强制执行，保证人均应按照保证合同的约定承担保证责任。

（4）保证的范围

保证的范围包括主债权及其利息、违约金、损害赔偿金和实现债权的费用。当事人另有约定的，按照其约定。

（5）保证期间

保证期间，是指依合同约定或法律规定，保证人承担保证责任的期限。如果超过了这一期限，保证人就不再承担保证责任。债权人与保证人可以约定保证期间，没有约定或者约定不明确的，保证期间为主债务履行期限届满之日起六个月。债权人与债务人对主债务履行期限没有约定或者约定不明确的，保证期间自债权人请求债务人履行债务的宽限期届满之日起计算。

一般保证的债权人未在保证期间对债务人提起诉讼或者申请仲裁的，保证人不再承担保证责任。

连带责任保证的债权人未在保证期间请求保证人承担保证责任的，保证人不再承担保证责任。

【例题8】某建设单位和承包商签订了施工合同，承包商和分包商签订了分包合同，为保证施工合同的履行，建设单位要求承包商提供保证人，保证合同的当事人是（C）。

　　A.承包商和分包商　　　　　　　　B.承包商和保证人

　　C.建设单位和保证人　　　　　　　D.建设单位和承包商

【案例3】

2021年1月3日，甲公司与乙银行签订借款合同，借款100万元，年利率为10%。双方约定借款期限为1个月，甲公司应于2021年2月3日前返还本金与利息。按照银行贷款的有关规定，丙公司作为甲公司提供的保证人在甲乙之间订立的借款合同书上签章，保证方式为连带保证，担保范围为借款的本金100万元，保证期间为1个月。甲公司在2021年2月3日之前未能归还借款。2021年3月10日，乙银行起诉丙公司，要求其履行保证债务，代为给付 100 万元本金。

【问题】

保证人是否承担保证责任？法院应如何裁定？

【分析】

保证人免除保证责任。丙公司提供的是连带保证，连带责任保证的债务人不履行到期债务或者发生当事人约定的情形时，债权人可以请求债务人履行债务，也可以请求保证人在其保证范围内承担保证责任。连带责任保证的债权人未在保证期间请求保证人承担保证责任的，保证人不再承担保证责任。

乙银行未在保证期间内要求保证人丙公司承担保证责任，保证人不再承担保证责任，法院应裁定驳回乙银行的起诉。

1.4.3　抵押权

1.4.3.1　抵押权的概念

抵押权是指为担保债务的履行，债务人或者第三人不转移财产的占有，将该财产抵押给债权人，债务人不履行到期债务或者发生当事人约定的实现抵押权的情形，债权人有权就该财产优先受偿。

抵押法律关系的当事人为抵押人和抵押权人。抵押人是指为担保债的履行而提供抵押物的债务人或者第三人（保证人），抵押权人是指接受担保的债权人。抵押人提供的用于担保债务履行的财产为抵押财产。

抵押权是在不转移抵押财产占有的情况下在抵押财产上设定的权利，抵押人虽然将抵押财产用于提供担保，却可以继续使用抵押财产。这是抵押与质押的重要区别。

抵押权人的优先受偿权，是指当抵押权实现时，抵押权人以抵押财产的变价优先受清偿的权利。优先受偿权表现为：一般情况下，抵押权人优于一般债权人受偿，抵押债权优于一般债权；在抵押财产被查封、被执行时，抵押权优于执行权；在抵押人宣告破产时，抵押权优先于抵押人的一般债权。

当事人应当采用书面形式订立抵押合同。抵押合同由抵押人和抵押权人订立，抵押合同一般包括下列条款：被担保债权的种类和数额；债务人履行债务的期限；抵押财产的名称、数量等情况；担保的范围。

1.4.3.2　抵押财产

① 可以抵押的财产。债务人或者第三人有权处分的下列财产可以抵押：建筑物和其他土地附着物；建设用地使用权；海域使用权；生产设备、原材料、半成品、产品；正在建造的建筑物、船舶、航空器；交通运输工具；法律、行政法规未禁止抵押的其他财产。

② 禁止抵押的财产。下列财产不得抵押：土地所有权；宅基地、自留地、自留山等集体所有土地的使用权，但法律规定可以抵押的除外；学校、幼儿园、医疗机构等为公益目的成立的非营利法人的教育设施、医疗卫生设施和其他公益设施；所有权、使用权不明或者有争议的财产；依法被查封、扣押、监管的财产；法律、行政法规规定不得抵押的其他财产。

1.4.3.3　抵押权登记

抵押权的登记，是指由主管机关依法在登记簿上就抵押财产上的抵押权状态予以记载。

① 必须登记。以建筑物和其他土地附着物、建设用地使用权、海域使用权以及正在建

造的建筑物抵押的，应当办理抵押登记。抵押权自登记时设立。如果义务人没有履行抵押登记手续，抵押权并没有设立，未办理抵押财产登记的，合同对方不能享有抵押财产的优先受偿权。

② 自愿登记。以动产抵押的，抵押权自抵押合同生效时设立，未经登记，不得对抗善意第三人。例如以生产设备、原材料、半成品、产品、交通运输工具或者正在建造的船舶、航空器抵押的，抵押权自抵押合同生效时设立；未经登记，不得对抗善意第三人。

动产抵押不以登记为生效条件，而是自抵押合同生效时设立。但是办理登记与否的法律后果不同，未办理抵押财产登记，不得对抗善意第三人。不得对抗善意第三人是指在抵押权存续期间，抵押人转让、出租该没有进行登记的抵押财产，或者就该抵押财产再次设定抵押权，从而使抵押财产为善意第三人所占有时，抵押权人只能向抵押人请求损害赔偿。

1.4.3.4　抵押人的权利和义务

抵押人保留抵押财产的占有权，有保持抵押财产完好的义务，有依法处分抵押财产的权利，《民法典》第406条规定了抵押财产的处分规则，可从以下四个方面来理解：

① 抵押期间，除当事人另有约定外，抵押人可以自由转让抵押财产。

② 抵押人转让抵押财产的，应当及时通知抵押权人，但无须取得抵押权人的同意。

③ 在抵押财产转让可能损害抵押权的情形下，抵押权人可以请求抵押人将转让所得价款向抵押权人提前清偿债务或者提存。

④ 抵押财产转让的，抵押权不受影响。抵押财产进行转让时，抵押权随着所有权的转让而转移，取得抵押财产的受让人在取得所有权的同时，也成为抵押人，受到抵押权的约束。

1.4.3.5　抵押权的实现

债务人不履行到期债务或者发生当事人约定的实现抵押权的情形，抵押权人可以与抵押人协议以抵押财产折价或者以拍卖、变卖该抵押财产所得的价款优先受偿。协议损害其他债权人利益的，其他债权人可以请求人民法院撤销该协议。

抵押权人与抵押人未就抵押权实现方式达成协议的，抵押权人可以请求人民法院拍卖、变卖抵押财产。抵押财产折价或者变卖的，应当参照市场价格。

抵押财产折价或者拍卖、变卖后，其价款超过债权数额的部分归抵押人所有，不足部分由债务人清偿。

同一财产向两个以上债权人抵押的，拍卖、变卖抵押财产所得的价款依照下列规定清偿：

① 抵押权已经登记的，按照登记的时间先后确定清偿顺序；

② 抵押权已经登记的先于未登记的受偿；

③ 抵押权未登记的，按照债权比例清偿。

其他可以登记的担保物权，清偿顺序参照适用以上规定。

1.4.4　质权

质权分为动产质权和权利质权。

（1）动产质权

《民法典》规定，动产质押，是指为担保债务的履行，债务人或第三人将其动产出质给债权人占有，将该财产作为债权的担保，债务人不履行到期债务或者发生当事人约定的实现质权的情形时，债权人有权就该动产优先受偿。以动产为标的的质权即是动产质权。法律、行政法规禁止转让的动产不得出质。

《民法典》第 427 条规定：设立质权，当事人应当采用书面形式订立质押合同。

质押合同一般包括下列条款：被担保债权的种类和数额；债务人履行债务的期限；质押财产的名称、数量等情况；担保的范围；质押财产交付的时间、方式。

（2）权利质权

《民法典》规定，债务人或者第三人有权处分的下列权利可以出质：①汇票、支票、本票；②债券、存款单；③仓单、提单；④可以转让的基金份额、股权；⑤可以转让的注册商标专用权、专利权、著作权等知识产权中的财产权；⑥现有的以及将有的应收账款；⑦法律、行政法规规定可以出质的其他财产权利。

1.4.5　留置权

留置是指债权人按照合同约定占有债务人的动产，留置权是指债务人不履行到期债务，债权人可以留置已经合法占有的债务人的动产，并有权就该动产优先受偿。债权人为留置权人，占有的动产为留置财产。

留置权人与债务人应当约定留置财产后的债务履行期限；没有约定或者约定不明确的，留置权人应当给债务人六十日以上履行债务的期限，但是鲜活易腐等不易保管的动产除外。债务人逾期未履行的，留置权人可以与债务人协议以留置财产折价，也可以就拍卖、变卖留置财产所得的价款优先受偿。

1.4.6　定金

（1）定金的概念

定金是指当事人双方为了担保债务的履行，约定由当事人一方向对方先行支付一定数额的货币作为债权的担保。定金合同自实际交付定金时成立。

（2）定金比例及罚则

定金的数额由当事人约定；但是，不得超过主合同标的额的百分之二十，超过部分不产生定金的效力。实际交付的定金数额多于或者少于约定数额的，视为变更约定的定金数额。

债务人履行债务的，定金应当抵作价款或者收回。给付定金的一方不履行债务或者履行债务不符合约定，致使不能实现合同目的的，无权请求返还定金；收受定金的一方不履行债务或者履行债务不符合约定，致使不能实现合同目的的，应当双倍返还定金。当事人既约定违约金，又约定定金的，一方违约时，对方可以选择适用违约金或者定金条款。定金不足以弥补一方违约造成的损失的，对方可以请求赔偿超过定金数额的损失。

（3）定金与预付款的区别

由于定金在合同履行后可以抵作价款，并且定金是于合同履行前交付的，因此定金具有预先给付的性质，与预付款相似。但定金不同于预付款，其区别主要有以下几点：

① 性质和作用不同。定金主要作用是通过定金罚则给当事人压力，担保合同的履行。预付款是合同价款的一种支付方式，其作用是为一方当事人履行合同提供资金上的帮助，为合同的履行创造条件。

② 发生的基础不同。定金是依据定金合同而发生的，只有在一方实际交付后，定金才

能成立；预付款是由当事人在合同中约定的，一方当事人不按照合同的约定交付预付款时，其行为构成对合同义务的违反。

③ 适用的条件和后果不同。定金合同当事人双方不履行主合同债务的，适用定金罚则，发生丧失定金或者双倍返还定金的法律后果；而交付和收受预付款的当事人一方违约时，不发生丧失或双倍返还已付款项的后果，预付款仅可抵作损害赔偿金。

各种担保方式的要点见表 1-2。

表 1-2　各种担保方式的要点

大类	类型	担保人	担保财产	担保财产占有方式	典型案例
人的担保	保证	第三人	—	—	甲乙签订合同，丙作为甲的保证人，在甲违约不履行义务时，丙代替甲履行义务
物的担保	抵押	债务人、第三人	不动产、动产	不转移占有	甲以某房屋作为抵押财产向银行贷款，房屋不转移占有，仍由原所有人占有
	质押	债务人、第三人	动产、权利	转移占有	甲把存单质押给银行借款
	留置	债务人本人	动产	转移占有	货物运输合同中，托运人或收货人不按规定交付运费，承运人即可对承运货物取得留置权
钱的担保	定金	债务人本人	金钱	转移占有	甲向乙订购一批货物，甲先向乙交付10%货款作为定金，甲违约不予返还定金，乙违约应双倍返还定金

1.4.7　建设工程担保

建设工程中经常采用的担保种类有投标担保、履约担保、预付款担保、工程款支付担保等。

（1）投标担保

投标担保，是指投标人按照招标文件的要求向招标人出具的，以一定金额表示的投标责任担保。投标担保主要保证投标人在递交投标文件后不得撤销投标文件，中标后不得无正当理由不与招标人订立合同，在签订合同时不得向招标人提出附加条件，或者不按照招标文件要求提交履约担保，否则，招标人有权不予退还其提交的投标担保。《工程建设项目施工招标投标办法》规定，施工投标保证金的数额一般不得超过投标总价的 2%，但最高不得超过80 万元人民币。

《招标投标法实施条例》规定，投标保证金不得超过招标项目估算价的 2%。投标保证金有效期应当与投标有效期一致。未能按照招标文件要求提供投标担保的投标，可被视为不响应招标而被拒绝。

（2）履约担保

《招标投标法》规定，招标文件要求中标人提交履约保证金的，中标人应当提供。履约担保是指招标人在招标文件中规定的要求中标的投标人提交的保证履行合同义务和责任的担保。履约担保可以采用银行保函、履约担保书和履约保证金的形式，也可以采用同业担保的方式，即由实力强、信誉好的承包商为其提供履约担保。招标文件要求中标人提交履约保证金的，中标人应当按照招标文件的要求提交。履约保证金不得超过中标合同金额的 10%。

（3）预付款担保

预付款担保是承包人与发包人签订合同后，承包人正确、合理使用发包人支付的预付工程款的担保。预付款担保可采用银行保函、担保公司担保等形式，具体由合同当事人在专用合同条款中约定。预付款担保的主要作用在于保证承包人能够按合同规定进行施工，偿还发包人已支付的全部预付金额。如果承包人中途毁约，中止工程，使发包人不能在规定期限内从应付工程款中扣除全部预付款，则发包人作为保函的受益人有权凭预付款担保向银行索赔该保函的担保金额作为补偿。

（4）工程款支付担保

工程款支付担保，是发包人向承包人提交的、保证按照合同约定支付工程款的担保，通常采用由银行出具保函的方式。2013 年经修改后发布的《工程建设项目施工招标投标办法》规定，招标人要求中标人提供履约保证金或其他形式履约担保的，招标人应当同时向中标人提供工程款支付担保。工程款支付担保的规定，对解决我国建筑市场工程款拖欠问题具有特殊重要的意义。

【例题 9】甲公司以其名下的一栋办公楼作为抵押财产，为乙公司向银行申请贷款作担保，并在登记机关办理了抵押财产登记。该担保法律关系中，抵押人为（A）。

A. 甲公司　　　　B. 乙公司　　　　C. 银行　　　　D. 登记机关

【例题 10】关于抵押的说法正确的是（B）。

A. 抵押财产只能由债务人提供　　　B. 正在建造的建筑物可用于抵押

C. 耕地使用权可用于抵押　　　　　D. 抵押财产应当转移占有

［解析］抵押财产可以由第三人（保证人）提供，耕地不可以抵押，抵押财产不转移占有。

【例题 11】建设单位将自己开发的房地产项目抵押给银行，订立了抵押合同，又办理了抵押登记，则（C）。

A. 项目转移给银行占有，抵押权自签订之日起设立

B. 项目转移给银行占有，抵押权自登记之日起设立

C. 项目不转移占有，抵押权自登记之日起设立

D. 项目不转移占有，抵押权自签订之日起设立

【例题 12】下列行为中，不能构成合法留置关系的是（C）。

A. 构件厂由于施工单位拖欠加工费用而留置加工构件

B. 运输公司由于施工单位拖欠运输费用而留置部分运输的材料

C. 检测单位由于施工单位拖欠检测费用而不按约定提供检测报告

D. 停车处由于施工单位拖欠看管费用而拒绝交付保管车辆

［解析］留置的财产一定是已由债权人占有的债务人的动产，一般因保管合同、运输合同、加工承揽合同等产生。

【例题 13】同一财产向两个以上债权人抵押的，拍卖、变卖抵押财产所得价款，债权人受偿的原则有（ACE）。

A. 抵押权已经登记的，按照登记的时间先后顺序确定清偿顺序

B. 抵押权无论是否登记，均按照债权比例受偿

C. 抵押权已经登记的，先于未登记的受偿

D. 抵押权已经登记的，按照债权比例清偿

E. 抵押权未登记的，按照债权比例清偿

［解析］抵押权已经登记的，按照登记的时间先后顺序确定清偿顺序；抵押权已经登记的先于未登记的受偿；抵押权未登记的，按照债权比例清偿。

1.5 工程保险

1.5.1 工程保险概述

（1）保险的概念

保险是投保人根据保险合同约定，向保险人（保险公司）支付保险费，保险人对于合同约定的可能发生的事故所造成的财产损失承担赔偿保险金责任，或者当被保险人死亡、伤残、疾病或者达到合同约定的年龄、期限时承担给付保险金责任的商业保险行为。

工程保险是承保建筑安装工程期间意外物质损失和对第三者经济赔偿责任的保险，包括建筑工程一切险与安装工程一切险，属综合性保险。投保人是发包人，发包人委托承包人投保的，保险费由发包人承担。

按保障范围分，工程保险种类包括建筑工程一切险、安装工程一切险、职业责任保险、意外伤害保险、机动车辆险、第三者责任险等。

（2）保险标的

保险标的是指保险合同双方当事人权利和义务所指向的对象，保险标的可以是财产或与财产有关的利益或责任，也可以是人的生命或身体。根据保险标的的不同，保险可以分为财产保险（包括财产损失保险、责任保险、信用保险等）和人身保险（包括人寿保险、健康保险、意外伤害保险等）两大类，工程保险既涉及财产保险，也涉及人身保险。

（3）保险金额

保险金额是保险人承担赔偿或给付保险金责任的最高限额。当保险金额接近或等于财产的实际价值时，称为足额保险或等额保险；当被保险财产的保险金额小于其实际价值时，称为不足额保险；当保险金额高于被保险财产的实际价值时，则称为超额保险，对超额部分，保险公司不负赔偿责任，即不允许被保险人通过投保获得额外利益。

（4）保险责任

保险责任是保险人根据保险合同的规定应予承担的责任。保险合同都有除外责任条款，除外责任属于免赔责任，指保险人不承担责任的范围。除外责任一般包括以下几项：

① 投保人故意行为所造成的损失；

② 因被保险人不忠实履行约定义务所造成的损失；

③ 战争或军事行为所造成的损失；

④ 保险责任范围以外，其他原因所造成的损失。

工程保险的责任范围由两部分组成：第一部分是针对工程项目的物质损失部分，包括工程标的有形财产的损失和相关费用的损失；第二部分是针对被保险人在施工过程中因可能产生的第三者责任而承担经济赔偿责任导致的损失。

（5）保险合同当事人和关系人

保险合同的当事人为保险人和投保人。

① 保险人。保险人指承担保险标的风险责任，负有赔偿或给付保险金义务的保险公司。

② 投保人。投保人是与保险人订立保险合同并按照保险合同负有支付保险费义务的人。

③ 被保险人。被保险人指保险合同内写明投保人一方享有保险权益的所有人。被保险

人受到损害后有权凭借保险合同向保险公司索赔。建设单位投保的"建筑工程一切险"的被保险人具体包括：建设单位；总承包商；分包商；建设单位聘用的监理工程师；与工程有密切关系的单位或个人，如贷款银行或投资人等。任何一方受到承保范围内的风险损害后，都有权从保险公司获得赔偿。

④ 保险受益人。保险受益人是指人身保险合同中填写的，在保险期限内被保险人意外死亡后有权享受保险赔偿的亲属或其他指定人。

1.5.2　建筑工程一切险

建筑工程一切险以建筑工程为标的，对整个施工期间工程本身、施工机具和工地设备因自然灾害或意外事故造成的物质损失给予赔偿，也对因此造成的第三者物质和人员伤亡承担赔偿责任。

1.5.2.1　责任范围

（1）物质损失部分的责任范围

① 不可抗拒的自然灾害，如地震、台风、洪水等；

② 火灾等意外事故；

③ 飞机或物件坠落，盗窃；

④ 工人、技术人员因缺乏经验、疏忽、过失、恶意行为引起的事故；

⑤ 原材料缺陷或工艺不善引起的事故；

⑥ 场地清理费；

⑦ 除外责任以外的其他不可预料的自然灾害或意外事故。

（2）第三者责任部分的责任范围

第三者是指除保险人和所有被保险人以外的单位和人员，不包括被保险人和其他承包商所雇佣的在现场从事施工的人员。第三者责任部分的责任范围是指，在工程保险有效期内因发生与承保工程直接相关的意外事故造成工地内及邻近地区的第三者人身伤亡或财产损失，依法应由被保险人承担的经济赔偿责任。

1.5.2.2　除外责任

（1）总除外责任

① 战争、敌对行动、武装冲突、恐怖活动等引起的任何损失、费用和责任；

② 政府命令或任何公共当局的没收、征用、销毁或毁坏；

③ 罢工、暴动、骚乱引起的任何损失、费用和责任；

④ 被保险人及其代表人的故意行为或重大过失引起的任何损失、费用和责任；

⑤ 核裂变、核聚变、核武器、核材料、核辐射及放射性污染引起的任何损失、费用和责任；

⑥ 大气、土地、水污染及其他各种污染引起的任何损失、费用和责任；

⑦ 工程部分停工或全部停工引起的任何损失、费用和责任；

⑧ 罚金、延误、丧失合同及其他后果损失；

⑨ 保险单明细表或有关条款中规定的应由被保险人自行负担的免赔额。

（2）物质损失部分的除外责任

① 设计错误引起的损失、费用和责任；

② 自然磨损、内在或潜在缺陷、物质本身变化、自燃、自热、氧化、锈蚀、渗漏、鼠

咬、虫蛀、大气（气候或气温）变化、正常水位变化或其他渐变原因造成的被保险财产自身的损失和费用；

③ 因原材料缺陷或工艺不善引起的被保险财产本身的损失以及为换置、修理或矫正这些缺点错误所支付的费用（这些责任属制造商或供货商，保险人不予负责）；

④ 非外力引起的机械或电气装置损坏，或施工用机具、设备、机械装置失灵造成的本身损失；

⑤ 维修保养或正常检修的费用；

⑥ 档案、文件、账簿、票据、现金、各种有价证券、图表资料及包装物料的损失；

⑦ 货物盘点时的盘亏损失；

⑧ 领有公共运输执照的车辆、船舶和飞机的损失（领有公共运输执照的车辆、船舶和飞机，其行驶区域不限于建筑工地范围，应由各种运输保险予以保障）；

⑨ 除非另有约定，在被保险工程开始前已经存在或形成的位于工地范围内或其周围的属于被保险人的财产损失；

⑩ 除非另有约定，在保险期限终止前，被保险财产中已由工程所有人签发完工验收证书或验收合格或实际占有或使用接收的部分。

（3）第三者责任险的除外责任

① 建筑工程一切险中物质损失项下或本应在该项下予以负责的损失及各种费用；

② 由于震动、移动或减弱支撑而造成的任何财产、土地、建筑物的损失及由此造成的任何人员伤害和物质损失；

③ 工程所有人、承包人或其他关系方或他们所雇用的在工地现场从事与工程有关工作的职员、工人以及他们的家庭成员的人身伤亡和疾病；

④ 工程所有人、承包人或其他关系方或他们所雇用的职员、工人所有的或由其照管、控制的财产发生的损失；

⑤ 领有公共运输执照的或已有其他保险保障的车辆、船舶和飞机的损失。

1.5.2.3 保险期间

建筑工程一切险的保险责任自被保险工程在工地动工或用于保险工程的材料、设备运抵工地之时起始，至工程所有人对部分或全部工程签发完工验收证书或验收合格，或工程所有人实际占有或使用接收该部分或全部工程之时终止，以先发生的为准。在任何情况下，保险期限的起始或终止不得超出保险单明细表中列明的保险生效日或终止日。

1.5.3 安装工程一切险

安装工程一切险是指以机械和设备为标的，承保机械和设备在安装过程中因自然灾害或意外事故所造成的物质损失、费用损失，并对第三者物质和人员伤亡承担赔偿责任的保险。

（1）特点

① 安装工程一切险的保险标的一开始就存放于工地，保险人一开始就承担着全部货价的风险。建筑工程一切险的保险标的从开工以后逐步增加，保险额也逐步提高。在将机器设备安装好后，试车考核期风险最大。

② 安装工程一切险所承担的风险主要是人为事故损失，建筑工程一切险承担的风险主要是自然灾害。

③ 安装工程一切险的风险较大，保险费率也要高于建筑工程一切险。

安装工程一切险和建筑工程一切险在保单结构、条款内容、保险项目上基本一致。

（2）除外责任

安装工程一切险与建筑工程一切险的除外责任除以下两条外基本相同。

① 因设计错误、铸造或原材料缺陷或工艺不善引起的被保险财产本身的损失以及为置换、修理或矫正这些缺点错误所支付的费用，都属于除外责任范围，被保险人可根据购货合同向设计者或供货方或制造商要求赔偿。

安装工程一切险对由于设计错误等原因造成其他被保险财产的损失仍予以负责。建筑工程一切险不承保设计错误引起的被保险财产本身的损失及费用，也不负责因此造成其他被保险财产的损失和费用。

② 由于超负荷、超电压、碰线等电气原因造成电气设备或电气用具本身的损失，安装工程一切险不予负责；安装工程一切险只对由于电气原因造成的其他被保险财产的损失予以赔偿。

（3）保险期间

安装工程一切险责任起止时间与建筑工程一切险责任相同。与建筑工程一切险相比，安装工程一切险增加了试车考核期保险责任。试车考核期的保险责任以不超过3个月为限。若超过3个月，应增加保险费用。

1.5.4 意外伤害保险

意外伤害保险是指以人的生命和身体为保险标的，当被保险人因意外原因导致死亡、伤残和丧失劳动能力等损害时，保险人按约定进行经济赔偿的保险。

工程参建各方人员的意外伤害通常由雇主单独投保人身伤害保险，《建设工程安全生产管理条例》规定，施工单位应当为施工现场从事危险作业的人员办理意外伤害保险。意外伤害保险费由施工单位支付。实行施工总承包的，由总承包单位支付意外伤害保险费。意外伤害保险期限自建设工程开工之日起至竣工验收合格止。

【例题14】某建筑工程建设单位投保了建筑工程一切险。工程竣工移交后，在合同约定保险期限内发生地震，造成部分建筑物损坏，建设单位向保险公司提出索赔。则应由（C）。

A. 保险公司承担全部损失

B. 保险公司承担除外责任以外的全部损失

C. 建设单位自行承担全部损失

D. 建设单位和保险公司协商分担损失

［解析］建筑工程一切险的保险责任自工程动工或用于保险工程的材料、设备运抵工地之时起始，至工程所有人对部分或全部工程签发完工验收证书为止。工程移交后遇到不可预料的损失由工程所有人自行承担。

【例题15】建设单位甲与施工企业乙签订施工合同后，按约定投保了建筑工程一切险，乙企业经甲单位同意将幕墙工程分包给丙公司。在以下事件中，保险公司应当理赔的是（C）。

A. 因乙编制的基坑降水方案不当，导致施工中基坑不断渗漏的治理费用

B. 乙盘点库存发现部分钢管扣短缺，水泥部分受潮硬化无法使用

C. 工程施工中因泥石流导致丙存放在现场的幕墙材料损失

D. 工程交工后，因意外失火导致部分装饰工程不得已拆除重建

【例题16】因施工工地塔吊安装过程发生意外，造成工地毗邻居民小区人身伤害或财产

损失的，属于（D）的承保内容。

  A. 建筑工程一切险   B. 安装工程一切险

  C. 意外伤害险   D. 第三者责任险

【例题17】在建筑工程保险中，由领有公共运输行驶执照的车辆在工地上行驶发生的事故造成的损失，属于（D）。

  A. 第三者责任险的保险责任 B. 特种风险赔偿责任

  C. 物质损失部分的保险责任 D. 物质损失部分的除外责任

[解析]领有公共运输执照的车辆、船舶和飞机，其行驶区域不限于建筑工地范围，应由各种运输保险予以保障。

【例题18】某建设单位与某施工企业签订的施工合同约定开工日期为2019年5月1日。同年2月10日，该建设单位与保险公司签订了建筑工程一切险保险合同。施工企业为保证工期，于同年4月20日将建筑材料运至工地。后因设备原因，工程实际开工日为同年5月10日。该建筑工程一切险保险责任的生效日期为（B）。

  A. 2019年2月10日   B. 2019年4月20日

  C. 2019年5月1日   D. 2019年5月10日

[解析]建筑材料于2019年4月20日运至工地，为最先发生的时间，选项B正确。

【例题19】关于建设工程保险的说法中，正确的有（BE）。

  A. 工程开工前，承包商应为建设工程办理保险，支付保险费用

  B. 建筑工程一切险的被保险人可以是业主，也可以是承包商或者分包商

  C. 工程开工前，业主应为施工现场从事危险作业的施工人员办理意外伤害保险

  D. 建筑工程一切险的保险期限可以超过保险单明细表中列明的保险生效日和终止日后15天

  E. 安装工程一切险的保险期内，一般应包括试车考核期

[解析]工程开工前，发包人（业主）应为建设工程办理保险，支付保险费用。承包商应为施工现场从事危险作业的施工人员办理意外伤害保险。保险期限自建设工程开工之日起至竣工验收合格止。在任何情况下，保险期限的起始或终止不得超出保险单明细表中列明的保险生效日或终止日。

1.6 诉讼时效

1.6.1 诉讼时效的概念

  诉讼时效，是指权利人请求人民法院保护其合法权益的有效期限。当事人在法定提起诉讼的期限内依法提起诉讼，人民法院对权利人的请求予以保护。《民法典》第192条规定：诉讼时效期间届满的，义务人可以提出不履行义务的抗辩。诉讼时效期间届满后，义务人同意履行的，不得以诉讼时效期间届满为由抗辩；义务人已经自愿履行的，不得请求返还。

  《民法典》第198条规定：法律对仲裁时效有规定的，依照其规定；法律对仲裁时效没有规定的，适用诉讼时效的规定。

  《民法典》第188条规定：向人民法院请求保护民事权利的诉讼时效期间为3年。法律

另有规定的，依照其规定。诉讼时效期间自权利人知道或者应当知道权利受到损害以及义务人之日起计算。法律另有规定的，依照其规定。但是，自权利受到损害之日起超过20年的，人民法院不予保护。

1.6.2 诉讼时效的中止和中断

（1）诉讼时效中止

诉讼时效中止是指在诉讼时效进行中，因为一定的法定事由产生使权利人无法行使请求权，暂停计算诉讼时效期间。

《民法典》第194条规定，在诉讼时效期间的最后6个月内，因下列障碍，不能行使请求权的，诉讼时效中止：

① 不可抗力；

② 无民事行为能力人或者限制民事行为能力人没有法定代理人，或者法定代理人死亡、丧失民事行为能力、丧失代理权；

③ 继承开始后未确定继承人或者遗产管理人；

④ 权利人被义务人或者其他人控制；

⑤ 其他导致权利人不能行使请求权的障碍。

自中止时效的原因消除之日起满6个月，诉讼时效期间届满。

中止诉讼时效的事由消除后无论中止事由发生时原诉讼时效期间剩余多少，剩余的诉讼时效期间均自中止事由消除之日起再计算6个月。

例如某开发商拖欠工程材料款，诉讼时效为3年，当诉讼时效进行到二年零十个月，发生中止诉讼时效的法定事由，该事由延续2个月，则该事由消除后，该开发商还有6个月的诉讼时效期间。

（2）诉讼时效中断

《民法典》第195条规定，有下列情形之一的，诉讼时效中断，从中断、有关程序终结时起，诉讼时效期间重新计算：

① 权利人向义务人提出履行请求；

② 义务人同意履行义务；

③ 权利人提起诉讼或者申请仲裁；

④ 与提起诉讼或者申请仲裁具有同等效力的其他情形。

诉讼时效期间可因为权利人多次主张权利或债务人多次同意履行债务而多次中断，且中断的次数没有限制。

（3）诉讼时效中止与中断的区别

① 诉讼时效中止的事由是由于当事人主观意志以外的情况；诉讼时效中断的事由取决于当事人的主观意志即当事人行使权利或履行义务的意思表示或行为。

② 诉讼时效中止只能发生在诉讼时效期间的最后6个月内；诉讼时效中断可以发生在时效进行的整个期间。

③ 诉讼时效中止是时效完成的暂时障碍，中止前已进行的时效期间仍然有效，自中止事由消除之日起满6个月时效届满；而诉讼时效中断以前已进行的时效期间归于无效，中断以后重新起算。

【例题20】下列关于诉讼时效中断的说法，正确的有（CDE）。

A.在诉讼时效期间的最后6个月内，因不可抗力原因，产生诉讼时效中断

B.诉讼时效中断，即诉讼时效期间暂时停止计算

C.权利人向义务人提出履行请求，产生诉讼时效中断

D.权利人提起诉讼，产生诉讼时效中断

E.诉讼时效中断，从中断时起，诉讼时效期间重新起算

［解析］选项A错误，属于诉讼时效中止；选项B错误，诉讼时效中断，诉讼时效期间重新起算。

【案例4】

2017年10月10日，A公司与B公司签订购销合同，约定A公司在2017年10月31日前付清货款100万元。但期满时A公司分文未付，2018年3月10日，B公司派员工催促A公司付款未果。B公司向法院起诉A公司索要货款。

【问题】

诉讼时效何时届满？

【分析】

诉讼时效期间的起算从权利人知道权利被侵害之日起计算。本案诉讼时效期间应从2017年11月1日起计算至2020年10月31日三年届满，在诉讼时效期间届满之后，权利人行使请求权的，人民法院就不再予以保护。

2018年3月10日，B公司派员工催促A公司付款。B公司的催促行为引起诉讼时效的中断，诉讼时效期间重新起算。因此诉讼时效期间自2018年3月11日起重新计算，直到2021年3月10日届满。

本章提要及目标

建设法规体系、工程建设相关的民事法律制度包括债权、代理、担保、诉讼时效等制度。提高依法治国、依法建设的自觉性。

本 章 习 题

一、单选题

1. 下列说法正确的是（　　　）。

A.行政规章是由国家最高行政机关制定的法律规范性文件

B.部门规章是由地方人民政府各行政部门制定的法律规范性文件

C.地方政府规章的效力低于法律、行政法规，高于同级地方性法规

D.地方性法规只在本辖区内有效，其效力低于法律和行政法规

2. 下列规范性文件中，属于行政法规的是（　　　）。

A.《北京市招标投标管理条例》

B.《建筑法》

C.《建设工程质量管理条例》

D.《房屋建筑和市政基础设施工程施工图设计文件审查管理办法》

3. 下列关于代理的说法中，正确的是（　　　）。

A. 代理人在授权范围内实施代理行为的法律后果由被代理人承担

B. 代理人可以超越代理权实施代理行为

C. 被代理人对代理人的一切行为承担民事责任

D. 代理是代理人以自己的名义实施民事法律行为

4. 关于无权代理人签订的合同的说法中，错误的是（　　）。

A. 无权代理人签订的合同，被代理人追认有效，不追认对被代理人无效

B. 善意相对人可以催告被代理人在 30 日内予以追认

C. 被代理人在相对人催告其追认后未作表示的，视为拒绝追认

D. 合同被追认之前，相对人有撤销的权利

5. 甲施工企业与乙水泥厂签订了水泥采购合同，并由丙公司作为该合同的保证人，担保合同中并未约定保证方式，丙公司承担保证责任的方式应为（　　）。

　　A. 一般保证　　　　　B. 效力待定保证　　　C. 连带责任保证　　　D. 无效保证

6. 下列工程担保中，应由发包人出具的是（　　）。

　　A. 履约担保　　　　　B. 支付担保　　　　　C. 预付款担保　　　　D. 保修担保

7. 关于抵押的说法中，正确的是（　　）。

　　A. 抵押财产只能由债务人提供　　　　　　B. 正在建造的建筑物可用于抵押

　　C. 提单可用于抵押　　　　　　　　　　　D. 抵押财产应当转移占有

8. 建筑工程一切险是一种综合性保险，该险种所承保的损失范围是（　　）。

　　A. 信用保险和意外伤害保险　　　　　　　B. 财产损失保险和第三者责任保险

　　C. 财产损失保险和意外伤害保险　　　　　D. 健康保险和责任保险

9. 投保人投保建筑工程一切险的建筑工程项目，保险人须负责赔偿因（　　）造成的损失和费用。

　　A. 设计错误　　　　　　　　　　　　　　B. 原材料缺陷

　　C. 不可预料的意外事故　　　　　　　　　D. 工艺不完善

10. 下列选项中，属于建筑工程一切险承保范围的是（　　）。

　　A. 大气变化引起的工程损毁　　　　　　　B. 设计错误引起的损失

　　C. 原材料缺陷引起的被保险财产损失　　　D. 地面下陷引起的工程损失

11. 某施工合同约定 2018 年 1 月 1 日发包人应该向承包人支付工程款，但发包人没有支付。2018 年 7 月 1 日至 8 月 1 日之间，当地发生了特大洪水，导致承包人不能行使请求权。2018 年 12 月 3 日，承包人向法院提起诉讼，请求发包人支付拖欠的工程款，2018 年 12 月 31 日法院作出判决。下列说法正确的是（　　）。

　　A. 2018 年 7 月 1 日至 8 月 1 日之间诉讼时效中止

　　B. 2018 年 12 月 31 日起诉讼时效中止

　　C. 2018 年 12 月 3 日诉讼时效中断，诉讼时效期间重新计算

　　D. 2018 年 7 月 1 日至 8 月 1 日之间诉讼时效中断

12. 某建设单位支付工程最终结算款的时间为 2018 年 4 月 1 日。由于建设单位逾期未支付，施工单位于 2018 年 8 月 1 日致函建设单位要求付款，但未得到任何答复。施工单位请求人民法院保护其权利的诉讼时效期间届满的时间为（　　）。

　　A. 2018 年 4 月 1 日　　　　　　　　　　B. 2018 年 7 月 31 日

　　C. 2021 年 3 月 31 日　　　　　　　　　　D. 2021 年 7 月 31 日

二、多选题

1. 建设法规主要表现形式有（   ）。

A. 宪法　　　　　　B. 法律　　　　　　C. 行政法规

D. 部门规章　　　　E. 地方性法规

2. 下列属于行政法规的是（   ）。

A.《安全生产法》　　　　　　　　B.《仲裁法》

C.《建设工程质量管理条例》　　　D.《安全生产许可证条例》

E.《北京市招标投标条例》

3. 工程施工过程中，属于侵权责任的情形有（   ）。

A. 工地的塔式起重机倒塌造成行人被砸伤

B. 施工单位将施工废料倒入临近鱼塘造成鱼苗大量死亡

C. 分包商在施工时操作不当造成公用供电设施损坏

D. 施工单位违约造成供货商的重大损失

E. 施工单位未按合同约定支付项目经理的奖金

4. 将（   ）作为抵押财产的，抵押权自合同生效时设立。

A. 交通运输工具　　　　　　　　B. 正在施工的建筑物

C. 生产设备、原材料　　　　　　D. 正在建造中的航空器

E. 建设用地使用权

5. 下列财产不能作为抵押财产的是（   ）。

A. 被法院扣押的车辆　　　　　　B. 建设用地使用权

C. 生产原料　　　　　　　　　　D. 公立幼儿园的教育设施

E. 土地所有权

6. 诉讼时效因（   ）而中断，从中断时起，诉讼时效期间重新计算。

A. 一方提起诉讼　　　　　　　　B. 诉讼时效期间届满

C. 不可抗力　　　　　　　　　　D. 权利人向义务人提出履行请求

E. 义务人同意履行义务

本章在线测试题

第 2 章　建筑许可法律制度

《建筑法》(2019 年修改) 以建筑市场管理为中心，以建筑工程质量和安全管理为重点，主要包括建筑许可、建筑工程发包与承包、建筑工程监理、建筑安全生产管理和建筑工程质量管理等方面的内容。

根据《建筑法》制定的《建设工程安全生产管理条例》《建设工程质量管理条例》(2019年修改) 分别对安全和质量做出了更详细的规定。关于建筑工程发包与承包、建筑工程监理，将在本书其他章节专门介绍。本章主要介绍建筑许可法律制度，建筑许可法律制度包括建筑工程施工许可和从业资格许可两个方面。

2.1　建筑工程施工许可法律制度

(1) 申请施工许可证的条件

《建筑法》规定：建筑工程开工前，建设单位应当按照国家有关规定向工程所在地县级以上人民政府建设行政主管部门（现住房城乡建设主管部门，全书同）申请领取施工许可证。申请领取施工许可证，应当具备下列条件：

① 已经办理该建筑工程用地批准手续。

② 依法应当办理建设工程规划许可证的，已经取得建设工程规划许可证。

③ 需要拆迁的，其拆迁进度符合施工要求。

④ 已经确定建筑施工企业。

⑤ 有满足施工需要的资金安排、施工图纸及技术资料。

⑥ 有保证工程质量和安全的具体措施。

住房和城乡建设部发布的《建筑工程施工许可管理办法》(2021 年修改) 进一步规定了施工许可证的申请条件。

① 依法应当办理用地批准手续的，已经办理该建筑工程用地批准手续。办理用地批准手续是建设工程依法取得土地使用权的必经程序，也是建设工程取得施工许可证的必要条件。如果没有依法取得土地使用权，建设工程开工就不能被批准。

② 依法应当办理建设工程规划许可证的，已经取得建设工程规划许可证。规划许可证包括建设用地规划许可证和建设工程规划许可证。

a.建设用地规划许可证。《城乡规划法》规定，在城市、镇规划区内以划拨方式提供国有土地使用权的建设项目，经有关部门批准、核准、备案后，建设单位应当向城市、县人民政府城乡规划主管部门提出建设用地规划许可申请。建设单位在取得建设用地规划许可证后，方可向县级以上地方人民政府土地主管部门申请用地，经县级以上人民政府审批后，由土地主管部门划拨土地。

在城市、镇规划区内以出让方式取得国有土地使用权的建设项目，在签订国有土地使用权出让合同后，建设单位应当持建设项目的批准、核准、备案文件和国有土地使用权出让合同，向城市、县人民政府城乡规划主管部门领取建设用地规划许可证。

b.建设工程规划许可证。在城市、镇规划区内进行建筑物、构筑物、道路、管线和其他工程建设的，建设单位或者个人应当向城市、县人民政府城乡规划主管部门或者省、自治区、直辖市人民政府确定的镇人民政府申请办理建设工程规划许可证。

这两个规划许可证，分别是申请用地和确认有关建设工程符合城市、镇规划要求的法律凭证。

③ 施工场地已经基本具备施工条件，需要征收房屋的，其进度符合施工要求。需要先期进行征收的，征收进度必须能满足建设工程开始施工和连续施工的要求。

④ 已经确定施工企业。按照规定应当招标的工程没有招标，应当公开招标的工程没有公开招标，或者肢解发包工程，以及将工程发包给不具备相应资质条件的企业的，所确定的施工企业无效。

⑤ 有满足施工需要的资金安排、施工图纸及技术资料，建设单位应当提供建设资金已经落实承诺书，施工图设计文件已按规定审查合格。

⑥ 有保证工程质量和安全的具体措施。施工企业编制的施工组织设计中有根据建筑工程特点制定的相应质量、安全技术措施。建立工程质量安全责任制并落实到人。专业性较强的工程项目编制了专项质量、安全施工组织设计，并按照规定办理了工程质量、安全监督手续。

县级以上地方人民政府住房城乡建设主管部门不得违反法律法规规定，增设办理施工许可证的其他条件。

《建筑法》规定，只有全国人大及其常委会制定的法律和国务院制定的行政法规，才有权增加施工许可证新的申领条件。

《中华人民共和国消防法》规定：特殊建设工程未经消防设计审查或者审查不合格的，建设单位、施工单位不得施工；其他建设工程，建设单位未提供满足施工需要的消防设计图纸及技术资料的，有关部门不得发放施工许可证或者批准开工报告。

发证机关在收到建设单位报送的《建筑工程施工许可证申请表》和所附证明文件后，对于符合条件的，应当自收到申请之日起七日内颁发施工许可证；对于证明文件不齐全或者失效的，应当当场或者五日内一次告知建设单位需要补正的全部内容，审批时间可以自证明文件补正齐全后作相应顺延；对于不符合条件的，应当自收到申请之日起七日内书面通知建设单位，并说明理由。

（2）未取得施工许可证擅自开工的法律后果

《建筑法》规定：违反本法规定，未取得施工许可证或者开工报告未经批准擅自施工的，责令改正，对不符合开工条件的责令停止施工，可以处以罚款。

《建筑工程施工许可管理办法》规定：

① 对于未取得施工许可证或者为规避办理施工许可证将工程项目分解后擅自施工的，由有管辖权的发证机关责令停止施工，限期改正，对建设单位处工程合同价款1%以上2%以下罚款；对施工单位处3万元以下罚款。

② 建设单位采用欺骗、贿赂等不正当手段取得施工许可证的，由原发证机关撤销施工许可证，责令停止施工，并处1万元以上3万元以下罚款；构成犯罪的，依法追究刑事责任。

③ 建设单位隐瞒有关情况或者提供虚假材料申请施工许可证的，发证机关不予受理或者不予许可，并处 1 万元以上 3 万元以下罚款；构成犯罪的，依法追究刑事责任。

建设单位伪造或者涂改施工许可证的，由发证机关责令停止施工，并处 1 万元以上 3 万元以下罚款；构成犯罪的，依法追究刑事责任。

④ 依照本办法规定，给予单位罚款处罚的，对单位直接负责的主管人员和其他直接责任人员处单位罚款数额 5％以上 10％以下罚款。

单位及相关责任人受到处罚的，作为不良行为记录予以通报。

（3）不需要申请施工许可证的工程类型

国务院建设行政主管部门确定的限额以下的小型工程，工程投资额在 30 万元以下或者建筑面积在 300m² 以下的建筑工程；作为文物保护的建筑工程；抢险救灾工程；临时性建筑；军用房屋建筑；按照国务院规定的权限和程序批准开工报告的建筑工程。

（4）施工许可证的管理

① 施工许可证废止的条件。建设单位应当自领取施工许可证之日起 3 个月内开工。因故不能按期开工的，应当在期满前向发证机关申请延期，并说明理由；延期以两次为限，每次不超过 3 个月。既不开工又不申请延期或者超过延期次数、时限的，施工许可证自行废止。

② 重新核验施工许可证的条件。在建的建筑工程因故中止施工的，建设单位应当自中止施工之日起 1 个月内向发证机关报告，并按照规定做好建筑工程的维护管理工作。

建筑工程恢复施工时，应当向发证机关报告；中止施工满 1 年的工程恢复施工前，建设单位应当报发证机关核验施工许可证，看是否仍具备组织施工的条件。经核验符合条件的，应允许其恢复施工，施工许可证继续有效；经核验不符合条件的，应当收回其施工许可证，不允许恢复施工，待条件具备后，由建设单位重新申领施工许可证。

③ 重新办理开工报告的条件。按照国务院有关规定批准开工报告的建筑工程，因故不能按期开工或者中止施工的，应当及时向批准机关报告情况。因故不能按期开工超过 6 个月的，应当重新办理开工报告的批准手续。

【例题 1】下列关于申请领取施工许可证的说法中，正确的有（DE）。

A. 应当委托监理的工程已委托监理后才能申请领取施工许可证

B. 领取施工许可证是确定建筑施工企业的前提条件

C. 法律、行政法规和省、自治区、直辖市人民政府规章可以规定申请施工许可证的其他条件

D. 有保证工程质量和安全的具体措施

E. 在城市、镇规划区的建筑工程，需要同时取得建设用地规划许可证和建设工程规划许可证后，才能申请办理施工许可

【例题 2】建设单位办理工程项目质量监督手续应在（D）。

A. 领取建设工程规划许可证之前　　　　B. 领取建设用地规划许可证之前

C. 中标通知书发出后签订施工合同之前　　D. 领取施工许可证之前

【例题 3】建设单位于 2016 年 2 月 15 日申请领取了施工许可证，但因项目征收工作受阻，工程于 2017 年 2 月 20 日才决定开工。建设单位（C）。

A. 向发证机关报告后即可开工

B. 应向发证机关申请施工许可证延期

C. 应向发证机关重新申请领取施工许可证

D. 应当报发证机关重新核验施工许可证

[解析] 建设单位应当自领取施工许可证之日起 3 个月内开工。既不开工又不申请延期或者超过延期次数、时限的，施工许可证自行废止。

【例题 4】某建设单位于 2019 年 2 月 1 日领取施工许可证，由于某种原因工程未能按期开工，该建设单位按照《建筑法》规定向发证机关申请延期，该工程最迟应当在（D）开工。

A. 2019 年 2 月 28 日　　　　　　　　B. 2019 年 4 月 30 日

C. 2019 年 7 月 31 日　　　　　　　　D. 2019 年 10 月 31 日

2.2　工程建设从业资格法律制度

2.2.1　工程建设从业资格法律制度概述

工程建设从业资格制度是国家通过法定条件和立法程序对建设活动主体资格进行认定和批准，赋予其在法律规定的范围内从事一定的建设活动的制度。

从事建设活动，包括从事建设工程的新建、扩建、改建和拆除等活动的单位，必须在资金、技术、装备等方面具备相应的资质条件。根据《建筑法》的规定，建设活动主体进入建筑市场必须同时符合法定要件和法定审批程序两方面的要求。

（1）建设从业资格的法定要件

建设从业资格的法定要件，是指建设活动主体必须具备法律规定的条件，才能从事建设活动。《建筑法》规定，从事建筑活动的建筑施工企业、勘察单位和工程监理单位，应当具备下列条件：

① 有符合国家规定的注册资本；

② 有与从事的建筑活动相适应的具有法定执业资格的专业技术人员；

③ 有从事相关建筑活动应有的技术装备；

④ 法律、行政法规规定的其他条件。

（2）建设从业资格审批程序

建设从业资格审批程序，是指建设活动主体除了具备从业资格的法定要件外，还必须经过国家法定审批程序。《建筑法》规定：从事建筑活动的建筑施工企业、勘察单位、设计单位和工程监理单位，按照其拥有的注册资本、专业技术人员、技术装备和已完成的建筑工程业绩等资质条件，划分不同的资质等级，经资质审查合格，取得相应等级的资质证书后，方可在其资质等级许可的范围内从事建筑活动；从事建筑活动的专业技术人员，应当依法取得相应的执业资格证书，并在执业资格证书许可的范围内从事建筑活动。

《建筑业企业资质管理规定》(2018 年修改) 规定，企业申请建筑业企业资质，在资质许可机关的网站或审批平台提出申请事项，提交资金、专业技术人员、技术装备和已完成业绩等电子材料。

（3）施工企业资质证书的管理

① 申请。建筑业企业可以申请一项或多项建筑业企业资质；企业首次申请或增项申请

资质，应当申请最低等级资质。

② 延续。资质证书有效期为 5 年。企业应当于资质证书有效期届满 3 个月前，向原资质许可机关提出延续申请。资质许可机关应当在建筑企业资质证书有效期届满前做出是否准予延续的决定，逾期未做出决定的，视为准予延续。

③ 变更。在资质证书有效期内，企业名称、地址、注册资本、法定代表人等发生变更的，应当在工商部门办理变更手续后 1 个月内办理资质证书变更手续。

④ 企业发生合并、分立、改制。企业发生合并、分立、重组以及改制等，需承继原建筑业企业资质的，应当申请重新核定建筑业企业资质等级。

⑤ 撤回、撤销、注销。

a. 撤回。企业不再符合相应建筑业企业资质标准要求条件的，资质许可机关撤回已颁发的建筑业企业资质证书。

b. 撤销。非法取得的建筑业企业资质证书予以撤销。

c. 注销。有下列情形之一的，资质许可机关依法注销建筑业企业资质：资质证书有效期届满，未依法申请延续的；企业依法终止的；资质证书依法被撤回、撤销或吊销的；企业提出注销申请的；法律、法规规定的应当注销建筑业企业资质的其他情形。

2.2.2 工程建设企业资质

（1）工程勘察企业

《建设工程勘察设计资质管理规定》（2016 年修改）规定，建设工程勘察企业应当按照其拥有的注册资本、专业技术人员、技术装备和勘察设计业绩等条件申请资质，经审查合格，取得建设工程勘察资质证书后，方可在资质等级许可的范围内从事建设工程勘察活动。

工程勘察范围包括建设工程项目的岩土工程、水文地质勘察和工程测量。工程勘察资质分为工程勘察综合资质、工程勘察专业资质、工程勘察劳务资质三个类别：

a. 工程勘察综合资质是指包括全部工程勘察专业资质的工程勘察资质。

b. 工程勘察专业资质包括：岩土工程专业资质、水文地质勘察专业资质和工程测量专业资质。其中，岩土工程专业资质包括岩土工程勘察、岩土工程设计、岩土工程物探测试检测监测等岩土工程（分项）专业资质。

c. 工程勘察劳务资质包括工程钻探和凿井。

（2）工程设计企业

《建设工程勘察设计资质管理规定》中规定，建设工程设计企业应当按照其拥有的注册资本、专业技术人员、技术装备和勘察设计业绩等条件申请资质，经审查合格，取得建设工程设计资质证书后，方可在资质等级许可的范围内从事建设工程设计活动。

工程设计资质分为工程设计综合资质、工程设计行业资质、工程设计专业资质和工程设计专项资质。

（3）建筑施工企业

《建筑业企业资质管理规定》（2018 年修改）规定，建筑业企业资质分为施工总承包资质、专业承包资质、施工劳务资质三个序列。施工总承包资质、专业承包资质按照工程性质和技术特点分别划分为若干资质类别，各资质类别按照规定的条件划分为若干资质等级。施工劳务资质不分类别与等级。企业可以申请一项或多项建筑业企业资质。企业首次申请或增项申请资质，应当申请最低等级资质。

建筑业企业资质证书有效期届满，企业继续从事建筑施工活动的，应当于资质证书有效期届满3个月前，向原资质许可机关提出延续申请。资质许可机关应当在建筑业企业资质证书有效期届满前做出是否准予延续的决定；逾期未做出决定的，视为准予延续。

施工总承包资质的企业可以承接施工总承包工程。施工总承包企业可以对所承接的施工总承包工程内各专业工程全部自行施工，也可以将专业工程或劳务作业依法分包给具有相应资质的专业承包企业或劳务分包企业。

专业承包资质的企业可以承接施工总承包企业分包的专业工程和建设单位依法发包的专业工程。专业承包企业可以对所承接的专业工程全部自行施工，也可以将劳务作业依法分包给具有相应资质的劳务分包企业。

劳务分包资质的企业可以承接施工总承包企业或专业承包企业分包的劳务作业。

施工企业的资质序列、业务范围和资质等级对比见表 2-1。

表 2-1 施工企业的资质序列、业务范围和资质等级对比

资质序列	业务范围	资质等级
施工总承包	可承接施工总承包工程,可委托专业分包或劳务分包	划分为特级、一级、二级、三级
专业承包	可承接施工总承包企业分包的专业工程和建设单位发包的专业工程,可委托劳务分包	一般分为一级、二级、三级
施工劳务	劳务作业	不分类别和等级

（4）工程监理企业

《工程监理企业资质管理规定》（2016 年修改）对工程监理单位的资质等级与标准、申请与审批、业务范围等作出了明确规定。

工程监理企业资质分为综合资质、专业资质和事务所资质。其中，专业资质按照工程性质和技术特点划分为若干工程类别，综合资质、事务所资质不分级别。专业资质分为甲级、乙级；专业资质中，房屋建筑、水利水电、公路和市政公用专业资质可设立丙级。

（5）法律责任

① 企业申请办理资质违法行为。

《建筑法》规定，以欺骗手段取得资质证书的，吊销资质证书，处以罚款；构成犯罪的，依法追究刑事责任。未取得资质证书承揽工程的，予以取缔，并处罚款；有违法所得的，予以没收。建筑施工企业转让、出借资质证书或者以其他方式允许他人以本企业的名义承揽工程的，责令改正，没收违法所得，并处罚款，可以责令停业整顿，降低资质等级；情节严重的，吊销资质证书。对因该项承揽工程不符合规定的质量标准造成的损失，建筑施工企业与使用本企业名义的单位或者个人承担连带赔偿责任。

《建筑业企业资质管理规定》中规定，申请企业隐瞒有关情况或者提供虚假材料申请建筑业企业资质的，资质许可机关不予许可，并给予警告，申请企业在 1 年内不得再次申请建筑业企业资质。企业以欺骗、贿赂等不正当手段取得建筑业企业资质证书的，由县级以上地方人民政府住房城乡建设主管部门或者其他有关部门给予警告，并依法处以罚款，申请人 3 年内不得再次申请建筑业企业资质。

② 《建设工程质量管理条例》违法行为规定。

未取得资质证书承揽工程的，予以取缔，对勘察、设计单位或者工程监理单位处合同约定的勘察费、设计费或者监理酬金 1 倍以上 2 倍以下的罚款；对施工单位处工程合同价款百

分之二以上百分之四以下的罚款；有违法所得的，予以没收。

以欺骗手段取得资质证书承揽工程的，吊销资质证书，依照规定处以罚款；有违法所得的，予以没收。

违反规定，勘察、设计、施工、工程监理单位允许其他单位或者个人以本单位名义承揽工程的，责令改正，没收违法所得，对勘察、设计单位和工程监理单位处以合同约定的勘察费、设计费和监理酬金 1 倍以上 2 倍以下的罚款；对施工单位处工程合同价款百分之二以上百分之四以下的罚款；可以责令停业整顿，降低资质等级；情节严重的，吊销资质证书。

2.2.3　工程建设从业人员执业（职业）资格法规

执业资格制度是国家在建设行业对重要的关键的专业技术岗位实施的一种准入控制，从事建筑活动的专业技术人员，应当依法取得相应的执业资格证书，并在执业资格证书许可的范围内从事建筑活动。目前，我国对从事建筑活动的专业技术人员已建立的执业资格制度，包括注册建筑师、注册结构工程师、注册土木工程师（岩土）、注册监理工程师、注册造价工程师、注册建造师等。2022 年 3 月 11 日人社部发布《部分准入类职业资格考试工作年限要求调整方案》，自 2022 年起实施。对一级建造师、造价工程师、监理工程师等 13 类准入类职业资格调整考试工作年限要求，其他考试报名条件不变。

（1）注册建造师

注册建造师是指考试合格取得中华人民共和国建造师资格证书，并按照规定注册，取得中华人民共和国建造师注册证书和执业印章，担任施工单位项目负责人及从事相关活动的专业技术人员。建造师分为一级建造师和二级建造师。

① 报考条件。

a. 二级建造师报考条件。凡遵纪守法，具备工程类或工程经济类中等专业以上学历并从事建设工程项目施工管理工作满 2 年的人员，可报名参加二级建造师执业资格考试。

b. 一级建造师报考条件。具备以下条件之一者，可以申请参加一级建造师执业资格考试：

ⅰ. 取得工程类或工程经济类大学专科学历，从事建设工程项目施工管理工作满 4 年。

ⅱ. 取得工学门类、管理科学与工程类专业大学本科学历，从事建设工程项目施工管理工作满 3 年。

ⅲ. 取得工学门类、管理科学与工程类专业硕士学位，从事建设工程项目施工管理工作满 1 年。

ⅳ. 取得工学门类、管理科学与工程类专业博士学位，从事建设工程项目施工管理工作满 1 年。

② 考试规定。一级建造师执业资格考试设"建设工程经济""建设工程法规及相关知识""建设工程项目管理"和"专业工程管理与实务"4 个科目。

考试成绩实行 2 年为一个周期的滚动管理办法，参加全部 4 个科目考试的人员须在连续的两个考试年度内通过全部科目。

已取得一级建造师执业资格证书的人员，根据实际工作需要，选择"专业工程管理与实务"科目的相应专业，报名参加考试。考试合格后核发国家统一印制的相应专业合格证明，该证明作为注册增加执业专业类别的依据。

参加一级建造师执业资格考试合格，取得中华人民共和国一级建造师执业资格证书，该证书在全国范围内有效。

注册建造师实行注册执业管理制度，取得资格证书的人员，经过注册方能以注册建造师的名义执业。

③ 一级建造师的注册。通过一级建造师执业资格考试，成绩合格取得建造师资格证书的专业技术人员可以根据有关法律规定申请初始注册、延续注册、变更注册及增项注册。

a. 初始注册。申请初始注册时应当具备以下条件：经考核认定或考试合格取得资格证书；受聘于一个相关单位；达到继续教育要求；没有《注册建造师管理规定》中规定不予注册的情形。

取得一级建造师资格证书并受聘于一个建设工程勘察、设计、施工、监理、招标代理、造价咨询等单位的人员，应当通过聘用单位提出注册申请，并可以向单位工商注册所在地的省、自治区、直辖市人民政府住房城乡建设主管部门提交申请材料。

符合条件的，由国务院住房城乡建设主管部门核发中华人民共和国一级建造师注册证书，并核定执业印章编号。对申请初始注册的，国务院住房城乡建设主管部门应当自受理之日起 20 日内作出审批决定。自作出决定之日起 10 日内公告审批结果。

初始注册者，可自资格证书签发之日起 3 年内提出申请。逾期未申请者，须符合本专业继续教育的要求后方可申请初始注册。

b. 延续注册。注册建造师注册证书与执业印章有效期为 3 年。注册有效期满需继续执业的，应当在注册有效期届满 30 日前，按照规定申请延续注册。延续注册的，有效期为 3 年。

c. 变更注册。在注册有效期内，注册建造师变更执业单位，应当与原聘用单位解除劳动关系，并按照规定办理变更注册手续，变更注册后仍延续原注册有效期。

对申请变更注册、延续注册的，国务院住房城乡建设主管部门应当自受理之日起 10 日内作出审批决定。自作出决定之日起 10 日内公告审批结果。

d. 增项注册。注册建造师需要增加执业专业的，应当按照规定申请专业增项注册，并提供相应的资格证明。

（2）注册监理工程师

注册监理工程师是指通过建设工程监理职业资格考试，取得中华人民共和国监理工程师职业资格证书，并经注册后从事建设工程监理及相关业务活动的专业技术人员。

2020 年 2 月 28 日，住房和城乡建设部、交通运输部、水利部、人力资源社会保障部联合印发《监理工程师职业资格制度规定》《监理工程师职业资格考试实施办法》，对监理工程师考试及报考条件作出新规定。

① 监理工程师报考条件。凡遵守中华人民共和国宪法、法律、法规，具有良好的业务素质和道德品行，具备下列条件之一者，可以申请参加监理工程师职业资格考试：

a. 具有各工程大类专业大学专科学历（或高等职业教育），从事工程施工、监理、设计等业务工作满 4 年；

b. 具有工学、管理科学与工程类专业大学本科学历或学位，从事工程施工、监理、设计等业务工作满 3 年；

c. 具有工学、管理科学与工程一级学科硕士学位或专业学位，从事工程施工、监理、设计等业务工作满 2 年；

d. 具有工学、管理科学与工程一级学科博士学位。

② 考试科目。监理工程师职业资格考试设"建设工程监理基本理论和相关法规""建设工程合同管理""建设工程目标控制""建设工程监理案例分析"4个科目。其中"建设工程监理基本理论和相关法规""建设工程合同管理"为基础科目,"建设工程目标控制""建设工程监理案例分析"为专业科目。

监理工程师职业资格考试专业科目分为土木建筑工程、交通运输工程、水利工程3个专业类别。

监理工程师职业资格考试成绩实行4年为一个周期的滚动管理办法,在连续的4个考试年度内通过全部考试科目,方可取得监理工程师职业资格证书。

已取得监理工程师一种专业职业资格证书的人员,报名参加其他专业科目考试的,可免考基础科目。免考基础科目和增加专业类别的人员,专业科目成绩按照2年为一个周期滚动管理。

③ 监理工程师的注册。通过监理工程师职业资格考试,成绩合格取得监理工程师职业资格证书的专业技术人员可以根据有关法律规定申请初始注册、变更注册、延续注册或增项注册。

(3)注册造价工程师

《造价工程师职业资格制度规定》中规定:造价工程师,是指通过职业资格考试取得中华人民共和国造价工程师职业资格证书,并经注册后从事建设工程造价工作的专业技术人员。注册造价工程师分为一级注册造价工程师和二级注册造价工程师。一级造价工程师职业资格考试全国统一大纲、统一命题、统一组织。二级造价工程师职业资格考试全国统一大纲,各省、自治区、直辖市自主命题并组织实施。

① 报考条件。

a.一级造价工程师报考条件。凡遵守中华人民共和国宪法、法律、法规,具有良好的业务素质和道德品行,具备下列条件之一者,可以申请参加一级造价工程师职业资格考试:

i.具有工程造价专业大学专科(或高等职业教育)学历,从事工程造价、工程管理业务工作满4年;具有土木建筑、水利、装备制造、交通运输、电子信息、财经商贸大类大学专科(或高等职业教育)学历,从事工程造价、工程管理业务工作满5年。

ii.具有工程造价、通过工程教育专业评估(认证)的工程管理专业大学本科学历或学位,从事工程造价、工程管理业务工作满3年;具有工学、管理学、经济学门类大学本科学历或学位,从事工程造价、工程管理业务工作满4年。

iii.具有工学、管理学、经济学门类硕士学位或者第二学士学位,从事工程造价、工程管理业务工作满2年。

iv.具有工学、管理学、经济学门类博士学位。

v.具有其他专业相应学历或者学位的人员,从事工程造价、工程管理业务工作年限相应增加1年。

b.二级造价工程师报考条件。凡遵守中华人民共和国宪法、法律、法规,具有良好的业务素质和道德品行,具备下列条件之一者,可以申请参加二级造价工程师职业资格考试:

i.具有工程造价专业大学专科(或高等职业教育)学历,从事工程造价、工程管理业务工作满1年;具有土木建筑、水利、装备制造、交通运输、电子信息、财经商贸大类大学专科(或高等职业教育)学历,从事工程造价、工程管理业务工作满2年。

ii.具有工程造价专业大学本科及以上学历或学位;具有工学、管理学、经济学门类大学本科及以上学历或学位，从事工程造价、工程管理业务工作满 1 年。

iii. 具有其他专业相应学历或学位的人员，从事工程造价、工程管理业务工作年限相应增加 1 年。

② 考试科目。

一级造价工程师职业资格考试设"建设工程造价管理""建设工程计价""建设工程技术与计量""建设工程造价案例分析" 4 个科目。其中，"建设工程造价管理"和"建设工程计价"为基础科目，"建设工程技术与计量"和"建设工程造价案例分析"为专业科目。

二级造价工程师职业资格考试设"建设工程造价管理基础知识""建设工程计量与计价实务" 2 个科目。其中，"建设工程造价管理基础知识"为基础科目，"建设工程计量与计价实务"为专业科目。

造价工程师职业资格考试专业科目分为土木建筑工程、交通运输工程、水利工程和安装工程 4 个专业类别，考生在报名时可根据实际工作需要选择其一。

一级造价工程师职业资格考试成绩实行 4 年为一个周期的滚动管理办法，在连续的 4 个考试年度内通过全部考试科目，方可取得一级造价工程师职业资格证书。

二级造价工程师职业资格考试成绩实行 2 年为一个周期的滚动管理办法，参加全部 2 个科目考试的人员必须在连续的 2 个考试年度内通过全部科目，方可取得二级造价工程师职业资格证书。

已取得造价工程师一种专业职业资格证书的人员，报名参加其他专业科目考试的，可免考基础科目。考试合格后，核发人力资源社会保障部门统一印制的相应专业考试合格证明。该证明作为注册时增加执业专业类别的依据。

③ 证书管理。

一级造价工程师职业资格考试合格者，取得中华人民共和国一级造价工程师职业资格证书。该证书在全国范围内有效。

二级造价工程师职业资格考试合格者，取得中华人民共和国二级造价工程师职业资格证书。该证书原则上在所在行政区域内有效。

国家对造价工程师职业资格实行执业注册管理制度。取得造价工程师职业资格证书且从事工程造价相关工作的人员，经注册方可以造价工程师名义执业。

通过造价工程师职业资格考试，成绩合格取得造价工程师职业资格证书的专业技术人员可以根据有关法律规定申请初始注册、变更注册、延续注册或增项注册。

注册造价工程师的初始、变更、延续注册，通过全国统一的注册造价工程师注册信息管理平台实行网上申报、受理和审批。

本章提要及目标

施工许可证申领及管理；建筑企业资质和从业人员执业许可制度。

贯彻合规经营发展理念，建立准入制度的职业理念，自觉抵制挂靠等违法行为。

本章习题

一、单选题

1. 下列关于建筑工程施工许可证管理的说法中，错误的是（　　）。

A. 申请施工许可证是取得建设用地规划许可证的前置条件

B. 保证工程质量和安全的施工措施须在申请施工许可证前编制完成

C. 只有法律和行政法规才有权设定施工许可证的申领条件

D. 消防设计审核不合格的，不予颁发施工许可证

2. 某写字楼项目于 2019 年 3 月 1 日领取了施工许可证，则该工程应在（　　）前开工。

A. 2019 年 4 月 1 日　　　　　　　　　B. 2019 年 6 月 1 日

C. 2019 年 9 月 1 日　　　　　　　　　D. 2019 年 12 月 1 日

3. 某医院欲新建办公大楼，该办公大楼由某城建集团承包建造，施工许可证应由（　　）申领。

A. 医院　　　　　B. 城建集团　　　　C. 城建集团分包商　D. 医院或城建集团

4. 某房地产开发公司在某市老城区拟开发的住宅小区项目涉及征收，按照《建筑工程施工许可管理办法》的规定，该房地产公司申请领取施工许可证前，应当（　　）。

A. 征收工作必须全部完成　　　　　　B. 征收补偿安置资金全部到位

C. 征收工程量已完成 50%　　　　　　D. 征收进度满足施工的要求

5. 根据施工许可管理的要求，建设项目因故停工，（　　）应当自中止施工之日起 1 个月内向发证机关报告。

A. 项目部　　　　　B. 施工企业　　　　C. 监理单位　　　　D. 建设单位

6. 有关部门在对某在建住宅小区工地的联合行政执法检查中发现，该工程虽符合开工条件，但尚未取得施工许可证。根据《建筑法》规定，应（　　）。

A. 责令改正　　　　　　　　　　　　B. 责令停止施工

C. 对建设单位处以罚款　　　　　　　D. 降低施工单位资质等级

7. 某建设单位欲新建一座大型综合超市，于 2019 年 3 月 20 日领取工程施工许可证。开工后因故于 2019 年 10 月 15 日中止施工。根据《建筑法》施工许可制度的规定，该建设单位向施工许可证发证机关报告的最迟期限是 2019 年（　　）。

A. 10 月 15 日　　　B. 10 月 22 日　　　C. 11 月 14 日　　　D. 12 月 14 日

8. 根据《建筑法》，中止施工满 1 年的工程恢复施工时，施工许可证应由（　　）。

A. 施工单位报发证机关核验　　　　　B. 监理单位向发证机关提出核验

C. 建设单位报发证机关核验　　　　　D. 建设单位向发证机关提出核验

二、多选题

1. 某建设单位于 2019 年 9 月 1 日领取了施工许可证，后由于特殊原因不能按期开工，故向发证机关申请延期。根据《建筑法》的规定，下列关于延期的说法中，不正确的是（　　）。

A. 领取施工许可证后不能延期

B. 可以延期，但只能延期一次

C. 延期以两次为限，每次不超过两个月

D. 既不开工又超过延期时限的，施工许可证自行废止

E. 超过延期时限的，只要发证机关不提出，施工许可证继续有效

2. 根据《建筑工程施工许可管理办法》的规定，下列选项中属于施工许可证法定批准条件的有（　　）。

A. 在城市、镇规划区的建筑工程已取得规划许可证

B. 需要征收用地范围内房屋的，其征收进度满足施工要求

C. 有满足开工需要的施工图并通过审查

D. 依法确定了施工企业和监理单位

E. 已经确定施工企业

3. 甲建设单位新建办公大楼，由乙建筑公司承建。下列有关施工许可证的说法中，正确的有（　　）。

A. 该新建工程无需领取施工许可证

B. 应由甲向建设行政主管部门申领施工许可证

C. 应由乙向建设行政主管部门申领施工许可证

D. 申请施工许可证时，应当提供安全施工措施的资料

E. 申请施工许可证时，该工程应当有满足施工需要的施工图纸

本章在线测试题

第3章　建设工程发包承包制度

3.1　建设工程发包承包制度概述

3.1.1　建设工程发包制度

（1）建设工程发包

建筑工程依法实行招标发包，对不适于招标发包的可以直接发包。建设工程实行招标发包的，发包单位应当将建设工程发包给依法中标的承包单位。建设工程实行直接发包的，发包单位应当将建设工程发包给具有相应资质条件的承包单位。

2019年住建部颁布的《建筑工程施工发包与承包违法行为认定查处管理办法》（以下简称《发包承包违法行为查处办法》）规定：建设单位与承包单位应严格依法签订合同，明确双方权利、义务、责任，严禁违法发包、转包、违法分包和挂靠，确保工程质量和施工安全。

（2）建设单位违法发包的情形

《发包承包违法行为查处办法》规定了建设单位违法发包的情形：

① 将工程发包给个人的；

② 将工程发包给不具有相应资质的单位的；

③ 依法应当招标未招标或未按照法定招标程序发包的；

④ 设置不合理的招标投标条件，限制、排斥潜在投标人或者投标人的；

⑤ 将一个单位工程的施工分解成若干部分发包给不同的施工总承包或专业承包单位的。

《发包承包违法行为查处办法》规定：建设单位违法发包，拒不整改或者整改后仍达不到要求的，视为没有依法确定施工企业，将其违法行为记入诚信档案，实行联合惩戒。对全部或部分使用国有资金的项目，同时将建设单位违法发包的行为告知其上级主管部门及纪检监察部门，并建议对建设单位直接负责的主管人员和其他直接责任人员给予相应的行政处分。

3.1.2　建设工程承包制度

（1）资质管理

承包建设工程的单位应当持有依法取得的资质证书，并在其资质等级许可的业务范围内承揽工程。禁止建筑施工企业超越本企业资质等级许可的业务范围或者以任何形式用其他建筑施工企业的名义承揽工程。禁止建筑施工企业以任何形式允许其他单位或者个人使用本企业的资质证书、营业执照，以本企业的名义承揽工程。

（2）联合承包

大型建设工程或者结构复杂的建设工程，可以由两个以上的承包单位联合共同承包。

① 联合体中各成员单位的责任承担。分为内部责任和外部责任两种情况。

a.内部责任。组成联合体的成员单位投标之前必须要签订共同投标协议，明确约定各方拟承担的工作和责任，并将共同投标协议连同投标文件一并提交给招标人。联合体投标未附联合体各方共同投标协议的，由评标委员会初审后按无效投标处理。

b.外部责任。共同承包的各方对承包合同的履行承担连带责任。负有连带义务的每个债务人，都负有清偿全部债务的义务，履行了义务的人，有权要求其他负有连带义务的人偿付他应当承担的份额。

② 联合体资质的认定。两个以上不同资质等级的单位实行联合共同承包的，应当按照资质等级较低的单位的业务许可范围承揽工程。

（3）提倡工程总承包

工程总承包指从事工程项目建设的单位受建设单位委托，按照合同约定对从决策、设计直到试运行的建设项目发展周期实行全过程或若干阶段的承包。

① 设计采购施工工程总承包（EPC）。工程总承包企业依据合同约定，承担设计、采购、施工和试运行工作，并对承包工程的质量、安全、费用和进度等全面负责。

② 设计施工总承包（DB）。工程总承包企业依据合同约定，承担工程项目的设计和施工，并对承包工程的质量、安全、费用、进度、职业健康和环境保护等全面负责。

③ 工程总承包还可采用设计采购总承包（EP）和采购施工总承包（PC）等方式。工程总承包的具体方式、工作内容和责任等，由发包单位（业主）与工程总承包企业在合同中约定。

（4）禁止转包

转包是指承包单位承包工程后，不履行合同约定的责任和义务，将其承包的全部工程或者将其承包的全部工程肢解后以分包的名义分别转给其他单位或个人施工的行为。禁止承包单位将其承包的全部建设工程转包给他人，禁止承包单位将其承包的全部建设工程肢解以后以分包的名义分别转包给他人。

《发包承包违法行为查处办法》规定，存在下列情形之一的，应当认定为转包，但有证据证明属于挂靠或者其他违法行为的除外：

① 承包单位将其承包的全部工程转给其他单位（包括母公司承接建筑工程后将所承接工程交由具有独立法人资格的子公司施工的情形）或个人施工的；

② 承包单位将其承包的全部工程肢解以后，以分包的名义分别转给其他单位或个人施工的；

③ 施工总承包单位或专业承包单位未派驻项目负责人、技术负责人、质量管理负责人、安全管理负责人等主要管理人员，或派驻的项目负责人、技术负责人、质量管理负责人、安全管理负责人中一人及以上与施工单位没有订立劳动合同且没有建立劳动工资和社会养老保险关系，或派驻的项目负责人未对该工程的施工活动进行组织管理，又不能进行合理解释并提供相应证明的；

④ 合同约定由承包单位负责采购的主要建筑材料、构配件及工程设备或租赁的施工机械设备，由其他单位或个人采购、租赁，或施工单位不能提供有关采购、租赁合同及发票等证明，又不能进行合理解释并提供相应证明的；

⑤ 专业作业承包人承包的范围是承包单位承包的全部工程，专业作业承包人计取的是除上缴给承包单位"管理费"之外的全部工程价款的；

⑥ 承包单位通过采取合作、联营、个人承包等形式或名义，直接或变相将其承包的全部工程转给其他单位或个人施工的；

⑦ 专业工程的发包单位不是该工程的施工总承包或专业承包单位的，但建设单位依约作为发包单位的除外；

⑧ 专业作业的发包单位不是该工程承包单位的；

⑨ 施工合同主体之间没有工程款收付关系，或者承包单位收到款项后又将款项转拨给其他单位和个人，又不能进行合理解释并提供材料证明的。

两个以上的单位组成联合体承包工程，在联合体分工协议中约定或者在项目实际实施过程中，联合体一方不进行施工也未对施工活动进行组织管理的，并且向联合体其他方收取管理费或者其他类似费用的，视为联合体一方将承包的工程转包给联合体其他方。

（5）禁止肢解发包

肢解发包是指建设单位将本应由一个承包单位整体承建完成的建设工程肢解成若干部分，分别发包给不同承包单位的行为。

《建筑法》规定，禁止将建筑工程肢解发包。建筑工程的发包单位可以将建筑工程的勘察、设计、施工、设备采购一并发包给一个工程总承包单位，也可以将建筑工程的勘察、设计、施工、设备采购的一项或者多项发包给一个工程总承包单位；但是，不得将应当由一个承包单位完成的建筑工程肢解成若干部分发包给几个承包单位。

3.1.3 建设工程分包制度

（1）分包的含义

分包是指总承包单位将其所承包的工程中的专业工程或者劳务作业发包给其他承包单位完成的活动。分包分为专业工程分包和劳务作业分包。

专业工程分包是指总承包单位将其所承包工程中的专业工程发包给具有相应资质的其他承包单位完成的活动。《建筑法》规定："除总承包合同中约定的分包外，必须经建设单位认可。"专业工程分包工程承包人必须自行完成所承包的工程。

劳务作业分包是施工总承包企业或者专业承包企业将其承包工程中的劳务作业发包给劳务分包企业完成的活动。劳务作业分包由劳务作业发包人与劳务作业承包人通过劳务合同约定。劳务作业承包人必须自行完成所承包的任务。

专业工程分包与劳务作业分包的对比见表 3-1。

表 3-1　专业工程分包与劳务作业分包的对比

项目		专业工程分包	劳务作业分包(包括钢筋工、混凝土工、电焊、水电、油漆、木工、泥瓦工等)
相同点		应分包给有资质的分包单位	
不同点	建设单位认可	需要总承包合同约定或建设单位认可	不需要建设单位认可
	主体结构分包情况	主体结构不得进行专业工程分包	主体结构中的劳务作业可以全部分包
	再分包情况	专业分包单位不得再进行专业工程分包	专业分包单位可以将劳务作业全部再分包

（2）可以分包的工程

总承包单位承包工程后可以全部自行完成，也可以将其中的部分工程分包给其他承包单位完成，只能分包部分工程，并且是非主体、非关键性工作；如果是施工总承包，其主体结构的施工则须由总承包单位自行完成。

（3）分包单位的条件

禁止总承包单位将工程分包给不具备相应资质条件的单位。总承包单位要将所承包的工程再分包给他人，应当事先告知建设单位并取得认可。这种认可应当通过两种方式：一是在总承包合同中规定分包的内容；二是在总承包合同中没有规定分包内容的，应当事先征得建设单位的同意。

3.1.4　转包和分包的区别

转包与分包的根本区别在于：转包行为中，原承包人将其工程全部倒手转给他人，自己并不实际履行合同约定的义务；而在分包行为中，承包人只是将其承包工程的某一部分或几部分再分包给其他承包人，承包人仍然要就承包合同约定的全部义务的履行向发包人负责。根据《民法典》第791条规定，承包人经发包人同意将其部分工程分包给他人的行为是被允许的，但不得将其承包的全部建设工程转包给第三人或者将其承包的全部建设工程肢解以后以分包的名义分别转包给第三人。根据《招标投标法》的规定，中标人按照合同约定或者经招标人同意，可以将中标项目的部分非主体、非关键性工作分包给他人完成。

3.1.5　违法分包

《建筑法》规定了违法分包，《建设工程质量管理条例》进一步将违法分包界定为如下几种情形：

① 总承包单位将建设工程分包给不具备相应资质条件的单位的；

② 建设工程总承包合同中未有约定，又未经建设单位认可，承包单位将其承包的部分建设工程交由其他单位完成的；

③ 施工总承包单位将建设工程主体结构的施工分包给其他单位的；

④ 分包单位将其承包的建设工程再分包的。

《发包承包违法行为查处办法》规定，存在下列情形之一的，属于违法分包：

① 承包单位将其承包的工程分包给个人的；

② 施工总承包单位或专业承包单位将工程分包给不具备相应资质单位的；

③ 施工总承包单位将施工总承包合同范围内工程主体结构的施工分包给其他单位的，钢结构工程除外；

④ 专业分包单位将其承包的专业工程中非劳务作业部分再分包的；

⑤ 专业作业承包人将其承包的劳务再分包的；

⑥ 专业作业承包人除计取劳务作业费外，还计取主要建筑材料款和大中型施工机械设备、主要周转材料费用的。

3.1.6　总承包单位与分包单位的连带责任

《招标投标法》规定，中标人应当就分包项目向招标人负责，接受分包的人就分包项目承担连带责任。

连带责任分为法定连带责任和约定连带责任。有关工程总分包、联合承包的连带责任，属法定连带责任。《民法典》第 178 条规定："二人以上依法承担连带责任的，权利人有权请求部分或者全部连带责任人承担责任。连带责任人的责任份额根据各自责任大小确定；难以确定责任大小的，平均承担责任。实际承担责任超过自己责任份额的连带责任人，有权向其他连带责任人追偿。连带责任，由法律规定或者当事人约定。"

施工专业分包合同订立后，专业分包单位按照施工专业分包合同的约定对总承包单位负责。同时建筑工程总承包单位仍按照总承包合同的约定对发包人（建设单位）负责，总承包单位和分包单位就分包工程对建设单位承担连带责任。当分包工程发生质量责任或者违约责任时，建设单位可以向总承包单位请求赔偿，也可以向分包单位请求赔偿，总承包单位或分包单位进行赔偿后，有权依据分包合同的约定对于不属于自己责任的赔偿向另一方进行追偿。

3.1.7 建设工程承发包模式

（1）平行承发包模式

平行承发包是指建设单位将建设工程的设计、施工以及材料设备采购的任务经过分解分别发包给若干个设计单位、施工单位和材料设备供应单位，并分别与各方签订合同（图 3-1）。

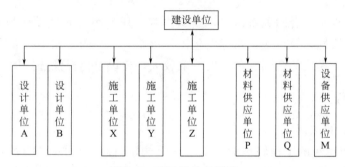

图 3-1 平行承发包模式

这种模式的优点是有利于建设单位选择承建单位，缺点是：合同数量多，会造成合同管理困难；组织协调工作量大；工程招标任务量大，需要控制多项合同价格；在施工过程中设计变更和修改较多，导致投资增加。

（2）施工总分包模式

施工总分包是指建设单位将全部施工任务发包给一个施工单位，该施工单位作为总承包单位，总承包单位可以将其部分任务再分包给其他承包单位，形成一个施工总包合同以及若干个分包合同的结构模式（图 3-2）。

这种模式的优点是有利于建设工程的组织管理：工程合同数量比平行承发包模式要少很多，有利于建设单位的合同管理；建设单位协调工作量减少；总承包单位具有控制的积极性，分包单位之间也有相互制约的作用。这种模式的缺点是：建设周期较长；总包报价可能较高。

（3）工程总承包模式

工程总承包是指工程总承包单位受建设单位委托，按照合同约定对工程建设项目的勘

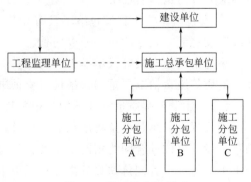

图 3-2 施工总分包模式

察、设计、采购、施工、试运行等实行全过程或若干阶段的承包，工程总承包单位按照合同约定对工程项目的质量、工期、造价等向建设单位负责。工程总承包单位可依法将所承包工程中的部分工作发包给具有相应资质的分包单位，分包单位按照分包合同的约定对总承包单位负责（图 3-3）。

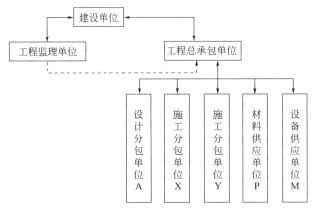

图 3-3 工程总承包模式

这种模式的优点是：合同关系简单，组织协调工作量小；通过设计与施工的统筹考虑，可以提高项目的经济性。缺点是：招标发包工作难度大，合同条款不易准确确定，容易造成较多的合同争议。该模式的合同管理难度一般较大，建设单位择优选择承包方的范围小。

3.1.8 法律责任

（1）《建筑法》相关规定

① 承包单位将承包的工程转包的，或者违反规定进行分包的，责令改正，没收违法所得，并处罚款，可以责令停业整顿，降低资质等级；情节严重的，吊销资质证书。

承包单位有前款规定的违法行为的，对因转包工程或者违法分包的工程不符合规定的质量标准造成的损失，与接受转包或者分包的单位承担连带赔偿责任。

② 在工程发包与承包中索贿、受贿、行贿，构成犯罪的，依法追究刑事责任；不构成犯罪的，分别处以罚款，没收贿赂的财物，对直接负责的主管人员和其他直接责任人员给予处分。

对在工程承包中行贿的承包单位，除依照前款规定处罚外，可以责令停业整顿，降低资质等级或者吊销资质证书。

③ 发包单位将工程发包给不具有相应资质条件的承包单位的，或者违反规定将建筑工程肢解发包的，责令改正，处以罚款。

超越本单位资质等级承揽工程的，责令停止违法行为，处以罚款，可以责令停业整顿，降低资质等级；情节严重的，吊销资质证书；有违法所得的，予以没收。

（2）《建设工程质量管理条例》相关规定

违反规定，承包单位将承包的工程转包或者违法分包的，责令改正，没收违法所得，对勘察、设计单位处合同约定的勘察费、设计费百分之二十五以上百分之五十以下的罚款；对施工单位处工程合同价款百分之零点五以上百分之一以下的罚款；可以责令停业整顿，降低资质等级；情节严重的，吊销资质证书。

违反规定，建设单位将建设工程发包给不具有相应资质等级的勘察、设计、施工单位或者委托给不具有相应资质等级的工程监理单位的，责令改正，处 50 万元以上 100 万元以下的罚款。

违反规定，建设单位将建设工程肢解发包的，责令改正，处工程合同价款百分之零点五以上百分之一以下的罚款；对全部或者部分使用国有资金的项目，并可以暂停项目执行或者暂停资金拨付。

（3）《发包承包违法行为查处办法》相关规定

① 对认定有转包、违法分包、挂靠、转让出借资质证书或者以其他方式允许他人以本单位的名义承揽工程等违法行为的施工单位，可依法限制其参加工程投标活动、承揽新的工程项目，并对其企业资质是否满足资质标准条件进行核查，对达不到资质标准要求的限期整改，整改后仍达不到要求的，资质审批机关撤回其资质证书。

对 2 年内发生 2 次及以上转包、违法分包、挂靠、转让出借资质证书或者以其他方式允许他人以本单位的名义承揽工程的施工单位，应当依法按照情节严重情形给予处罚。

② 县级以上人民政府住房城乡建设主管部门应将查处的违法发包、转包、违法分包、挂靠等违法行为和处罚结果记入相关单位或个人信用档案，同时向社会公示，并逐级上报至住房和城乡建设部，在全国建筑市场监管公共服务平台公示。

【例题 1】某型钢-混凝土组合结构工程，征得建设单位同意的下列分包情形中，属于违法分包的是（B）。

A.总承包单位将其承包的幕墙工程进行分包

B.劳务分包单位将其承包的部分劳务作业进行分包

C.钢结构专业分包单位将其承包的全部劳务作业进行分包

D.总承包单位将其承包的地下室混凝土浇筑劳务作业进行分包

［解析］选项 A，幕墙工程可以分包；选项 B，劳务分包单位不得再分包；选项 C、D，总承包单位、专业分包单位可以进行劳务分包。

【例题 2】下列关于施工企业总包、分包的说法中，正确的是（B）。

A.专业承包企业可以将所承接的专业工程再次分包给其他专业承包企业

B.专业承包企业可以将所承接的劳务作业依法分包给劳务作业分包企业

C.劳务作业分包企业只能承接施工总承包企业分包的劳务作业

D. 劳务作业分包企业可以承接施工总承包企业或专业承包企业或其他劳务作业分包企业分包的劳务作业

［解析］选项 A 错误，禁止专业工程分包单位将其承包的专业工程再分包。选项 C、D 错误，劳务作业分包企业可以承接施工总承包企业或专业承包企业分包的劳务作业。

【例题 3】总承包单位分包工程应当经过建设单位认可，这种认可的方式包括（AE）。

A.在总承包合同中规定分包的内容

B.由建设单位指定分包，分包人与总承包单位签约

C.由建设单位推荐分包人

D.劳务分包合同，也应由建设单位确认

E. 总承包合同没有规定专业分包内容时，事先征得建设单位同意

【例题 4】下列关于总承包单位与分包单位对建设工程承担质量责任的说法中，正确的有（CD）。

A. 分包单位按照分包合同的约定对分包工程的质量向总承包单位及建设单位负责

B. 分包单位对分包工程的质量负责，总承包单位未尽到相应监管义务的，承担相应的补充责任

C. 建设工程实行总承包的，总承包单位应当对全部建设工程质量负责

D. 当分包工程发生质量责任或者违约责任，建设单位可以向总承包单位或分包单位请求赔偿；总承包单位或分包单位赔偿后，有权就不属于自己责任的赔偿向另一方追偿

E. 当分包工程发生质量责任或者违约责任，建设单位应当向总承包单位请求赔偿，总承包单位赔偿后，有权要求分包单位赔偿

［解析］选项 A 错误，分包单位按照分包合同的约定对分包工程的质量向总承包单位负责，总承包单位与分包单位对分包工程的质量承担连带责任。选项 B 错误，应为"连带责任"。选项 E 错误，二人以上依法承担连带责任的，权利人有权请求部分或者全部连带责任人承担责任。选项 E 错误，建设单位可以向总承包单位请求赔偿。

【例题 5】甲施工单位作为某建设工程项目的总承包人，将中标建设工程项目的部分非主体工程分包给乙施工单位。乙单位所分包的工程出现了质量问题，则下列表述中正确的有（BD）。

A. 建设工程项目禁止分包，甲作为总承包人应承担全部责任

B. 建设工程项目可以分包，当分包项目出现问题时，建设单位可以要求总承包人承担全部责任

C. 分包人乙只与甲有合同关系，与建设单位没有合同关系，因而不直接向建设单位承担责任

D. 建设单位可以直接要求乙单位就分包工程承担全部责任

E. 建设单位只能向直接责任人乙单位追究责任

［解析］不论是工程总承包还是施工总承包，由于承包合同的双方主体是建设单位和总承包单位，总承包单位均应按照承包合同约定的权利义务向建设单位负责。如果分包工程发生问题，总承包单位不得以分包工程已分包为由推卸自己的总承包责任，而应与分包单位就分包工程承担连带责任。

【案例 1】

某大学城工程，A 施工单位与建设单位签订了施工总承包合同。合同约定：除主体结构外的其他分部分项工程施工，总承包单位可以自行依法分包；建设单位负责供应油漆等部分材料。合同履行过程中，由于工期较紧，A 施工单位将其中两栋单体建筑的室内精装修和幕墙工程分包给具备相应资质的 B 施工单位。B 施工单位经 A 施工单位同意后，将其承包范围内的幕墙工程分包给具备相应资质的 C 施工单位组织施工，将油漆劳务作业分包给具备相应资质的 D 施工单位组织施工。

【问题】

A 施工单位、B 施工单位、C 施工单位、D 施工单位之间的分包行为是否合法？

【分析】

（1）A 施工单位将其中两栋单体建筑的室内精装修和幕墙工程分包给具备相应资质的 B 施工单位合法，因为装修和幕墙工程不属于主体结构，可以分包，总承包合同中约定可以分包。

（2）B 施工单位将其承包范围内的幕墙工程分包给 C 施工单位不合法，因为分包工程不能再分包。

（3）B 施工单位将油漆劳务作业分包给 D 施工单位合法，因为专业分包工程允许劳务再分包。

3.2　建设工程招标投标制度

招标投标是市场经济条件下进行大宗货物的买卖、工程建设项目的发包与承包，以及服务项目的采购与提供所采用的一种交易方式。建设工程的发包人一般通过招标或其他竞争方式选择建设工程任务的实施单位，包括勘察、设计、咨询、施工承包和供货等单位。

全国人民代表大会、全国人大常务委员会、政府及有关部委为了推行和规范招标投标活动，先后颁布多项相关法律法规。如 1999 年 3 月 15 日全国人大通过了《中华人民共和国合同法》，2021 年 1 月 1 日《民法典》生效，《中华人民共和国合同法》废止。《招标投标法》（2017 年修改）、《招标投标法实施条例》（2019 年修改）、《中华人民共和国政府采购法》等文件确定招标投标为政府采购的主要方式。

建设工程涉及勘察、设计、施工、监理和货物采购等阶段，不同阶段的招投标活动均由相应法律法规调整。

2007 年国家发展改革委等九部委联合编制了《〈标准施工招标资格预审文件〉和〈标准施工招标文件〉试行规定》及相关附件，自 2008 年 5 月 1 日起施行，并于 2013 年修改。

2017 年国家发展改革委等九部委联合编制了《标准设备采购招标文件》《标准材料采购招标文件》《标准勘察招标文件》《标准设计招标文件》《标准监理招标文件》，自 2018 年 1 月 1 日起实施。

《招标投标法实施条例》规定："编制依法必须进行招标的项目的资格预审文件和招标文件，应当使用国务院发展改革部门会同有关行政监督部门制定的标准文本。"因此，上述标准文件具有强制适用性。标准文本适用于依法必须招标的工程建设项目。

3.2.1　必须招标的项目范围和规模

根据《必须招标的工程项目规定》（2018 年施行）的规定，下列工程项目必须招标：

（1）建设工程必须招标的范围

① 全部或者部分使用国有资金投资或者国家融资的项目。包括：使用预算资金 200 万元人民币以上，并且该资金占投资额 10% 以上的项目；使用国有企业事业单位资金，并且该资金占控股或者主导地位的项目。

② 使用国际组织或者外国政府贷款、援助资金的项目。包括：使用世界银行、亚洲开发银行等国际组织贷款、援助资金的项目；使用外国政府及其机构贷款、援助资金的项目。

③ 大型基础设施、公用事业等关系社会公共利益、公众安全的项目。

不属于上述①、②规定情形的大型基础设施、公用事业等关系社会公共利益、公众安全的项目，必须招标的具体范围由国务院发展改革部门会同国务院有关部门按照确有必要、严格限定的原则制定，报国务院批准。

上述三类项目包括项目的勘察、设计、施工、监理以及与工程建设有关的重要设备、材料等的采购，达到下列标准之一的，必须进行招标：

① 施工单项合同估算价在 400 万元人民币以上的；

② 重要设备、材料等货物的采购，单项合同估算价在 200 万元人民币以上的；

③ 勘察、设计、监理等服务的采购，单项合同估算价在 100 万元人民币以上的。

任何单位和个人不得将依法必须进行招标的项目化整为零或者以其他任何方式规避招标。

（2）可以不进行招标的范围

《招标投标法》规定：涉及国家安全、国家秘密、抢险救灾或者属于利用扶贫资金实行以工代赈、需要使用农民工等特殊情况，不适宜进行招标的项目，按照国家有关规定可以不进行招标。

《招标投标法实施条例》规定，有下列情形之一的，可以不进行招标：

① 需要采用不可替代的专利或者专有技术；

② 采购人依法能够自行建设、生产或者提供；

③ 已通过招标方式选定的特许经营项目投资人依法能够自行建设、生产或者提供；

④ 需要向原中标人采购工程、货物或者服务，否则将影响施工或者功能配套要求；

⑤ 国家规定的其他特殊情形。

《工程建设项目施工招标投标办法》（2013 年修改）规定，依法必须进行施工招标的工程建设项目有下列情形之一的，可以不进行施工招标：

① 涉及国家安全、国家秘密、抢险救灾或者属于利用扶贫资金实行以工代赈需要使用农民工等特殊情况，不适宜进行招标；

② 施工主要技术采用不可替代的专利或者专有技术；

③ 已通过招标方式选定的特许经营项目投资人依法能够自行建设；

④ 采购人依法能够自行建设；

⑤ 在建工程追加的附属小型工程或者主体加层工程，原中标人仍具备承包能力，并且其他人承担将影响施工或者功能配套要求；

⑥ 国家规定的其他情形。

3.2.2 招标

3.2.2.1 招标条件

《工程建设项目勘察设计招标投标办法》规定，依法必须进行勘察设计招标的工程建设项目，在招标时应当具备下列条件：

招标人已经依法成立；按照国家有关规定需要履行项目审批、核准或者备案手续的，已经审批、核准或者备案；勘察设计有相应资金或者资金来源已经落实；所必需的勘察设计基础资料已经收集完成；法律法规规定的其他条件。

《工程建设项目施工招标投标办法》规定，依法必须招标的工程建设项目，应当具备下列条件才能进行施工招标：

招标人已经依法成立；初步设计及概算应当履行审批手续的，已经批准；有相应资金或资金来源已经落实；有招标所需的设计图纸及技术资料。

3.2.2.2 招标方式

招标分为公开招标和邀请招标两种方式。

（1）公开招标

招标人采用公开招标方式的，应当发布招标公告。依法必须进行招标的项目，应当通过国家指定的报刊、信息网络或者其他媒介发布招标公告。

（2）邀请招标

邀请招标也称选择性招标，是由采购人根据供应商或承包商的资信和业绩，选择一定数目的法人或其他组织（不能少于 3 家），向其发出投标邀请书，邀请他们参加投标竞争，从中选定中标人的一种采购方式。

邀请招标能够按照项目需求特点和市场供应状态，有针对性地选择与招标项目需求匹配的投标人参与投标竞争，招标工作量和招标费用相对较小，既可以省去招标公告和资格预审程序及时间，又可以获得较好的竞争效果。

（3）资格预审公告和招标公告

依法必须招标项目的资格预审公告和招标公告，应当载明以下内容：招标项目名称、内容、范围、规模、资金来源；投标资格能力要求，以及是否接受联合体投标；获取资格预审文件或招标文件的时间、方式；递交资格预审文件或投标文件的截止时间、方式；招标人及其招标代理机构的名称、地址、联系人及联系方式；采用电子招标投标方式的，潜在投标人访问电子招标投标交易平台的网址和方法；其他依法应当载明的内容。

（4）邀请招标的情形

《招标投标法》规定，国家重点项目和省、自治区、直辖市人民政府确定的地方重点项目不适宜公开招标的，经国务院发展计划部门或者省、自治区、直辖市人民政府批准，可以进行邀请招标。

《招标投标法实施条例》规定，国有资金占控股或者主导地位的依法必须进行招标的项目，应当公开招标；但有下列情形之一的，可以邀请招标：

① 技术复杂、有特殊要求或者受自然环境限制，只有少量潜在投标人可供选择；

② 采用公开招标方式的费用占项目合同金额的比例过大。

《工程建设项目施工招标投标办法》规定，依法必须进行公开招标的项目，有下列情形之一的，可以邀请招标：

① 项目技术复杂或有特殊要求，或者受自然地域环境限制，只有少量潜在投标人可供选择；

② 涉及国家安全、国家秘密或者抢险救灾，适宜招标但不宜公开招标；

③ 采用公开招标方式的费用占项目合同金额的比例过大。

《工程建设项目施工招标投标办法》同时规定：全部使用国有资金投资或者国有资金投资占控股或者主导地位的并需要审批的工程建设项目的邀请招标，应当经项目审批部门批准，但项目审批部门只审批立项的，由有关行政监督部门批准。

3.2.2.3 招标的组织形式

应当招标的工程建设项目，办理报建登记手续后，凡已满足招标条件的，均可组织招标，办理招标事宜。招标组织形式有以下两种。

（1）自行组织招标

招标人自行办理招标事宜应当具备的具体条件：具有项目法人资格；具有与招标项目规

模和复杂程度相适应的工程技术、概预算、财务和工程管理等方面专业技术力量；有从事同类工程建设项目招标的经验；设有专门的招标机构或者拥有专职招标业务人员；熟悉和掌握招标投标法及有关法规规章。

《招标投标法》规定，依法必须进行招标的项目，招标人自行办理招标事宜的，应当向有关行政监督部门备案。

（2）委托代理机构招标

招标人如不具备自行组织招标的能力条件，应当选择委托代理机构招标。招标人与招标代理机构之间是一种委托代理关系。招标代理机构是依法设立、从事招标代理业务并提供相关服务的社会中介组织。

3.2.2.4 资格审查

招标人采用资格预审办法对潜在投标人进行资格审查的，应当发布资格预审公告、编制资格预审文件。

招标人应当按照资格预审公告、招标公告或者投标邀请书规定的时间、地点发售资格预审文件或者招标文件。资格预审文件或者招标文件的发售期不得少于 5 日。工程项目资格审查内容如下：

① 具有独立订立合同的权利；

② 具有履行合同的能力，包括专业、技术资格和能力，资金、设备和其他物质设施状况，管理能力，经验、信誉和相应的从业人员；

③ 没有处于被责令停业，投标资格被取消，财产被接管、冻结，破产状态；

④ 在最近 3 年内没有骗取中标和严重违约及重大工程质量问题；

⑤ 法律、行政法规规定的其他资格条件。

资格预审结束后，招标人应当及时向参加资格预审的申请人发出资格预审结果通知书。未通过资格预审的申请人不具有投标资格。通过资格预审的申请人少于 3 个的，应当重新招标。

招标人采用资格后审办法对投标人进行资格审查的，应当在开标后由评标委员会按照招标文件规定的标准和方法对投标人的资格进行审查。经资格后审不合格的投标人的投标应予以否决。

3.2.2.5 招标文件

（1）编制招标文件

招标人应当根据招标项目的特点和需要编制招标文件。招标文件应当包括招标项目的技术要求、对投标人资格审查的标准、投标报价要求和评标标准等所有实质性要求和条件以及签订合同的主要条款。

招标项目需要划分标段、确定工期的，招标人应当合理划分标段、确定工期，并在招标文件中载明。

招标文件不得要求或者标明特定的生产供应者以及含有倾向或者排斥潜在投标人的其他内容。招标人不得向他人透露已获取招标文件的潜在投标人的名称、数量及可能影响公平竞争的有关招标投标的其他情况。

招标人应当确定投标人编制投标文件所需要的合理时间，依法必须进行招标的项目，自招标文件发出之日至投标人提交投标文件截止之日止，最短不得少于 20 日。

《标准施工招标文件》（2007 年版）结构见表 3-2。

表 3-2 《标准施工招标文件》(2007 年版) 结构

卷 数	章 次	
第一卷	第 1 章	招标公告(未进行资格预审)
	第 1 章	投标邀请书(代资格预审通过通知书)
	第 1 章	投标邀请书(适用于邀请招标)
	第 2 章	投标人须知
	第 3 章	评标办法(经评审的最低投标价法)
	第 3 章	评标办法(综合评估法)
	第 4 章	合同条款及格式
	第 5 章	工程量清单
第二卷	第 6 章	图纸
第三卷	第 7 章	技术标准和要求
第四卷	第 8 章	投标文件格式

（2）招标文件的澄清修改

招标人可以对已发出的招标文件进行必要的澄清或者修改。澄清或者修改的内容可能影响投标文件编制的，招标人应当在投标截止时间至少 15 日前，以书面形式通知所有获取招标文件的潜在投标人，不足 15 日的，招标人应当顺延提交投标文件的截止时间。该澄清或者修改的内容为招标文件的组成部分。

（3）标底和招标控制价（最高投标限价）

招标人可以自行决定是否编制标底。一个招标项目只能有一个标底。标底必须保密。标底只能作为评标的参考，不得规定以是否接近标底为中标条件，也不得规定以投标报价超出标底上下浮动范围作为否决投标的条件。

招标控制价是招标人根据国家以及当地有关规定的计价依据和计价办法、招标文件、市场行情，并按工程项目设计施工图纸等具体条件调整编制的，对招标工程项目限定的最高工程造价，也称为拦标价、预算控制价或最高报价等。

国有资金投资的工程建设项目实行工程量清单招标，必须编制招标控制价。投标人的投标报价高于招标控制价的，其投标应予以拒绝。招标控制价应在招标文件中公布，不应上调或下浮。

招标人设有最高投标限价的，应当在招标文件中明确最高投标限价或者最高投标限价的计算方法，招标人不得规定最低投标限价。

（4）招标人不得以不合理的条件限制、排斥潜在投标人或者投标人

《招标投标法实施条例》规定，招标人有下列行为之一的，属于以不合理条件限制、排斥潜在投标人或者投标人：

① 就同一招标项目向潜在投标人或者投标人提供有差别的项目信息。

② 设定的资格、技术、商务条件与招标项目的具体特点和实际需要不相适应或者与合同履行无关。

③ 依法必须进行招标的项目以特定行政区域或者特定行业的业绩、奖项作为加分条件或者中标条件。

④ 对潜在投标人或者投标人采取不同的资格审查或者评标标准。

⑤ 限定或者指定特定的专利、商标、品牌、原产地或者供应商。

⑥ 依法必须进行招标的项目非法限定潜在投标人或者投标人的所有制形式或者组织形式。

⑦ 以其他不合理条件限制、排斥潜在投标人或者投标人。

（5）踏勘现场、召开投标预备会

招标人根据招标项目的具体情况，可以组织潜在投标人踏勘项目现场，向其介绍工程场地和相关环境的有关情况。潜在投标人依据招标人介绍情况作出的判断和决策，由投标人自行负责。招标人不得单独或者分别组织任何一个投标人进行现场踏勘。

投标人对招标文件或者在现场踏勘中如果有疑问或不清楚的问题，应当用书面的形式要求招标人予以解答。招标人收到投标人提出的疑问或不清楚的问题后，应当给予解释和答复。招标人以书面形式解答招标文件中或现场踏勘中的疑问。

投标预备会也称答疑会、标前会议，是指招标人为澄清或解答招标文件或现场踏勘中的问题，以便投标人更好地编制投标文件而组织召开的会议。

会议纪要以及对个别投标人的问题的解答，都应以书面形式发给每一个获得投标文件的潜在投标人，以保证招标的公平和公正，但对问题的答复不需要说明问题来源。会议纪要和答复函件形成招标文件的补充文件，是招标文件的有效组成部分，与招标文件具有同等法律效力。当补充文件与招标文件内容不一致时，应以补充文件为准。

（6）投标有效期

招标文件应当规定一个适当的投标有效期，以保证招标人有足够的时间完成评标和与中标人签订合同。投标有效期从提交投标文件的截止之日起算。在原投标有效期结束之前，招标人可以通知所有投标人延长投标有效期。拒绝延长投标有效期的投标人有权收回投标保证金，同意延长投标有效期的投标人应当响应延长其投标担保的有效期，但不得修改投标文件的实质性内容。

（7）投标保证金

招标人在招标文件中要求投标人提交投标保证金的，投标保证金不得超过招标项目估算价的2%。投标保证金有效期应当与投标有效期一致。

3.2.3 投标

（1）投标人及其资格条件

投标人是响应招标、参加投标竞争的法人或者其他组织。投标人应当具备承担招标项目的能力，具备国家规定的和招标文件规定的对投标人的资格要求。

投标人取得投标资格，获得招标文件之后的首要工作就是认真仔细地研究招标文件，充分了解其内容和要求，有针对性地安排投标工作。研究招标文件的重点应放在投标人须知、合同条款、设计图纸、工程范围及工程量表上，还要研究技术规范要求，看是否有特殊的要求。

（2）投标文件

投标文件应当对招标文件提出的实质性要求和条件作出响应。施工项目的投标文件应当包括拟派出的项目负责人与主要技术人员的简历、业绩和拟用在完成招标项目的机械设备等内容。根据招标文件载明的项目实际情况，投标人拟在中标后将中标项目的部分非主体、非关键工程进行分包的，应当在投标文件中载明。

投标人应当在招标文件要求提交投标文件的截止时间前，将投标文件送达投标地点。

《标准施工招标文件》规定，工程施工投标文件一般由下列内容组成：

① 投标函及投标函附录。

② 法定代表人身份证明或附有法定代表人身份证明的授权委托书。

③ 联合体协议书。

④ 投标保证金。

⑤ 已标价工程量清单。

⑥ 施工组织设计。

⑦ 项目管理机构。

⑧ 拟分包项目情况表。

⑨ 资格审查资料。

⑩ 投标人须知前附表规定的其他材料。

（3）投标文件修改、补充、撤回

投标人在招标文件要求提交投标文件的截止时间前，可以补充、修改或者撤回已提交的投标文件，并书面通知招标人。补充、修改的内容为投标文件的组成部分。

招标人规定的投标截止日是提交投标文件最后的期限。投标人在投标截止日之前所提交的投标是有效的，超过该日期之后就会被视为无效投标。在招标文件要求提交投标文件的截止时间后送达的投标文件，招标人应当拒收。

招标人收到投标文件后，应当签收保存，不得开启。招标人应当按照招标文件规定的时间、地点开标。投标人少于 3 个的，不得开标；招标人应当依照《招标投标法》重新招标。

投标人撤回已提交的投标文件，应当在投标截止时间前书面通知招标人。招标人已收取投标保证金的，应当自收到投标人书面撤回通知之日起 5 日内退还。投标截止后投标人撤销投标文件的，招标人可以不退还投标保证金。

（4）投标文件的拒收

未通过资格预审的申请人提交的投标文件，以及逾期送达或者不按照招标文件要求密封的投标文件，招标人应当拒收。

（5）联合体投标

联合体各方均应具备承担招标项目的相应能力和规定的相应资格条件。由同一专业的单位组成的联合体，按照资质等级较低的单位确定资质等级。联合体各方应当签订共同投标协议，并将其连同投标文件一并提交给招标人。联合体中标的，联合体各方应当共同与招标人签订合同，承担连带责任。招标人不得强制投标人组成联合体共同投标。

联合体各方在同一招标项目中以自己名义单独投标或者参加其他联合体投标的，相关投标均无效。

（6）禁止行为

投标人不得相互串通投标报价，不得排挤其他投标人的公平竞争、损害招标人或其他投标人的合法权益。在工程招标投标活动中，投标人的不正当竞争行为主要包括：投标人相互串通投标，招标人与投标人串通投标，投标人以行贿手段谋取中标，投标人以低于成本的报价竞标，投标人以他人名义投标或者以其他方式弄虚作假骗取中标等。

① 投标人相互串通投标。《招标投标法实施条例》规定，有下列情形之一的，属于投标人相互串通投标：

a.投标人之间协商投标报价等投标文件的实质性内容；

b. 投标人之间约定中标人；

c. 投标人之间约定部分投标人放弃投标或者中标；

d. 属于同一集团、协会、商会等组织成员的投标人按照该组织要求协同投标；

e. 投标人之间为谋取中标或者排斥特定投标人而采取的其他联合行动。

有下列情形之一的，视为投标人相互串通投标：

a. 不同投标人的投标文件由同一单位或者个人编制；

b. 不同投标人委托同一单位或者个人办理投标事宜；

c. 不同投标人的投标文件载明的项目管理成员为同一人；

d. 不同投标人的投标文件异常一致或者投标报价呈规律性差异；

e. 不同投标人的投标文件相互混装；

f. 不同投标人的投标保证金从同一单位或者个人的账户转出。

② 招标人与投标人串通投标。《招标投标法实施条例》规定，有下列情形之一的，属于招标人与投标人串通投标：

a. 招标人在开标前开启投标文件并将有关信息泄露给其他投标人；

b. 招标人直接或者间接向投标人泄露标底、评标委员会成员等信息；

c. 招标人明示或者暗示投标人压低或者抬高投标报价；

d. 招标人授意投标人撤换、修改投标文件；

e. 招标人明示或者暗示投标人为特定投标人中标提供方便；

f. 招标人与投标人为谋求特定投标人中标而采取的其他串通行为。

③ 投标人以他人名义投标或以其他方式弄虚作假骗取中标。《招标投标法》规定，投标人不得以他人名义投标或者以其他方式弄虚作假，骗取中标。《招标投标法实施条例》规定，使用通过受让或者租借等方式获取的资格、资质证书投标的，属于以他人名义投标。投标人有下列情形之一的，属于以其他方式弄虚作假的行为：

a. 使用伪造、变造的许可证件；

b. 提供虚假的财务状况或者业绩；

c. 提供虚假的项目负责人或者主要技术人员简历、劳动关系证明；

d. 提供虚假的信用状况；

e. 其他弄虚作假的行为。

3.2.4 开标、评标和中标

3.2.4.1 开标

开标是指招标人将所有在提交投标文件的截止时间前收到的投标文件当众予以拆封、宣读。开标应当在招标人或招标代理人主持下，在招标文件中预先确定的地点，在提交投标文件截止时间的同一时间公开进行，并邀请所有投标人参加。

开标时，由投标人或者其推选的代表检查投标文件的密封情况，也可以由招标人委托的公证机构检查并公证；经确认无误后，由工作人员当众拆封，宣读投标人名称、投标价格和投标文件的其他主要内容。

3.2.4.2 评标

评标是由招标人依法组建的评标委员会根据招标文件规定的评标标准和方法，对投标文件进行系统的评审和比较的过程。评标分为评标的准备、初步评审、详细评审、编写评标报告等过程。《评标委员会和评标方法暂行规定》（2013年修改）对有关问题作出了明确规定。

（1）初步评审

主要是进行符合性审查，重点审查投标书是否实质上响应了招标文件的要求。审查内容包括：投标资格审查；投标文件完整性审查；投标担保的有效性；与招标文件是否有显著的差异和保留等。如果投标文件实质上不响应招标文件的要求，将作无效标处理，不进行下一阶段的评审。

要对报价计算的正确性进行审查，如果计算有误，通常的处理方法是：大小写不一致的以大写为准，单价与数量的乘积之和与所报的总价不一致的应以单价为准；标书正本和副本不一致的，则以正本为准；这些修改一般应由投标人代表签字确认。

初步评审的评审因素和评审标准见表3-3。

表3-3　初步评审的评审因素和评审标准

类别	评审因素	评审标准
形式评审	投标人名称	与营业执照、资质证书、安全生产许可证一致
	投标函签字盖章	有法定代表人或其委托代理人签字或加盖单位章
	投标文件格式	符合"投标文件格式"的要求
	联合体投标人	提交联合体协议书，并明确联合体牵头人（如有）
	报价唯一	只能有一个有效报价
	……	……
资格评审	营业执照	具备有效的营业执照
	安全生产许可证	具备有效的安全生产许可证
	资质等级	符合"投标人须知"规定
	财务状况	符合"投标人须知"规定
	类似项目业绩	符合"投标人须知"规定
	信誉	符合"投标人须知"规定
	项目经理	符合"投标人须知"规定
	投标人名称或组织机构	应与资格预审时一致
	联合体投标人	应附联合体共同投标协议
	……	……
响应性评审	投标报价	符合"投标人须知"规定
	投标内容	符合"投标人须知"规定
	工期	符合"投标人须知"规定
	工程质量	符合"投标人须知"规定
	投标有效期	符合"投标人须知"规定
	投标保证金	符合"投标人须知"规定
	权利义务	符合"合同条款及格式"规定
	已标价工程量清单	符合"工程量清单"给出的范围及数量
	技术标准和要求	符合"技术标准和要求"规定
……	……	……

续表

类别	评审因素	评审标准
施工组织设计和项目管理机构评审	施工方案与技术措施	……
	质量管理体系与措施	……
	安全管理体系与措施	……
	环境保护管理体系与措施	……
	工程进度计划与措施	……
	资源配备计划	……
	技术负责人	……
	其他主要人员	……
	施工设备	……
	试验、检测仪器设备	……
	……	……

工程施工招标项目初步评审过程中，任何一项评审不合格的应予以否决。

（2）详细评审

详细评审是评标的核心，是对投标书进行实质性审查，包括技术评审和商务评审。技术评审主要是对投标书的技术方案、技术措施、技术手段、技术装备、人员配备、组织结构、进度计划等的先进性、合理性、可靠性、安全性、经济性等进行分析评价。商务评审主要是对投标书的报价高低、报价构成、计价方式、计算方法、支付条件、取费标准、价格调整、税费、保险及优惠条件等进行评审。

（3）评标委员会

评标委员会由招标人或其委托的招标代理机构熟悉相关业务的代表和有关技术、经济等方面的专家组成，成员人数为5个以上的单数，其中技术、经济等方面的专家不得少于成员总数的三分之二。评标委员会的专家成员应当从依法组建的专家库的相关专家名单中确定。确定评标专家时，一般项目，可以采取随机抽取的方式；技术复杂、专业性强或者国家有特殊要求的招标项目，采取随机抽取方式确定的专家难以胜任的，可以由招标人直接确定。

有下列情形之一的，不得担任评标委员会成员：

① 投标人或者投标人主要负责人的近亲属；

② 项目主管部门或者行政监督部门的人员；

③ 与投标人有经济利益关系，可能影响对投标公正评审的；

④ 曾因在招标、评标以及其他与招标投标有关活动中从事违法行为而受过行政处罚或刑事处罚的。

评标委员会成员应当按照招标文件规定的评标标准和方法，客观、公正地对投标文件提出评审意见。招标文件没有规定的评标标准和方法不得作为评标的依据。

评标完成后，评标委员会应当向招标人提交书面评标报告和中标候选人名单。中标候选人应当不超过3个，并标明排序。

（4）否决投标

《招标投标法实施条例》规定，有下列情形之一的，评标委员会应当否决其投标：

① 投标文件未经投标单位盖章和单位负责人签字；

② 投标联合体没有提交共同投标协议；

③ 投标人不符合国家或者招标文件规定的资格条件；

④ 同一投标人提交两个以上不同的投标文件或者投标报价，但招标文件要求提交备选投标的除外；

⑤ 投标报价低于成本或者高于招标文件设定的最高投标限价；

⑥ 投标文件没有对招标文件的实质性要求和条件作出响应；

⑦ 投标人有串通投标、弄虚作假、行贿等违法行为。

（5）投标文件的澄清、说明或者补正

评标委员会可以书面方式要求投标人对投标文件中含意不明确、对同类问题表述不一致或者有明显文字和计算错误的内容作必要的澄清、说明或者补正。澄清、说明或者补正应以书面方式进行，并不得超出投标文件的范围或改变投标文件的实质性内容。评标委员会不得暗示或者诱导投标人作出澄清、说明，不得接受投标人主动提出的澄清、说明。

（6）投标偏差

评标委员会应当根据招标文件，审查并逐项列出投标文件的全部投标偏差。投标偏差分为重大偏差和细微偏差。

① 重大偏差。下列情况属于重大偏差：

a. 没有按照招标文件要求提供投标担保或者所提供的投标担保有瑕疵；

b. 投标文件没有投标人授权代表签字和加盖公章；

c. 投标文件载明的招标项目完成期限超过招标文件规定的期限；

d. 明显不符合技术规程、技术标准的要求；

e. 投标文件载明的货物包装方式、检验标准和方法等不符合招标文件的要求；

f. 投标文件附有招标人不能接受的条件；

g. 不符合招标文件中规定的其他实质性要求。

投标文件有上述情形之一的，为未能对招标文件作出实质性响应，应作否决投标处理。招标文件对重大偏差另有规定的，从其规定。

② 细微偏差。细微偏差指投标文件在实质上响应招标文件要求，但在个别地方存在漏项或者提供了不完整的技术信息和数据等情况，并且补正这些遗漏或者不完整信息不会对其他投标人造成不公平的结果。

细微偏差不影响投标文件的有效性。评标委员会应当书面要求存在细微偏差的投标人在评标结束前予以补正。拒不补正的，在详细评审时可以对细微偏差作不利于该投标人的量化，量化标准应当在招标文件中规定。

评标委员会按规定否决不合格投标后，因有效投标不足三个使得投标明显缺乏竞争的，评标委员会可以否决全部投标。投标人少于三个或者所有投标被否决的，招标人在分析招标失败的原因并采取相应措施后，应当依法重新招标。

（7）低于成本报价

评标委员会发现投标人的报价明显低于其他投标报价，或者在设有标底时明显低于标底，使得其投标报价可能低于其个别成本的，应当要求该投标人作出书面说明并提供相应的证明材料。投标人不能合理说明或者不能提供相应证明材料的，由评标委员会认定该投标人以低于成本报价竞标，应当否决其投标。

3.2.4.3　评标方法

① 经评审的最低投标价法。经评审的最低投标价法是指评标委员会对满足招标文件实质要求的投标文件，根据详细评审标准规定的量化因素及量化标准进行价格折算，按照经评审的投标价由低到高的顺序推荐中标候选人，或根据招标人授权直接确定中标人，但投标报价低于其成本的除外。评标委员会拟定"价格比较一览表"，经评审的投标价相等时，投标报价低的优先；投标报价也相等的，由招标人自行确定。

该方法主要适用于具有通用技术、性能标准或者招标人对其技术、性能没有特殊要求的招标项目。

② 综合评估法。不宜采用经评审的最低投标价法的招标项目，一般应当采取综合评估法进行评审。综合评估法适用于对项目的技术、性能有特殊要求的招标项目，将技术和经济因素综合在一起决定投标文件的质量优劣。施工招标项目综合评估法详细评审的内容通常包括投标报价、施工组织设计、项目管理机构及其他评标因素等。

a.投标报价。投标报价评审包括评标价计算和价格得分计算。评标价计算的办法和要求与经评审的最低投标价法相同。工程投标价格得分计算通常采用基准价得分法。常见的评标基准价的计算方式为：有效的投标报价去掉一个最高值和一个最低值后的算术平均值（在投标人数量较少时，也可以不去掉最高值和最低值），或该平均值再乘以一个合理系数，作为评标基准价。然后按规定的办法计算各投标人评标价的评分。

b.施工组织设计。施工组织设计的各项评审因素通常为主观评审，由评标委员会成员独立评审判分。

c.项目管理机构。由评标委员会成员按照评标办法的规定独立评审判分。

d.其他评分因素。包括投标人的财务能力、业绩与信誉等。财务能力的评标因素包括投标人注册资本、总资产、净资产收益率、资产负债率等财务指标和银行授信额度等。业绩与信誉的评标因素包括投标人在规定时间内已有类似项目业绩的数量、规模和成效，政府或行业组织建立的诚信评价系统对投标人的诚信进行的评价等。

3.2.4.4　评标报告

评标委员会完成评标后，应当向招标人提出书面评标报告，并抄送有关行政监督部门。

评标报告应当如实记载以下内容：基本情况和数据表；评标委员会成员名单；开标记录；符合要求的投标一览表；否决投标的情况说明；评标标准、评标方法或者评标因素一览表；经评审的价格或者评分比较一览表；经评审的投标人排序；推荐的中标候选人名单与签订合同前要处理的事宜；澄清、说明、补正事项纪要。

3.2.4.5　中标和签订合同

（1）定标

① 招标人根据评标委员会提出的书面评标报告和推荐的中标候选人确定中标人。招标人也可以授权评标委员会直接确定中标人。依法必须进行招标的项目，招标人应当自收到评标报告之日起 3 日内公示中标候选人，公示期不得少于 3 日。

② 依法必须招标项目的中标候选人公示应当载明以下内容：中标候选人排序、名称、投标报价、质量、工期，以及评标情况；中标候选人按照招标文件要求承诺的项目负责人姓名及其相关证书名称和编号；中标候选人响应招标文件要求的资格能力条件；提出异议的渠道和方式；招标文件规定公示的其他内容。依法必须招标项目的中标结果公示应当载明中标

人名称。

③ 投标人或者其他利害关系人对依法必须进行招标的项目的评标结果有异议的，应当在中标候选人公示期间提出。招标人应当自收到异议之日起 3 日内作出答复。作出答复前，应当暂停招标投标活动。

确定中标人一般在评标结果已经公示，没有质疑、投诉，或质疑、投诉均已处理完毕时；确定中标人前后，招标人不得与投标人就投标价格、投标方案等实质性内容进行谈判。

④ 中标人确定后，招标人应当向中标人发出中标通知书，并同时将中标结果通知所有未中标的投标人。中标通知书对招标人和中标人具有法律效力，中标通知书发出后，招标人改变中标结果或者中标人放弃中标项目的，应当依法承担法律责任。

⑤《招标投标法实施条例》规定，国有资金占控股或者主导地位的依法必须进行招标的项目，招标人应当确定排名第一的中标候选人为中标人。排名第一的中标候选人放弃中标、因不可抗力不能履行合同、不按照招标文件要求提交履约保证金，或者被查实存在影响中标结果的违法行为等情形，不符合中标条件的，招标人可以按照评标委员会提出的中标候选人名单排序依次确定其他中标候选人为中标人，也可以重新招标。

（2）签订合同

① 在明确中标人并发出中标通知书后，双方即可就建设工程施工合同的具体内容和有关条款展开谈判，直到最终签订合同。招标人和中标人应当自中标通知书发出之日起 30 日内，按照招标文件和中标人的投标文件订立书面合同，招标文件要求中标人提交履约保证金的，中标人应当提交。履约保证金不得超过中标合同金额的 10%。

② 招标人和中标人应当依照《招标投标法》和《招标投标法实施条例》的规定签订书面合同，合同的标的、价款、质量、履行期限等主要条款应当与招标文件和中标人的投标文件的内容一致。招标人和中标人不得再行订立背离合同实质性内容的其他协议。

③ 招标人应当在书面合同签订后 5 日内向中标人和未中标的投标人退还投标保证金及银行同期存款利息。

④ 中标人应当按照合同约定履行义务，完成中标项目。中标人不得向他人转让中标项目，也不得将中标项目肢解后分别向他人转让。

3.2.4.6　提交书面报告

依法必须进行招标的项目，招标人应当自确定中标人之日起 15 日内，向有关行政监督部门提交招标投标情况的书面报告。

3.2.5　招标投标异议和投诉

招标投标异议，是指投标人认为招标文件、招标过程和中标结果使自己的权益受到损害的，以书面形式向招标人或招标代理机构提出疑问主张权利的行为。

招标投标投诉，是指投标人和其他利害关系人认为招标投标活动不符合法律、法规和规章规定，依法向有关行政监督部门提出意见并要求相关主体改正的行为。

《招标投标法实施条例》规定，投标人或者其他利害关系人认为招标投标活动不符合法律、行政法规规定的，可以自知道或者应当知道之日起 10 日内向有关行政监督部门投诉。投诉应当有明确的请求和必要的证明材料。但是，对资格预审文件、招标文件、开标以及对依法必须进行招标项目的评标结果有异议的，应当依法先向招标人提出异议。

施工招标投标流程见表 3-4。

表 3-4　施工招标投标流程

招标人的工作	投标人的工作
招标人招标前准备	—
编制资格预审、招标文件	—
发布资格预审公告	投标前期工作
进行资格预审、出售资格预审文件	购买资格预审文件，编制资格预审申请
评审潜在投标人，发出投标邀请书	报送资格预审文件，获得投标邀请书
发售招标文件及答疑、补遗	购买招标文件，分析招标文件
组织踏勘现场，组织召开标前会议	参加踏勘现场、标前会议，编制投标文件
获得投标文件	报送投标文件，交投标保证金
抽取评标专家	—
开标	参加开标会
评标	答复招标人及评标委员询问，参加澄清会
定标	
发出中标通知书，合同订立谈判	获得中标通知书，参加合同订立谈判
签订合同并退还投标保证金	交履约担保，签订合同

3.2.6　《评标委员会和评标方法暂行规定》中的有关法律责任

① 评标委员会成员有下列行为之一的，由有关行政监督部门责令改正；情节严重的，禁止其在一定期限内参加依法必须进行招标的项目的评标；情节特别严重的，取消其担任评标委员会成员的资格：应当回避而不回避；擅离职守；不按照招标文件规定的评标标准和方法评标；私下接触投标人；向招标人征询确定中标人的意向或者接受任何单位或者个人明示或者暗示提出的倾向或者排斥特定投标人的要求；对依法应当否决的投标不提出否决意见；暗示或者诱导投标人作出澄清、说明或者接受投标人主动提出的澄清、说明；其他不客观、不公正履行职务的行为。

② 评标委员会成员收受投标人的财物或者其他好处的，评标委员会成员或者与评标活动有关的工作人员向他人透露对投标文件的评审和比较、中标候选人的推荐以及与评标有关的其他情况的，给予警告，没收收受的财物，可以并处三千元以上五万元以下的罚款；对有所列违法行为的评标委员会成员取消担任评标委员会成员的资格，不得再参加任何依法必须进行招标项目的评标；构成犯罪的，依法追究刑事责任。

③ 招标人有下列情形之一的，责令改正，可以处中标项目金额千分之十以下的罚款；给他人造成损失的，依法承担赔偿责任；对单位直接负责的主管人员和其他直接责任人员依法给予处分：无正当理由不发出中标通知书；不按照规定确定中标人；中标通知书发出后无正当理由改变中标结果；无正当理由不与中标人订立合同；在订立合同时向中标人提出附加条件。

④ 招标人与中标人不按照招标文件和中标人的投标文件订立合同的，合同的主要条款与招标文件、中标人的投标文件的内容不一致，或者招标人、中标人订立背离合同实质性内容的协议的，由有关行政监督部门责令改正，可以处中标项目金额千分之五以上千分之十以下的罚款。

⑤ 中标人无正当理由不与招标人订立合同，在签订合同时向招标人提出附加条件，或者不按照招标文件要求提交履约保证金的，取消其中标资格，投标保证金不予退还。对依法必须进行招标的项目的中标人，由有关行政监督部门责令改正，可以处中标项目金额千分之十以下的罚款。

【例题 6】根据《必须招标的工程项目规定》，必须招标范围内的各类工程建设项目，达到下列标准之一必须进行招标的有（ACE）。

A. 重要设备采购的单项合同估算价为人民币 250 万元

B. 材料采购的单项合同估算价为人民币 80 万元

C. 施工单项合同估算价为人民币 450 万元

D. 项目总投资额为人民币 3500 万元

E. 监理服务采购的单项合同估算价为人民币 160 万元

【例题 7】下列情形中，招标人应当拒收投标文件的有（AD）。

A. 逾期送达的

B. 投标人未提交投标保证金的

C. 投标人的法定代表人未到场的

D. 未按招标文件要求密封的

E. 投标人对招标文件有异议的

【例题 8】某高速公路项目进行招标，开标后允许（A）。

A. 评标委员会要求投标人以书面形式澄清含义不明确的内容

B. 投标人再增加优惠条件

C. 招标人更改招标文件中的评标标准和办法

D. 投标人修改投标文件实质性内容

【例题 9】下列投标人投标的情形中，评标委员会应当否决的有（BCDE）。

A. 投标人主动提出了对投标文件的澄清、修改

B. 联合体投标未提交共同投标协议

C. 投标报价高于招标文件设定的最高投标限价

D. 投标文件未经投标人盖章和单位负责人签字

E. 投标文件未对招标文件的实质性要求和条件作出响应

【例题 10】下列关于投标报价的说法中，正确的是（C）。

A. 报价可以低于成本，但不可以高于最高投标限价

B. 低于成本报价是指低于社会平均成本报价

C. 报价低于成本的，评标委员会应当否决其投标

D. 报价不可以低于成本，但可以高于最高投标限价

【案例 2】

某建设项目实行公开招标，招标过程出现了下列事件：

事件 1：招标人于 5 月 8 日起发出招标文件，招标文件中特别强调由于时间较紧要求各投标人不迟于 5 月 23 日之前提交投标文件（即确定 5 月 23 日为投标截止时间），并于 5 月 10 日停止出售招标文件，共有 6 家单位领取了招标文件。

事件2：招标文件中规定，如果投标人的报价高于标底15％以上一律确定为无效投标。

事件3：5月15日招标人通知各投标人，原招标工程中的土方量增加20％，项目范围也进行了调整，各投标人据此对投标报价进行计算。

事件4：招标文件中规定投标保证金数额为投标价格的5％，投标保证金有效期同投标有效期。

事件5：按照5月23日的投标截止时间要求，A公司于5月22日将投标文件密封并加盖了本企业公章，并由准备承担此项目的项目经理本人签字按时送达招标人。B公司于5月20日送达投标文件后，5月22日又递送了降低报价的补充文件。C公司于5月19日送达投标文件后，考虑到自身竞争实力较弱，于5月22日通知招标人退出竞标。

事件6：7月6日发出中标通知书。中标通知书中规定，中标人自收到中标通知书之日起25天内按照招标文件和中标人的投标文件签订书面合同。之后双方又另行签订了一份合同金额比中标价降低10％的协议。

【问题】

分析该招标过程中各事件是否符合法律规定。

【分析】

(1) 事件1：不符合法律规定，招标文件发出之日起至提交投标文件截止时间不得少于20日，招标文件发售之日至停售之日最短不得少于5日。

(2) 事件2：不符合法律规定，招标文件不得规定以投标报价超出标底上下浮动范围作为否决投标的条件。

(3) 事件3：不符合法律规定，改变招标工程范围应在投标截止之日15日前通知投标人。

(4) 事件4：投标保证金数额不符合法律规定，投标保证金数额一般不超过投标报价的2％。投标保证金有效期的要求符合法律规定。

(5) 事件5：投标文件签字不符合法律规定，A公司投标文件无法定代表人签字，为无效投标文件。B公司报送的降价补充文件符合法律规定，投标截止前投标人可以补充修改投标文件。C公司投标截止前退出竞标符合法律规定。

(6) 事件6：签订合同时间符合法律规定，法律规定从发出中标通知书之日起30天内签订合同。在签订施工合同后，双方又另行签订一份合同金额比中标价降低10％的协议不符合法律规定。依照《招标投标法》，招标人和中标人不得再行订立背离合同实质性内容的其他协议。

【案例3】

某大型工程项目由政府投资建设，业主委托某招标代理公司代理施工招标。招标代理公司确定该项目采用公开招标方式招标，招标公告在当地政府规定的招标信息网上发布。招标文件中规定：投标担保可采用投标保证金或投标保函方式。投标有效期为90天。

业主对招标代理公司提出以下要求：为了避免潜在的投标人过多，项目招标公告只在本市日报上发布，且采用邀请招标方式招标。

项目施工招标信息发布以后，共有12家潜在的投标人报名参加投标。业主认为报名参加投标的人数太多，为减少评标工作量，要求招标代理公司仅对报名的潜在投标人的资质条件、业绩进行资格审查。

开标后发现：

（1）B 投标人在开标后又提交了一份补充说明，提出可以降价 5%。

（2）C 投标人提交的银行投标保函有效期为 60 天。

（3）D 投标人投标文件的投标函盖有企业及企业法定代表人的印章，但没有加盖项目负责人的印章。

（4）E 投标人与其他投标人组成了联合体投标，附有各方资质证书，但没有联合体共同投标协议书。

（5）F 投标人投标报价最高，故 F 投标人在开标后第二天撤回其投标文件。

经过评标委员会评审，A 投标人被确定为中标候选人，A 投标人报价 8000 万元，发出中标通知书后，招标人和 A 投标人进行合同谈判，希望 A 投标人能再压缩工期、降低费用。经谈判后双方达到一致，不压缩工期，降价 3%。

【问题】

（1）业主对招标代理公司提出的要求是否正确？

（2）分析 B、C、D、E 投标人的投标文件是否有效。

（3）对 F 投标人撤回其投标文件的行为应如何处理？

（4）该项目施工合同应该如何签订？合同价格应是多少？

【分析】

问题（1）：

① 业主提出"招标公告只在本市日报上发布"不正确。

理由：公开招标项目的招标公告，必须在指定媒介发布，任何单位和个人不得非法限制招标公告的发布地点和发布范围。

② 业主要求"采用邀请招标"不正确。

理由：该工程项目由政府投资建设，全部使用国有资金投资或者国有资金投资占控股或者主导地位的项目，应当采用公开招标方式招标。如果采用邀请招标方式招标，应当由有关部门批准。

③ 业主提出的"仅对报名的潜在投标人的资质条件、业绩进行资格审查"不正确。

理由：资质审查的内容还应包括信誉、技术、拟投入人员、拟投入机械、财务状况等。

问题（2）：

① B 投标人的投标文件有效。但补充说明无效，开标后投标人不能变更（或更改）投标文件的实质性内容。

② C 投标人的投标文件无效，因为投标保函的有效期应与投标有效期 90 天一致。

③ D 投标人的投标文件有效。投标文件无需项目经理签字。

④ E 投标人的投标文件无效。组成联合体投标的，投标文件应附联合体各方共同投标协议。

问题（3）：

招标人可以没收 F 投标人的投标保证金，给招标人造成损失超过投标保证金数额的，招标人可以要求其赔偿。

问题（4）：

① 该项目应自中标通知书发出后 30 日内，按招标文件和 A 投标人的投标文件签订书面合同，双方不得再签订背离合同实质性内容的其他协议。

② 合同价格为中标人报价 8000 万元。

3.2.7 建设工程招标投标的监督管理

政府行政主管部门对招标活动进行如下监督：

（1）依法核查必须采用招标方式选择承包单位的建设项目

①招标备案。《招标投标法》规定：依法必须进行招标的项目，招标人自行办理招标事宜的，应当向有关行政监督部门备案。

《房屋建筑和市政基础设施工程施工招标投标管理办法》（2018年修改）规定，招标人自行办理施工招标事宜的，应当在发布招标公告或者发出投标邀请书的5日前，向工程所在地县级以上地方人民政府建设行政主管部门备案，并报送下列材料：按照国家有关规定办理审批手续的各项批准文件；包括专业技术人员的名单、职称证书或者执业资格证书及其工作经历的证明材料；法律、法规、规章规定的其他材料。

招标人不具备自行办理施工招标事宜条件的，建设行政主管部门应当自收到备案材料之日起5日内责令招标人停止自行办理施工招标事宜。

②工程建设项目施工招标的要求。招标人已经依法成立；初步设计及概算应当履行批准手续的，已经批准；有相应资金或资金来源已经落实；有招标所需的设计图及技术资料。

③对招标人的招标能力要求。招标人是法人或依法成立的其他组织；有与招标工作相适应的经济、法律咨询和技术管理人员；有组织编制招标文件的能力；有审查投标单位资质的能力；有组织开标、评标、定标的能力。

如果招标单位不具备上述要求，需委托具有相应资质的中介机构代理招标。

④对招标有关文件的核查备案。

a.对招标人资格审查文件的核查。不得以不合理条件限制或排斥潜在投标人；不得对潜在投标人实行歧视待遇；不得强制投标人组成联合体投标。

b.对招标文件的核查。依法必须进行施工招标的工程，招标人应当在招标文件发出的同时，将招标文件报送工程所在地的县级以上地方人民政府建设行政主管部门备案。建设行政主管部门发现招标文件有违反法律、法规内容的，应当责令招标人改正。

（2）对招标投标活动的监督

全部使用国有资金投资或者国有资金投资占控股或者主导地位，依法必须进行施工招标的工程项目，应当进入有形建筑市场进行招标投标活动。建设行政主管部门派员参加开标、评标、定标的活动，监督招标人按法定程序选择中标人，处理招标投标投诉。

（3）查处招标投标活动中的违法行为

有关行政监督部门有权依法对招标投标活动中的违法行为进行查处。视情节和对招标的影响程度，承担后果责任的形式可以为：判定招标无效，责令改正后重新招标；对单位负责人或其他直接责任者给予行政或纪律处分；没收非法所得，并处以罚款；构成犯罪的，依法追究刑事责任。

3.2.8 电子招标投标

随着电子商务和信息化迅速发展，电子招标投标已成为招标投标行业发展的趋势。为了规范电子招标投标活动，促进电子招标投标健康发展，八部委联合制定了《电子招标投标办法》及相关附件，确立了电子招标投标的程序性法律规范框架，自2013年5月1日起施行。该办法包括以下部分：总则，电子招标投标交易平台，电子招标，电子投标，电子开标、评标和中标，信息共享与公共服务，监督管理，法律责任，附则。

电子招标投标活动是指以数据电文形式，依托电子招标投标系统完成的全部或者部分招标投标交易、公共服务和行政监督活动。数据电文形式与纸质形式的招标投标活动具有同等法律效力。电子招标投标系统根据功能的不同，分为交易平台、公共服务平台和行政监督平台。

（1）电子招标

招标人或者其委托的招标代理机构应当在其使用的电子招标投标交易平台注册登记，选择使用除招标人或招标代理机构之外第三方运营的电子招标投标交易平台的，还应当与电子招标投标交易平台运营机构签订使用合同，明确服务内容、服务质量、服务费用等权利和义务，并对服务过程中相关信息的产权归属、保密责任、存档等依法作出约定。

① 电子招标投标交易平台运营机构不得以技术和数据接口配套为由，要求潜在投标人购买指定的工具软件。

② 招标人或者其委托的招标代理机构应当在资格预审公告、招标公告或者投标邀请书中载明潜在投标人访问电子招标投标交易平台的网络地址和方法。依法必须进行公开招标项目的上述相关公告应当在电子招标投标交易平台和国家指定的招标公告媒介同步发布。

招标人或者其委托的招标代理机构应当及时将数据电文形式的资格预审文件、招标文件加载至电子招标投标交易平台，供潜在投标人下载或者查阅。

数据电文形式的资格预审公告、招标公告、资格预审文件、招标文件等应当标准化、格式化，并符合有关法律法规以及国家有关部门颁发的标准文本的要求。

③ 在投标截止时间前，电子招标投标交易平台运营机构不得向招标人或者其委托的招标代理机构以外的任何单位和个人泄露下载资格预审文件、招标文件的潜在投标人名称、数量以及可能影响公平竞争的其他信息。

④ 招标人对资格预审文件、招标文件进行澄清或者修改的，应当通过电子招标投标交易平台以醒目的方式公告澄清或者修改的内容，并以有效方式通知所有已下载资格预审文件或者招标文件的潜在投标人。

（2）电子投标

① 投标人应当在资格预审公告、招标公告或者投标邀请书载明的电子招标投标交易平台注册登记，如实递交有关信息，并经电子招标投标交易平台运营机构验证。

② 电子投标的路径是电子招标投标交易平台。投标人编制投标文件可以在线进行，也可以离线进行。在线编制投标文件的主要问题是不利于投标文件的信息保密。交易平台应当提供离线编制功能，允许投标人离线编制投标文件，并且具备分段或者整体加密、解密功能。

③ 投标人应当按照招标文件和电子招标投标交易平台的要求编制并加密投标文件。

招标文件一般对投标文件的组成、格式和表单等进行规定。电子招标投标情形下，尤其需要对各投标人的投标文件进行格式化处理，以便交易平台自动生成开标记录表，也便于评标环节自动生成各类表单，也方便评标委员会评审时的比对阅读，从而提高开标、评标的工作效率。

投标人应当根据招标文件和交易平台的要求来编制投标文件，不能擅自制作投标文件，否则交易平台在对主要数据项内容和格式进行校验时将不予通过，从而导致投标失败。

投标人未按规定加密的投标文件，电子招标投标交易平台应当拒收并提示。数据电文形式的投标文件的加密相当于纸质投标文件的密封。电子招标投标交易平台的设计和开发者可根据实际情况采取不同的加密方法。

④ 投标人应当在投标截止时间前完成投标文件的传输递交，并可以补充、修改或者撤回投标文件。投标截止时间前未完成投标文件传输的，视为撤回投标文件。投标截止时间后送达的投标文件，电子招标投标交易平台应当拒收。

投标人在递交投标文件时要充分考虑到传输所需的时间和网络传输中可能出现的各种延迟或中断。

⑤ 电子招标投标交易平台收到投标人送达的投标文件，应当即时向投标人发出确认回执通知，并妥善保存投标文件。在投标截止时间前，除投标人补充、修改或者撤回投标文件外，任何单位和个人不得解密、提取投标文件。

（3）电子开标、评标和中标

① 电子开标应当按照招标文件确定的时间，在电子招标投标交易平台上公开进行，所有投标人均应当准时在线参加开标。

开标时，电子招标投标交易平台自动提取所有投标文件，提示招标人和投标人按招标文件规定方式按时在线解密。解密全部完成后，应当向所有投标人公布投标人名称、投标价格和招标文件规定的其他内容。

② 因投标人原因造成投标文件未解密的，视为撤销其投标文件；因投标人之外的原因造成投标文件未解密的，视为撤回其投标文件，投标人有权要求责任方赔偿因此遭受的直接损失。部分投标文件未解密的，其他投标文件的开标可以继续进行。

招标人可以在招标文件中明确投标文件解密失败的补救方案，投标文件应按照招标文件的要求作出响应。

③ 电子招标投标交易平台应当生成开标记录并向社会公众公布，但依法应当保密的除外。电子评标应当在有效监控和保密的环境下在线进行。

④ 评标中需要投标人对投标文件澄清或者说明的，招标人和投标人应当通过电子招标投标交易平台交换数据电文。

⑤ 评标委员会完成评标后，应当通过电子招标投标交易平台向招标人提交数据电文形式的评标报告。

依法必须进行招标的项目，中标候选人和中标结果应当在电子招标投标交易平台进行公示和公布。

⑥ 招标人确定中标人后，应当通过电子招标投标交易平台以数据电文形式向中标人发出中标通知书，并向未中标人发出中标结果通知书。

招标人应当通过电子招标投标交易平台，以数据电文形式与中标人签订合同。

⑦ 投标人或者其他利害关系人依法对资格预审文件、招标文件、开标和评标结果提出异议，以及招标人答复，均应当通过电子招标投标交易平台进行。

⑧ 电子招标投标某些环节需要同时使用纸质文件的，应当在招标文件中明确约定；当纸质文件与数据电文不一致时，除招标文件特别约定外，以数据电文为准。

3.2.9　招标投标违法行为与法律责任

招标投标各主体法律责任见表3-5。

表 3-5　招标投标各主体法律责任

主体	法条	事由	法律责任
招标人	《招标投标法》第四十九条	规避招标	违反本法规定,必须进行招标的项目而不招标的,将必须进行招标的项目化整为零或者以其他任何方式规避招标的,责令限期改正,可以处项目合同金额千分之五以上千分之十以下的罚款;对全部或者部分使用国有资金的项目,可以暂停项目执行或者暂停资金拨付;对单位直接负责的主管人员和其他直接责任人员依法给予处分
招标人	《招标投标法》第五十一条	排斥潜在投标人、投标人	招标人以不合理的条件限制或者排斥潜在投标人的,对潜在投标人实行歧视待遇的,强制要求投标人组成联合体共同投标的,或者限制投标人之间竞争的,责令改正,可以处一万元以上五万元以下的罚款
招标人	《招标投标法》第五十二条	泄露保密信息	依法必须进行招标的项目的招标人向他人透露已获取招标文件的潜在投标人的名称、数量或者可能影响公平竞争的有关招标投标的其他情况的,或者泄露标底的,给予警告,可以并处一万元以上十万元以下的罚款;对单位直接负责的主管人员和其他直接责任人员依法给予处分;构成犯罪的,依法追究刑事责任。前款所列行为影响中标结果的,中标无效
招标人	《招标投标法》第五十五条	违法缔约	依法必须进行招标的项目,招标人违反本法规定,与投标人就投标价格、投标方案等实质性内容进行谈判的,给予警告,对单位直接负责的主管人员和其他直接责任人员依法给予处分。前款所列行为影响中标结果的,中标无效
招标人	《招标投标法》第五十七条	违法定标	招标人在评标委员会依法推荐的中标候选人以外确定中标人的,依法必须进行招标的项目在所有投标被评标委员会否决后自行确定中标人的,中标无效。责令改正,可以处中标项目金额千分之五以上千分之十以下的罚款;对单位直接负责的主管人员和其他直接责任人员依法给予处分
招标人	《招标投标法》第五十九条	违法签约	招标人与中标人不按照招标文件和中标人的投标文件订立合同的,或者招标人、中标人订立背离合同实质性内容的协议的,责令改正;可以处中标项目金额千分之五以上千分之十以下的罚款
招标人	《招标投标法实施条例》第六十三条	违法发布公告	招标人有下列限制或者排斥潜在投标人行为之一的,由有关行政监督部门依照招标投标法第五十一条的规定处罚: (1)依法应当公开招标的项目不按照规定在指定媒介发布资格预审公告或者招标公告; (2)在不同媒介发布的同一招标项目的资格预审公告或者招标公告的内容不一致,影响潜在投标人申请资格预审或者投标。 依法必须进行招标的项目的招标人不按照规定发布资格预审公告或者招标公告,构成规避招标的,依照招标投标法第四十九条的规定处罚
招标人	《招标投标法实施条例》第六十四条	违法招标	招标人有下列情形之一的,由有关行政监督部门责令改正,可以处十万元以下的罚款: (1)依法应当公开招标而采用邀请招标; (2)招标文件、资格预审文件的发售、澄清、修改的时限,或者确定的提交资格预审申请文件、投标文件的时限不符合招标投标法和本条例规定; (3)接受未通过资格预审的单位或者个人参加投标; (4)接受应当拒收的投标文件。 招标人有前款第一项、第三项、第四项所列行为之一的,对单位直接负责的主管人员和其他直接责任人员依法给予处分

主体	法条	事由	法律责任
招标人	《招标投标法实施条例》第六十六条	违反规定收取保证金和不按规定退还保证金	招标人超过本条例规定的比例收取投标保证金、履约保证金或者不按照规定退还投标保证金及银行同期存款利息的,由有关行政监督部门责令改正,可以处五万元以下的罚款;给他人造成损失的,依法承担赔偿责任
招标人	《招标投标法实施条例》第七十条	不依法组织招标	依法必须进行招标的项目的招标人不按照规定组建评标委员会,或者确定、更换评标委员会成员违反招标投标法和本条例规定的,由有关行政监督部门责令改正,可以处十万元以下的罚款,对单位直接负责的主管人员和其他直接责任人员依法给予处分;违法确定或者更换的评标委员会成员作出的评审结论无效,依法重新进行评审
招标人	《招标投标法实施条例》第七十三条	违法定标	依法必须进行招标的项目的招标人有下列情形之一的,由有关行政监督部门责令改正,可以处中标项目金额千分之十以下的罚款;给他人造成损失的,依法承担赔偿责任;对单位直接负责的主管人员和其他直接责任人员依法给予处分: (1)无正当理由不发出中标通知书; (2)不按照规定确定中标人; (3)中标通知书发出后无正当理由改变中标结果; (4)无正当理由不与中标人订立合同; (5)在订立合同时向中标人提出附加条件
招标人	《招标投标法实施条例》第七十五条	违法签约	招标人和中标人不按照招标文件和中标人的投标文件订立合同,合同的主要条款与招标文件、中标人的投标文件的内容不一致,或者招标人、中标人订立背离合同实质性内容的协议的,由有关行政监督部门责令改正,可以处中标项目金额千分之五以上千分之十以下的罚款
招标人	《招标投标法实施条例》第七十七条第二款	违法处理异议	招标人不按照规定对异议作出答复,继续进行招标投标活动的,由有关行政监督部门责令改正,拒不改正或者不能改正并影响中标结果的,依照本条例第八十二条的规定处理
招标代理机构	《招标投标法》第五十条	泄露保密信息	招标代理机构违反本法规定,泄露应当保密的与招标投标活动有关的情况和资料的,或者与招标人、投标人串通损害国家利益、社会公共利益或者他人合法权益的,处五万元以上二十五万元以下的罚款,对单位直接负责的主管人员和其他直接责任人员处单位罚款数额百分之五以上百分之十以下的罚款;有违法所得的,并处没收违法所得;情节严重的,禁止其一年至二年内代理依法必须进行招标的项目并予以公告,直至由工商行政管理机关吊销营业执照;构成犯罪的,依法追究刑事责任。给他人造成损失的,依法承担赔偿责任。 前款所列行为影响中标结果的,中标无效
招标代理机构	《招标投标法实施条例》第六十五条	违法代理	招标代理机构在所代理的招标项目中投标、代理投标或者向该项目投标人提供咨询的,接受委托编制标底的中介机构参加受托编制标底项目的投标或者为该项目的投标人编制投标文件、提供咨询的,依照招标投标法第五十条的规定追究法律责任
投标人和中标人	《招标投标法》第五十三条	串通投标	投标人相互串通投标或者与招标人串通投标的,投标人以向招标人或者评标委员会成员行贿的手段谋取中标的,中标无效,处中标项目金额千分之五以上千分之十以下的罚款,对单位直接负责的主管人员和其他直接责任人员处单位罚款数额百分之五以上百分之十以下的罚款;有违法所得的,并处没收违法所得;情节严重的,取消其一年至二年内参加依法必须进行招标的项目的投标资格并予以公告,直至由工商行政管理机关吊销营业执照;构成犯罪的,依法追究刑事责任。给他人造成损失的,依法承担赔偿责任

主体	法条	事由	法律责任
投标人和中标人	《招标投标法》第五十四条	弄虚作假	投标人以他人名义投标或者以其他方式弄虚作假,骗取中标的,中标无效,给招标人造成损失的,依法承担赔偿责任;构成犯罪的,依法追究刑事责任。 依法必须进行招标的项目的投标人有前款所列行为尚未构成犯罪的,处中标项目金额千分之五以上千分之十以下的罚款,对单位直接负责的主管人员和其他直接责任人员处单位罚款数额百分之五以上百分之十以下的罚款;有违法所得的,并处没收违法所得;情节严重的,取消其一年至三年内参加依法必须进行招标的项目的投标资格并予以公告,直至由工商行政管理机关吊销营业执照
投标人和中标人	《招标投标法》第五十八条	转包、违法分包	中标人将中标项目转让给他人的,将中标项目肢解后分别转让给他人的,违反本法规定将中标项目的部分主体、关键性工作分包给他人的,或者分包人再次分包的,转让、分包无效,处转让、分包项目金额千分之五以上千分之十以下的罚款;有违法所得的,并处没收违法所得;可以责令停业整顿;情节严重的,由工商行政管理机关吊销营业执照
投标人和中标人	《招标投标法》第五十九条	违法签约	招标人与中标人不按照招标文件和中标人的投标文件订立合同的,或者招标人、中标人订立背离合同实质性内容的协议的,责令改正;可以处中标项目金额千分之五以上千分之十以下的罚款
投标人和中标人	《招标投标法》第六十条	中标人不签约	中标人不履行与招标人订立的合同的,履约保证金不予退还,给招标人造成的损失超过履约保证金数额的,还应当对超过部分予以赔偿;没有提交履约保证金的,应当对招标人的损失承担赔偿责任。 中标人不按照与招标人订立的合同履行义务,情节严重的,取消其二年至五年内参加依法必须进行招标的项目的投标资格并予以公告,直至由工商行政管理机关吊销营业执照
投标人和中标人	《招标投标法实施条例》第六十七条	串通投标	投标人相互串通投标或者与招标人串通投标的,投标人向招标人或者评标委员会成员行贿谋取中标的,中标无效,构成犯罪的,依法追究刑事责任;尚不构成犯罪的,依照招标投标法第五十三条的规定处罚。投标人未中标的,对单位的罚款金额按照招标项目合同金额依照招标投标法规定的比例计算。 投标人有下列行为之一的,属于招标投标法第五十三条规定的情节严重行为,由有关行政监督部门取消其一年至二年内参加依法必须进行招标的项目的投标资格: (1)以行贿谋取中标; (2)三年内二次以上串通投标; (3)串通投标行为损害招标人、其他投标人或者国家、集体、公民的合法利益,造成直接经济损失三十万元以上; (4)其他串通投标情节严重的行为。 投标人自本条第二款规定的处罚执行期限届满之日起3年内又有该款所列违法行为之一的,或者串通投标、以行贿谋取中标情节特别严重的,由工商行政管理机关吊销营业执照。 法律、行政法规对串通投标报价行为的处罚另有规定的,从其规定

主体	法条	事由	法律责任
投标人和中标人	《招标投标法实施条例》第六十八条	弄虚作假	投标人以他人名义投标或者以其他方式弄虚作假骗取中标的,中标无效;构成犯罪的,依法追究刑事责任;尚不构成犯罪的,依照招标投标法第五十四条的规定处罚。依法必须进行招标的项目的投标人未中标的,对单位的罚款金额按照招标项目合同金额依照招标投标法规定的比例计算。 投标人有下列行为之一的,属于招标投标法第五十四条规定的情节严重行为,由有关行政监督部门取消其一年至三年内参加依法必须进行招标的项目的投标资格: (1)伪造、变造资格、资质证书或者其他许可证件骗取中标; (2)3年内2次以上使用他人名义投标; (3)弄虚作假骗取中标给招标人造成直接经济损失三十万元以上; (4)其他弄虚作假骗取中标情节严重的行为。 投标人自本条第二款规定的处罚执行期限届满之日起三年内又有该款所列违法行为之一的,或者弄虚作假骗取中标情节特别严重的,由工商行政管理机关吊销营业执照
投标人和中标人	《招标投标法实施条例》第六十九条	出让资质证书	出让或者出租资格、资质证书供他人投标的,依照法律、行政法规的规定给予行政处罚;构成犯罪的,依法追究刑事责任
投标人和中标人	《招标投标法实施条例》第七十四条	中标人不签约	中标人无正当理由不与招标人订立合同,在签订合同时向招标人提出附加条件,或者不按招标文件要求提交履约保证金的,取消其中标资格,投标保证金不予退还。对依法必须进行招标的项目的中标人,由有关行政监督部门责令改正,可以处中标项目金额千分之十以下的罚款
投标和中标人	《招标投标法实施条例》第七十五条	违法签约	招标人和中标人不按照招标文件和中标人的投标文件订立合同,合同的主要条款与招标文件、中标人的投标文件的内容不一致,或者招标人、中标人订立背离合同实质性内容的协议的,由有关行政监督部门责令改正,可以处中标项目金额千分之五以上千分之十以下的罚款
投标人和中标人	《招标投标法实施条例》第七十六条	转包、违法分包	中标人将中标项目转让给他人的,将中标项目肢解后分别转让给他人的,违反招标投标法和本条例规定将中标项目的部分主体、关键性工作分包给他人的,或者分包人再次分包的,转让、分包无效,处转让、分包项目金额千分之五以上千分之十以下的罚款;有违法所得的,并处没收违法所得;可以责令停业整顿;情节严重的,由工商行政管理机关吊销营业执照
投标人和中标人	《招标投标法实施条例》第七十七条	违法投诉	投标人或者其他利害关系人捏造事实、伪造材料或者以非法手段取得证明材料进行投诉,给他人造成损失的,依法承担赔偿责任
评标委员会成员	《招标投标法》第五十六条	评委违法	评标委员会成员收受投标人的财物或者其他好处的,评标委员会成员或者参加评标的有关工作人员向他人透露对投标文件的评审和比较、中标候选人的推荐以及与评标有关的其他情况的,给予警告,没收收受的财物,可以并处三千元以上五万元以下的罚款,对有所列违法行为的评标委员会成员取消担任评标委员会成员的资格,不得再参加任何依法必须进行招标的项目的评标;构成犯罪的,依法追究刑事责任

主体	法条	事由	法律责任
评标委员会成员	《招标投标法实施条例》第七十一条	违法评标	评标委员会成员有下列行为之一的,由有关行政监督部门责令改正;情节严重的,禁止其在一定期限内参加依法必须进行招标的项目的评标;情节特别严重的,取消其担任评标委员会成员的资格: (1)应当回避而不回避; (2)擅离职守; (3)不按照招标文件规定的评标标准和方法评标; (4)私下接触投标人; (5)向招标人征询确定中标人的意向或者接受任何单位或者个人明示或者暗示提出的倾向或者排斥特定投标人的要求; (6)对依法应当否决的投标不提出否决意见; (7)暗示或者诱导投标人作出澄清、说明或者接受投标人主动提出的澄清、说明; (8)其他不客观、不公正履行职务的行为
评标委员会成员	《招标投标法实施条例》第七十二条	评委受贿	评标委员会成员收受投标人的财物或者其他好处的,没收收受的财物,处三千元以上五万元以下的罚款,取消担任评标委员会成员的资格,不得再参加依法必须进行招标的项目的评标;构成犯罪的,依法追究刑事责任

3.3　建筑市场诚信行为

建设部 2007 年发布的《建筑市场诚信行为信息管理办法》及《全国建筑市场各方主体不良行为记录认定标准》规定了诚信行为信息及具体认定标准。

(1) 诚信行为信息分类

诚信行为信息包括良好行为记录和不良行为记录。

① 良好行为记录。良好行为记录指建筑市场各方主体在工程建设过程中严格遵守有关工程建设的法律、法规、规章或强制性标准,行为规范,诚信经营,自觉维护建筑市场秩序,受到各级建设行政主管部门和相关专业部门的奖励和表彰,所形成的良好行为记录。

② 不良行为记录。不良行为记录是指建筑市场各方主体在工程建设过程中违反有关工程建设的法律、法规、规章或强制性标准和执业行为规范,经县级以上建设行政主管部门或其委托的执法监督机构查实和行政处罚,形成的不良行为记录。

(2) 诚信行为记录公布制度

诚信行为记录由各省、自治区、直辖市建设行政主管部门在当地建筑市场诚信信息平台上统一公布。其中,不良行为记录信息的公布时间为行政处罚决定作出后 7 日内,公布期限一般为 6 个月至 3 年;良好行为记录信息公布期限一般为 3 年,法律、法规另有规定的从其规定。公布内容应与建筑市场监管信息系统中的企业、人员和项目管理数据库相结合,形成信用档案,内部长期保留。

属于《全国建筑市场各方主体不良行为记录认定标准》范围的不良行为记录除在当地发布外,还将由建设部(现住房和城乡建设部)统一在全国公布,公布期限与地方确定的公布期限相同,法律、法规另有规定的从其规定。各省、自治区、直辖市建设行政主管部门将确认的不良行为记录在当地发布之日起 7 日内报建设部。

《招标投标违法行为记录公告暂行办法》规定,国务院有关行政主管部门和省级人民政府有关行政主管部门应自招标投标违法行为行政处理决定作出之日起 20 个工作日内对外进行记录公告。违法行为记录公告期限为 6 个月。对招标投标违法行为所作出的以下行政处理决定应给予公告:警告;罚款;没收违法所得;暂停或者取消招标代理资格;取消在一定时期内参加依法必须进行招标的项目的投标资格;取消担任评标委员会成员的资格;暂停项目执行或追回已拨付资金;暂停安排国家建设资金;暂停建设项目的审查批准;行政主管部门依法作出的其他行政处理决定。

建设部《注册建造师管理规定》中规定:注册建造师信用档案应当包括注册建造师的基本情况、业绩、良好行为、不良行为等内容。违法违规行为、被投诉举报处理、行政处罚等情况应当作为注册建造师的不良行为记入其信用档案。

(3)整改

省、自治区和直辖市建设行政主管部门负责审查整改结果,对整改确有实效的,由企业提出申请,经批准,可缩短其不良行为记录信息公布期限,但公布期限最短不得少于 3 个月,同时将整改结果列于相应不良行为记录后,供有关部门和社会公众查询;对于拒不整改或整改不力的单位,信息发布部门可延长其不良行为记录信息公布期限。

各级建设行政主管部门在行政许可、市场准入、招标投标、资质管理、工程担保与保险、表彰评优等工作中,充分利用已公布的建筑市场各方主体的诚信行为信息,依法对守信行为给予激励,对失信行为进行惩处。

本章提要及目标

工程发包承包制度,转包、违法分包及挂靠等违法行为及法律责任;建设工程招投标程序。

依法参与招投标过程,自觉抵制违规、违法行为,提升依法合规经营意识,推动招标投标活动高质量发展。

本章习题

一、单选题

1. 某施工合同履行过程中,经建设单位同意,总承包单位将部分工程的施工交由分包单位完成。关于分包工程施工,下列说法正确的是(　　)。

　　A.应由分包单位与总承包单位对建设单位承担连带责任

　　B.应由总承包单位对建设单位承担责任

　　C.应由分包单位对建设单位承担责任

　　D.由建设单位自行承担责任

2. 某建筑公司承包某科技有限公司的办公楼扩建项目,根据《建筑法》中有关建筑工程发包承包的有关规定,该公司可以(　　)。

　　A.把工程转让给其他建筑公司

B. 把工程分为土建工程和安装工程，分别转让给两家有相应资质的建筑公司

C. 经某科技有限公司同意，把内墙抹灰工程发包给别的建筑公司

D. 经某科技有限公司同意，把主体结构工程发包给别的建筑公司

3. 下列关于工程分包的说法中，正确的是（　　　）。

A. 工程施工分包是指承包人将中标工程项目分解后分别发包给具有相应资质的企业完成

B. 专业工程分包是指专业工程承包人将所承包的部分专业工程施工发包给具有相应资质的企业完成

C. 劳务作业分包是施工总承包人或专业工程分包人将其承包工程中的劳务作业分包给劳务作业分包企业

D. 劳务作业分包企业可以将承包的部分劳务作业分包给其他同类企业

4. 下列分包情形中，不属于违法分包的是（　　　）。

A. 施工总承包合同中没有约定，承包单位又未经建设单位认可，就将其全部劳务作业交由劳务作业单位完成

B. 总承包单位将专业工程分包给不具备相应资质条件的单位

C. 施工总承包单位将工程主体结构的施工分包给其他单位

D. 分包单位将其承包的专业工程再进行专业分包

5. 甲公司承包了一栋高档写字楼的工程施工，经业主认可将其中的专业工程分包给了具有相应资质等级的乙公司，工程施工中，因乙公司分包的工程发生了质量事故给业主造成了10 万元的损失而产生了赔偿责任。对此，正确的处理方式应当是（　　　）。

A. 业主只能要求乙公司赔偿

B. 如果业主要求甲公司赔偿，甲公司能以乙公司是业主认可的分包商为由而拒绝

C. 甲公司不能拒绝业主的 10 万元赔偿要求，但赔偿后可按分包合同的约定向乙公司追偿

D. 甲公司赔偿业主损失后，乙公司可以拒绝甲公司的追偿要求

6. 下列关于工程再分包的说法中，正确的是（　　　）。

A. 专业工程分包单位可将其承包的专业工程再分包

B. 专业工程分包单位不得将其承包工程中的非劳务作业部分再分包

C. 劳务作业分包单位可以将其承包的劳务作业再分包

D. 专业工程分包单位可以将非主体、非关键性的工作再分包给他人

7. 根据《建筑法》规定，关于建筑工程发包与承包的说法中错误的是（　　　）。

A. 分包单位按照分包合同的约定对建设单位负责

B. 主体结构工程施工必须由总承包单位自行完成

C. 除总承包合同中约定的分包工程外，其余工程分包必须经建设单位认可

D. 总承包单位不得将工程分包给不具备相应资质条件的单位

8. 下列建设项目中，可以不招标的是（　　　）。

A. 个人捐赠的教育项目中合同估算价为 120 万元的监理合同

B. 使用财政预算资金的体育项目中合同估算价为 180 万元的材料采购合同

C. 外商投资的供水项目中合同估算价为 1000 万元的施工合同

D. 上市公司投资的商品房项目中估算价为 500 万元的材料采购合同

9.下列情形下，评标委员会可以作出否决投标决定的是（　　）。

　　A.投标文件存在细微偏差

　　B.投标报价低于成本或者高于招标文件设定的最高投标限价

　　C.投标报价超过标底上下浮动范围

　　D.由于招标文件要求提交备选投标，同一投标人提交了两个以上不同的投标文件

10.关于建设工程施工招标投标的程序，在发布招标公告后接受投标书前，招标投标程序依次为（　　）。

　　A.招标文件发放→投标人资格预审→踏勘现场→标前会议

　　B.踏勘现场→标前会议→投标人资格预审→招标文件发放

　　C.投标人资格预审→招标文件发放→踏勘现场→标前会议

　　D.标前会议→踏勘现场→投标人资格预审→招标文件发放

11.投标人有（　　）行为时，招标人可视其为严重违约行为而没收投标保证金。

　　A.通过资格预审后不投标　　　　　　B.不参加开标会议

　　C.不参加现场考察　　　　　　　　　D.开标后要求撤回投标书

12.根据《招标投标法》，投标人补充、修改或者撤回已提交的投标文件，并书面通知招标人的时间期限应在（　　）。

　　A.评标截止时间前　　　　　　　　　B.评标开始前

　　C.提交投标文件的截止时间前　　　　D.投标有效期内

13.根据《招标投标法》及相关法规，下列招标、投标、评标行为中正确的是（　　）。

　　A.投标人的报价明显低于成本的，评标委员会应当否决其投标

　　B.投标人的报价高于招标文件设定的最高投标限价，评标委员会有权要求其调整

　　C.招标文件采用的评标方法不适合的，开标后评标委员会有权作出调整

　　D.招标人有权在评标委员会推荐的中标候选人之外确定中标人

二、多选题

1.下列情形中属于违法分包的有（　　）。

　　A.总承包单位将部分工程分包给了不具有相应资质的单位

　　B.未经建设单位认可，承包单位将部分工程交由他人完成

　　C.专业工程分包单位将其承包的工程再分包

　　D.未经建设单位的认可，施工总承包人将劳务作业任务分包给了具有相应资质的劳务作业分包企业

　　E.施工总承包人将承包工程的主体结构分包给了具有先进技术的其他单位

2.下列关于投标保证金的说法中，正确的有（　　）。

　　A.投标人应当按照招标文件的要求提交投标保证金

　　B.投标保证金是投标文件的有效组成部分

　　C.投标保证金的担保形式，应在招标文件中规定

　　D.投标保证金应当在投标截止时间前送达

　　E.投标保证金的金额一般由双方约定

3.在提交投标文件截止时间后到招标文件规定的投标有效期终止之前，投标人不得（　　）。

A. 补充其投标文件　　　　　　　　　　B. 修改其投标文件

C. 澄清其投标文件　　　　　　　　　　D. 说明其投标文件

E. 撤回其投标文件

4. 某建设项目招标，评标委员会由二名招标人代表和三名技术、经济等方面的专家组成，这一组成不符合《招标投标法》的规定，则下列关于评标委员会重新组成的做法中，正确的有（　　）。

A. 减少一名招标人代表，专家不再增加

B. 减少一名招标人代表，再从专家库中抽取一名专家

C. 不减少招标人代表，再从专家库中抽取一名专家

D. 不减少招标人代表，再从专家库中抽取二名专家

E. 不减少招标人代表，再从专家库中抽取三名专家

本章在线测试题

第4章 建设工程合同法律制度

合同在工程实施过程中是双方的最高行为准则，也是双方纠纷解决的法律依据。2021年1月1日生效的《民法典》合同编是建设工程合同管理最基本也是效力最高的法律。《民法典》第463条规定："本编调整因合同产生的民事关系。"《民法典》合同编规定了合同的订立、效力、履行、保全、变更、转让、终止、违约责任等一般性规则。

合同管理在工程建设中具有重要地位，在整个工程建设过程中合同管理工作贯穿每一个阶段，建筑市场中的各方主体，包括建设单位、勘察设计单位、施工单位、咨询单位、监理单位、材料设备供应单位等都要依靠合同确立相互之间的关系，以保证工程项目有序地按计划进行，顺利地实现工程总目标。

为了规范工程合同格式及内容，住房和城乡建设部先后制定发布了《建设工程施工合同（示范文本）》（GF—2017—0201），《建设工程勘察合同（示范文本）》（GF—2016—0203），《建设工程造价咨询合同（示范文本）》（GF—2015—0212），《建设工程设计合同示范文本（专业建设工程）》（GF—2015—0210），《建设工程设计合同示范文本（房屋建筑工程）》（GF—2015—0209），《建设工程监理合同（示范文本）》（GF—2012—0202），《建设工程施工专业分包合同（示范文本）》（GF—2003—0213）和《建设工程施工劳务分包合同（示范文本）》（GF—2003—0214）等示范文本。上述各种合同示范文本对建设工程勘察、设计、施工、监理等合同的签订起到了积极的规范和约束作用，是目前签订和管理建设工程合同的依据。

4.1 合同概述

（1）合同的概念

合同是民事主体之间设立、变更、终止民事法律关系的协议。

（2）合同的法律特征

合同的法律特征体现在以下方面：

① 合同是一种民事法律行为。民事法律行为是民事主体通过意思表示设立、变更、终止民事法律关系的行为。合同是民事法律行为的一种，《民法典》关于民事法律行为的一般规定，如民事法律行为的有效要件、民事法律行为的无效和撤销等，均可适用于合同。

② 合同是双方民事法律行为。当事人双方意思表示一致，法律行为才可以成立的，属于双方法律行为，合同是典型的双方意思表示一致的行为。

③ 合同的目的在于设立、变更或终止民事法律关系。当事人订立合同都有一定的目的和宗旨，订立合同都要产生、变更、终止民事权利义务关系。

④ 合同具有相对性。合同的效力仅仅在合同当事人之间才有效力。《民法典》规定：

"依法成立的合同，仅对当事人具有法律约束力，但是法律另有规定的除外。"

（3）合同的形式

合同可分为书面形式、口头形式或其他形式。书面形式是指合同书、信件和数据电文（包括电报、电传、传真、电子数据交换和电子邮件）等可以有形地表现所载内容的形式。法律、行政法规规定或者当事人约定采用特定形式的，应当采用特定形式。

合同的内容由当事人约定，但一般应当包括主体，标的，数量，质量，价款或酬金，履行期限、地点和方式，违约责任，争议的解决方法。

4.2　合同的订立

当事人订立合同，可以采取要约、承诺方式或者其他方式，如招标投标和拍卖等方式。

4.2.1　要约

（1）要约

要约是指当事人一方向另一方提出合同条件，希望与另一方订立合同的意思表示。提出要约的一方称为要约人，另一方则称为受要约人。要约是以签订合同为目的的一种意思表示，其内容必须具体明确，并应当包括合同应具备的主要条款。

要约具有法律约束力。以对话方式作出的意思表示（要约），相对人知道其内容时生效。以非对话方式作出的意思表示（要约），到达相对人时生效。要约生效后，要约人不得擅自撤回或更改。

在建设工程合同签订过程中，承包人向发包人递交投标文件的投标行为就是一种要约行为，投标文件中应包含建设工程合同具备的主要条款，如工程造价、工程质量、工程工期等内容，作为要约的投标文件对承包人具有法律约束力，承包人在投标生效（投标截止）后无权修改或撤回投标，一旦中标就必须与招标人签订合同，否则要承担相应的法律责任。

（2）要约邀请

要约邀请是希望他人向自己发出要约的意思表示。要约邀请并不是合同成立过程中的必经阶段，它是当事人订立合同的预备行为，无须承担法律责任。这种意思表示的内容往往不确定，不含有合同得以成立的主要内容，也不含有相对人同意后受其约束的表示。在建设工程合同签订的过程中，发包人发布招标公告或投标邀请书的行为就是一种要约邀请行为，其目的在于邀请承包人投标。

（3）要约撤回

要约撤回是指要约在发生法律效力之前，欲使其不发生法律效力而取消要约的意思表示。要约人可以撤回要约，撤回要约的通知应当在意思表示到达相对人之前或者与意思表示同时到达相对人。

（4）要约撤销

要约撤销是指要约在发生法律效力之后，要约人欲使其丧失法律效力而取消要约的意思表示。撤销要约的意思表示以对话方式作出的，该意思表示的内容应当在受要约人作出承诺之前为受要约人所知道；撤销要约的意思表示以非对话方式作出的，应当在受要约人作出承诺之前到达受要约人。为了保护受要约人的信赖利益，对要约的撤销有所限制。有下列情形之一的，要约不得撤销：

① 要约人确定承诺期限或者以其他形式明示要约不可撤销；

② 受要约人有理由认为要约是不可撤销的，并已经为履行合同做了准备工作。

4.2.2 承诺

（1）承诺

承诺是指受要约人完全同意要约的意思表示。承诺必须在要约规定的有效时间内作出，承诺必须与要约的内容一致，承诺应当在要约确定的期限内到达要约人。

承诺应当以通知的方式作出，但根据交易习惯或者要约表明可以通过行为作出承诺的除外。

（2）新要约

承诺不能对要约的内容作出实质性（如标的、数量、质量、价款和酬金、履行期限、履行地点和方式、违约责任和争议解决办法等）变更。作出实质性变更的，视为新要约。

受要约人超过承诺期限发出承诺，即迟发的承诺，超过有效的承诺期限，要约已经失效，视为新要约。

（3）承诺生效

以对话方式作出的意思表示（承诺），相对人知道其内容时生效。以非对话方式作出的意思表示（承诺），到达相对人时生效。承诺不需要通知的，根据交易习惯或者要约的要求作出承诺的行为时生效。承诺生效时合同成立。

（4）承诺撤回

承诺撤回是承诺人阻止或者消灭承诺发生法律效力的意思表示。承诺可以撤回，撤回承诺的通知应当在承诺通知到达相对人之前或者与承诺通知同时到达相对人。

4.2.3 合同成立时间

① 通常情况下，承诺生效时合同成立。法律或当事人另有约定除外。承诺是对要约的接受，承诺生效，双方意思表示一致，合同成立。

② 当事人采用合同书形式订立合同的，自当事人均签名、盖章或者按指印时合同成立。在签名、盖章或者按指印之前，当事人一方已经履行主要义务，对方接受时，该合同成立。

③ 法律、行政法规规定或者当事人约定合同应当采用书面形式订立，当事人未采用书面形式但是一方已经履行主要义务，对方接受时，该合同成立。

④ 当事人采用信件、数据电文等形式订立合同要求签订确认书的，签订确认书时合同成立。

⑤ 当事人一方通过互联网等信息网络发布的商品或者服务信息符合要约条件的，对方选择该商品或者服务并提交订单成功时合同成立，但是当事人另有约定的除外。

4.2.4 缔约过失责任

缔约过失责任，是指在订立合同的过程中，当事人由于过错违反先合同义务而依法承担的民事责任。

先合同义务，是当事人为订立合同而相互接触和协商期间产生的义务，它包括当事人之间的互相协助、互相通知、互相保护，对合同有关事宜给予必要和充分的注意等义务。由于此时合同还没有成立，因此先合同义务不是合同义务，因违反先合同义务承担的赔偿责任也不是合同责任。

（1）缔约过失责任的构成要件

① 当事人违反了先合同义务。当事人的行为发生在订立合同过程中。缔约过失责任是针对合同尚未成立应当承担的责任。

② 缔约一方受有损失。缔约过失责任的损失是一种信赖利益的损失，即缔约人信赖合同有效成立，但因法定事由发生，致使合同不成立、无效或被撤销等而造成的损失。

③ 缔约当事人有过错。承担缔约过失责任一方应当有过错，包括故意行为和过失行为导致的后果责任。

④ 合同尚未成立。这是缔约过失责任和违约责任的主要区别。合同一旦成立，当事人应当承担的是违约责任。

⑤ 缔约当事人的过错行为与该损失之间有因果关系。缔约当事人的过错行为与该损失之间有因果关系，即损失是由违反先合同义务引起的。

（2）承担缔约过失责任的情形

① 假借订立合同，恶意进行磋商。

② 故意隐瞒与订立合同有关的重要事实或提供虚假情况。

③ 有其他违背诚实信用原则的行为。

④ 违反缔约中的保密义务。无论合同是否成立，不得泄露或者不正当使用。泄露或者不正当使用该商业秘密给对方造成损失的，应当承担损害赔偿责任。

4.2.5　建设工程合同的订立

建设工程合同的订立也采取要约和承诺方式。招标人通过媒体发布招标公告，或向符合条件的投标人发出招标文件，为要约邀请；投标人根据招标文件内容在约定的期限内向招标人提交投标文件，为要约；招标人通过评标确定中标人，发出中标通知书，为承诺；招标人和中标人按照中标通知书、招标文件和中标人的投标文件等订立书面合同时，合同成立并生效。

4.2.6　招标投标活动中的缔约过失责任

招标投标是一种竞争方式订立合同过程，招标人和投标人不但要遵守《招标投标法》《招标投标法实施条例》等招标投标相关法律、法规的规定，还应当遵循诚实信用原则开展合同缔约。招标人不当终止招标、随意变更中标人、不按中标结果签订合同以及投标人弄虚作假、虚假投标等不诚信行为都可能导致承担相应的缔约过失责任。在合同成立前因招标人或者投标人故意或过失行为损害对方信赖利益，受损害方通常只能主张对方承担缔约过失责任而非违约责任。

《招标投标法》第四十五条规定："中标通知书发出后，招标人改变中标结果的，或者中标人放弃中标项目的，应当依法承担法律责任。"《招标投标法》第六十条规定："中标人不履行与招标人订立的合同的，履约保证金不予退还，给招标人造成的损失超过履约保证金数额的，还应当对超过部分予以赔偿；没有提交履约保证金的，应当对招标人的损失承担赔偿责任。"

《招标投标法》第五十四条规定："投标人以他人名义投标或者以其他方式弄虚作假，骗取中标的，中标无效，给招标人造成损失的，依法承担赔偿责任；构成犯罪的，依法追究刑事责任。"

【案例1】

在某水利开发股份有限公司（简称"水利公司"）与某城市投资发展有限责任公司（简称"城投公司"）纠纷案中，水利公司（投标人）中标城投公司（招标人）组织的某市政工程项目招标。在合同订立过程中，城投公司因上级单位要求变化而决定终止招标活动，通知中标人水利公司终止合同签订。水利公司认为招标人的行为严重违反诚实信用原则，诉至法院，要求退还投标保证金并赔偿招标文件购买费、投标文件编制费、差旅费、投标保证金融资费用、预期收益损失。

【问题】

招标人应该承担什么责任？法院应如何判决？

【分析】

招标人城投公司在中标通知书发出后终止签订合同的行为违反了先合同义务，侵害了水利公司基于信赖关系产生的信赖利益，造成了水利公司的经济损失，应当承担缔约过失责任。法院最终判决城投公司赔偿水利公司的招标文件购买费、投标文件编制费、投标保证金资金占用利息等实际损失。法院判决明确缔约过失责任仅限于赔偿实际利益损失而不包括基于合同成立后的可得利益损失，不支持水利公司提出的预期收益等损失赔偿要求。

【例题1】 有关要约和承诺的说法中，错误的是（ACD）。

A. 承诺在通知发出时生效　　　　B. 非对话方式要约在到达相对人时生效

C. 要约可以撤回，但不可以撤销　　D. 承诺只能在承诺通知到达相对人时撤回

E. 建筑工程合同的投标书是要约

【例题2】 建设工程合同的订立程序中，属于要约的是（C）。

A. 招标人通过媒体发布招标公告

B. 向符合条件的投标人发出招标文件

C. 投标人根据招标文件内容在规定的期限内向招标人提交投标文件

D. 招标人通过评标确定中标人，发出中标通知书

【例题3】 某水泥厂在承诺有效期内，对施工单位订购水泥的要约作出了完全同意的答复，则该水泥买卖合同成立的时间为（A）。

A. 水泥厂的答复文件到达施工单位时　　B. 施工单位发出订购水泥的要约时

C. 水泥厂发出答复文件时　　　　　　　D. 施工单位订购水泥的要约到达水泥厂时

［解析］ 承诺到达时合同成立。

【例题4】 甲公司向乙公司购买了一批钢材，双方约定采用合同书的方式订立合同，由于施工进度紧张，在甲公司的催促之下，双方在签字盖章之前，乙公司将钢材送到了甲公司，甲公司接受并投入工程使用。甲、乙公司之间的买卖合同（B）。

A. 无效　　　　　B. 成立　　　　　C. 可变更　　　　　D. 可撤销

［解析］ 当事人采用合同书形式订立合同的，自当事人均签名、盖章或者按指印时合同成立。在签名、盖章或者按指印之前，当事人一方已经履行主要义务，对方接受时，该合同成立。

【例题5】 以下情况中，应承担缔约过失责任的是（C）。

A. 甲公司拒绝了受要约人迟到的承诺

　　B. 采购方要求乙公司以低于市场价 10％的价格供货，乙公司予以拒绝，与他人订立
　　　了买卖合同
　　C. 丙公司收到中标通知书后不与招标人签订合同，造成招标人经济损失
　　D. 丁公司未按合同约定提交履约保证金

【例题 6】下列情形中，应当承担缔约过失责任的是（D）。
　　A. 施工单位没有按照合同约定的时间完成工程
　　B. 建设单位没有按照合同约定的时间支付工程款
　　C. 施工单位在投标时借用了其他企业的资质，在资格预审时没有通过审查
　　D. 建设单位在发出中标通知书后，改变了中标人
　［解析］选项 A、B 是违约责任。

4.3　合同的效力

4.3.1　合同的生效时间

　　合同生效是指合同对双方当事人的法律约束力的开始。
　　① 依法成立的合同，自成立时生效，但是法律另有规定或者当事人另有约定的除外。
　　② 依照法律、行政法规的规定，合同应当办理批准等手续的，依照其规定。
　　③ 附条件合同。民事法律行为可以附条件，但是根据其性质不得附条件的除外。附生
效条件的民事法律行为，自条件成就时生效。附解除条件的民事法律行为，自条件成就时
失效。
　　④ 附期限的合同。民事法律行为可以附期限，但是根据其性质不得附期限的除外。附
生效期限的民事法律行为，自期限届至时生效。附终止期限的民事法律行为，自期限届满时
失效。

4.3.2　民事法律行为有效的条件

　　具备下列条件的民事法律行为有效：
　　（1）行为人具有相应的民事行为能力
　　民事行为能力是民事主体独立实施民事法律行为的法律资格。根据自然人不同年龄和智
力状况，将自然人的民事行为能力分为完全民事行为能力、限制民事行为能力、无民事行为
能力三种。不满八周岁的未成年人为无民事行为能力人，由其法定代理人代理实施民事法律
行为；不能辨认自己行为的成年人为无民事行为能力人，由其法定代理人代理实施民事法律
行为。
　　（2）意思表示真实
　　民事法律行为以意思表示为核心，行为人意思表示的不真实，可能由行为人主观上的原
因引起（如对民事行为的性质发生错误认识），也可能由某种客观原因引起（如受他人欺诈
而上当受骗）。凡是违背当事人真实意愿的民事行为，构成意思表示不真实的民事行为。这
类行为可由虚假表示、误解、欺诈、胁迫、乘人之危等原因引起。
　　（3）不违反法律、行政法规的强制性规定，不违背公序良俗

违反法律和行政法规的强制性规定，既包括内容的违法，也包括形式的违法。"强制性规定"是指效力性强制性规定。效力性规范，指法律及行政法规明确规定违反了这些禁止性规定将导致合同无效或者合同不成立的规范。公序良俗包括公共秩序与善良风俗两个方面。公序一般包括国家利益、社会经济秩序和社会公共利益，良俗一般包括社会公德、商业道德和社会良好风尚。

4.3.3 无效合同

无效合同是指合同虽已成立，但因违反法律法规的强制性规定，国家不承认其效力，不给予法律保护的合同。无效合同从订立之时起就没有法律效力。合同无效的确认权属于人民法院或仲裁机构。合同无效分为全部无效和部分无效。如果合同只是部分无效，则不影响其他有效部分的效力。

4.3.3.1 无效合同的种类

《民法典》规定，下列民事法律行为（合同）无效：

① 违反法律、行政法规的强制性规定的合同。在建设工程领域，违反《建筑法》《城乡规划法》等法律订立的合同，因为违反这些法律的强制性规定而导致合同无效。

② 违背公序良俗的合同。公序良俗是公共秩序与善良风俗的简称。

③ 行为人和相对人恶意串通，损害他人合法权益的合同。行为人和相对人之间必须具有意思联络、共同恶意，构成恶意串通。如果只有一方具有损害他人权益的主观恶意，另一方不知情或者虽然知情但并无主观恶意的，不构成恶意串通。

④ 以虚假的意思表示实施的合同。行为人与相对人以虚假的意思表示实施的民事法律行为无效。

⑤ 无民事行为能力人实施的民事法律行为（订立的合同）。无民事行为能力人是指不能辨认自己行为的八周岁以上未成年人、成年人和不满八周岁的人。

合同中的下列免责条款无效：①造成对方人身伤害的；②因故意或者重大过失造成对方财产损失的。因上述两种情形导致合同条款无效时，不影响整个合同的效力，原合同仍然有效。

4.3.3.2 无效的施工合同及价款结算

2020年12月25日最高人民法院审判委员会第1825次会议通过《最高人民法院关于审理建设工程施工合同纠纷案件适用法律问题的解释（一）》（以下简称《新施工合同司法解释一》），自2021年1月1日起与《民法典》配套并同步施行，原《最高人民法院关于建设工程价款优先受偿权问题的批复》《最高人民法院关于审理建设工程施工合同纠纷案件适用法律问题的解释（一）》《最高人民法院关于审理建设工程施工合同纠纷案件适用法律问题的解释（二）》等文件同时废止。

（1）无效的施工合同种类

① 承包人未取得建筑施工企业资质或超越资质等级的。建筑施工领域实行资质准入制度，企业无资质和超越资质签订的合同属无效合同。但是承包人超越资质等级许可的业务范围签订建设工程施工合同，在建设工程竣工前取得相应资质等级的，合同有效。

② 没有资质的实际施工人借用有资质的建筑施工企业名义的。例如：转让、出借企业资质证书的；以其他方式允许他人以本企业名义承揽工程的。

③ 建设工程必须进行招标而未招标或中标无效的。凡规定在招标范围的工程未进行招投标的，签订的施工合同无效。中标是发包人与承包人签订施工合同的前提条件，中标无效必然导致施工合同无效。

《招标投标法》中规定，根据无效的中标结果所签订的施工合同无效的情形如下：

a.招标代理机构泄露应当保密的与招标投标有关的情况和资料影响中标所签订的建设工程施工合同。

b 招标人在评标委员会推荐的中标候选人以外确定中标人所签订的建设工程施工合同。

c.依法必须进行招标的项目的招标人向他人透露标底等情况影响中标结果所签订的建设工程施工合同。

d.投标人相互串通、投标人与招标人相互串通、投标人以向招标人或评标委员会成员行贿而中标所签订的建设工程施工合同。

e.投标人以他人名义投标或者以其他弄虚作假方式骗取中标所签订的建设工程施工合同。

f.依法必须进行招标的项目的招标人违反规定与投标人就实质性内容进行谈判影响中标结果所签订的建设工程施工合同。

④ 承包人违法分包建设工程。总承包单位进行分包很常见，但违反法律规定的分包导致分包合同无效。

⑤ 转包。转包是指承包单位承包建设工程后，不履行合同约定的责任和义务，将其承包的全部建设工程转给他人或将其承包的全部建设工程肢解以后以分包的名义分别转给其他单位承包的行为。《新施工合同司法解释一》规定："具有劳务作业法定资质的承包人与总承包人、分包人签订的劳务分包合同，当事人请求确认无效的，人民法院不予支持。"

⑥ 当事人以发包人未取得建设工程规划许可证等规划审批手续为由，请求确认建设工程施工合同无效的，人民法院应予支持，但发包人在起诉前取得建设工程规划许可证等规划审批手续的除外。

（2）无效施工合同价款结算

《民法典》第793条对施工合同无效、验收不合格情况下的合同价款结算的处理作出了规定。施工合同无效，但是建设工程经验收合格的，可以参照合同关于工程价款的约定折价补偿承包人。施工合同无效，且建设工程经验收不合格的，按照以下情形处理：修复后的建设工程经验收合格的，发包人可以请求承包人承担修复费用；修复后的建设工程经验收不合格的，承包人无权请求参照合同关于工程价款的约定折价补偿。发包人对因建设工程不合格造成的损失有过错的，应当承担相应的责任。

【案例 2】

A 建筑公司由于资质问题，以 B 建筑公司名义承揽了一项工程，并与建设单位 C 公司签订了施工合同。但在施工过程中，由于 A 建筑公司的实际施工技术力量和管理能力都较差，造成了工程进度的延误和一些工程质量缺陷。C 公司以此为由，不予支付余下的工程款。A 建筑公司以 B 建筑公司名义将 C 公司告上了法庭。

【问题】

（1）A 建筑公司以 B 建筑公司名义与 C 公司签订的施工合同是否有效？

（2）C 公司是否应当支付余下的工程款？

【分析】

（1）A 建筑公司以 B 建筑公司名义与 C 公司签订的施工合同，是没有资质的实际施工人借用有资质的建筑施工企业名义签订的合同，属于无效合同，不具有法律效力。

（2）C公司是否应当支付余下的工程款要视该工程验收的结果而定。建设工程施工合同被认定为无效后，工程款是否给付，如何给付，主要取决于建设工程质量是否合格。

建设工程施工合同无效，但是建设工程经验收合格的，可以参照合同关于工程价款的约定折价补偿承包人。建设工程施工合同无效，且建设工程经验收不合格的，按照以下情形处理：

① 修复后的建设工程经验收合格的，发包人可以请求承包人承担修复费用；

② 修复后的建设工程经验收不合格的，承包人无权请求参照合同关于工程价款的约定折价补偿。

4.3.4 可撤销的合同

可撤销的合同是指因当事人在订立合同的过程中意思表示不真实，经有撤销权人的请求，由人民法院或仲裁机构裁定撤销合同内容的合同。

可撤销合同与无效合同不同，有撤销权的一方行使撤销权之前，合同对双方当事人是有效的。已被撤销的可撤销合同与无效合同一样，自始就没有法律约束力。

（1）可撤销的合同的种类

有下列情形之一的，受损害方有权提请撤销合同：

① 基于重大误解订立的合同。误解一般是因受害方当事人自己的过失产生的。这类合同发生误解的原因多是当事人缺乏必要的知识、技能、信息或者经验。受害方违背其真实意思表示而订立合同，并因此可能受到较大损失。

② 成立时显失公平的合同。这是指一方当事人在紧迫或者缺乏经验的情况下订立的使当事人之间享有的权利和承担的义务严重不对等的合同。此类合同的"显失公平"必须发生在合同订立时。合同订立以后，因为商品价格发生变化而导致的权利义务不对等不属于显失公平。

③ 一方以欺诈、胁迫的手段，使对方在违背真实意思的情况下订立的合同。合同的受损害方，即受欺诈方、受胁迫方享有撤销权。

（2）撤销权消灭

有下列情形之一的，撤销权消灭：

① 当事人自知道或者应当知道撤销事由之日起一年内、重大误解的当事人自知道或者应当知道撤销事由之日起九十日内没有行使撤销权。

② 当事人受胁迫，自胁迫行为终止之日起一年内没有行使撤销权。

③ 当事人知道撤销事由后明确表示或者以自己的行为表明放弃撤销权。

④ 当事人自民事法律行为发生之日起五年内没有行使撤销权。

（3）可撤销合同与无效合同的区别

① 从内容上来看，可撤销合同主要涉及意思表示不真实的问题，撤销权人有权决定是否撤销合同。而无效合同在内容上常常违反法律的禁止性规定，具有明显的违法性，即使合同当事人对无效合同不主张无效，司法机关和仲裁机构也应当主动干预，宣告其无效。

② 可撤销合同未被撤销以前是有效的，如果合同被撤销，合同自始无效。而无效合同从订立合同之日起无效。而不是从被确认无效之日起无效。

③ 可撤销合同行使撤销权必须符合规定的期限，超过该期限，合同即为有效。但是无

效合同因为其合同本身就是无效的，所以不存在时间的限制。

（4）无效合同及合同被撤销后的法律后果

无效的或者被撤销的民事法律行为（合同）自始没有法律约束力。民事法律行为（合同）无效、被撤销或者确定不发生效力后，行为人因该行为取得的财产，应当予以返还；不能返还或者没有必要返还的，应当折价补偿。有过错的一方应当赔偿对方由此所受到的损失；各方都有过错的，应当各自承担相应的责任，法律另有规定的，依照其规定。

合同不生效、无效、被撤销或者终止的，不影响合同中有关解决争议方法的条款的效力。

4.3.5　效力待定的合同

效力待定合同是指虽然合同已经成立，但其效力能否发生尚未确定，一般需经有权人表示承认才能生效。

（1）限制民事行为能力人订立的合同

八周岁以上的未成年人为限制民事行为能力人，实施民事法律行为应由其法定代理人代理或者经其法定代理人同意，但是可以独立实施纯获利益的民事法律行为或者与其年龄、智力相适应的民事法律行为。限制民事行为能力人实施的其他民事法律行为，经法定代理人同意或追认以后有效。相对人可以催告法定代理人自收到通知之日起三十日内予以追认。法定代理人未作表示的，视为拒绝追认。

民事法律行为被追认前，善意相对人有撤销的权利。撤销应当以通知的方式作出。"善意"是指相对人在订立合同时不知道与其订立合同的人欠缺相应的行为能力。

（2）无代理权人订立的合同

《民法典》第 171 条规定：行为人没有代理权、超越代理权或者代理权终止后，仍然实施代理行为，未经被代理人追认的，对被代理人不发生效力。

相对人可以催告被代理人自收到通知之日起三十日内予以追认。被代理人未作表示的，视为拒绝追认。行为人实施的行为被追认前，善意相对人有撤销的权利。撤销应当以通知的方式作出。

行为人实施的行为未被追认的，善意相对人有权请求行为人履行债务或者就其受到的损害请求行为人赔偿。但是，赔偿的范围不得超过被代理人追认时相对人所能获得的利益。

相对人知道或者应当知道行为人无权代理的，相对人和行为人按照各自的过错承担责任。

《民法典》第 503 条规定：无权代理人以被代理人的名义订立合同，被代理人已经开始履行合同义务或者接受相对人履行的，视为对合同的追认。

无效合同、效力待定合同、可撤销合同的对比见表 4-1。

表 4-1　无效合同、效力待定合同、可撤销合同的对比

	无效合同	效力待定合同	可撤销合同
本质	严重违法	主体资格有问题	意思表示不真实
效力	合同自始没有法律约束力	① 相对人催告在一个月内追认，经权利人追认则合同有效 ② 权利人拒绝追认，合同无效，未作表示视为拒绝追认	① 在当事人行使撤销权之前合同有效 ② 当事人行使撤销权，合同被撤销后，合同自始没有法律约束力 ③ 当事人不行使撤销权，合同继续有效

【例题 7】下列关于无效合同的说法中，正确的有（BD）。

A. 无效合同不具有违法性

B. 无效合同具有违法性

C. 无效合同部分无效会影响其他部分的效力

D. 无效合同自订立之时就不具有法律效力

E. 无效合同自确认无效时起无效

【例题 8】甲公司以国产设备为样品，谎称进口设备，与乙施工企业订立设备买卖合同，后乙施工企业知悉实情。下列关于该合同争议处理的说法中，正确的有（BDE）。

A. 买卖合同被撤销后，有关争议解决条款也随之无效

B. 乙施工企业有权自主决定是否行使撤销权

C. 乙施工企业有权自合同订立之日起 1 年内主张撤销该合同

D. 该买卖合同被法院撤销，则该合同自始没有法律约束力

E. 乙施工企业有权自知道设备为国产之日起 1 年内主张撤销该合同

［解析］选项 A 错误，合同无效、被撤销或者终止的，不影响合同中独立存在的有关解决争议方法的条款的效力。选项 C 错误，自知道撤销事由之日起撤销合同。

【例题 9】甲、乙企业于 2019 年 8 月 12 日签订了货物买卖合同，甲企业在 8 月 25 日向人民法院请求撤销该合同，原因是甲企业在 8 月 20 日发现自己对合同的标的有重大误解，8 月 30 日人民法院依法撤销了该合同。关于该合同的效力，下列说法正确的是（C）。

A. 该合同在 8 月 30 日被撤销前为无效合同

B. 该合同在 8 月 30 日被撤销，自 8 月 30 日起无效

C. 该合同在 8 月 30 日被撤销，自 8 月 12 日起无效

D. 该合同在 8 月 30 日被撤销，自 8 月 20 日起无效

［解析］可撤销合同的撤销权人可以撤销合同，也可以不撤销合同。该合同在 8 月 30 日被撤销前为有效合同，所以选项 A 错误。如果当事人不行使撤销权，该合同属于有效合同；只有申请撤销且被撤销的合同，才没有法律效力。合同一经撤销，自始没有法律约束力。

4.4 合同的履行、变更、转让和终止

4.4.1 合同的履行

合同的履行是指合同双方当事人按照合同的约定，全面履行各自的义务，实现各自的权利，使各方的目的得以实现的行为。合同依法成立，合同当事人就应当按照合同的约定，全面履行自己的义务。

4.4.1.1 合同内容约定不明确时的履行规则

对约定不明的合同条款，首先可以协议补充；合同当事人不能达成补充协议，按照合同有关条款或者交易习惯确定。合同内容不明确，又不能达成补充协议时的法律适用如下：

① 质量要求不明确的，按照强制性国家标准履行；没有强制性国家标准的，按照推荐性国家标准履行；没有推荐性国家标准的，按照行业标准履行；没有国家标准、行业标准

的，按照通常标准或者符合合同目的的特定标准履行。

② 价款或者报酬不明确的，按照订立合同时履行地的市场价格履行；依法应当执行政府定价或指导价的，依照规定履行。

③ 履行地点不明确，给付货币的，在接受货币一方所在地履行；交付不动产的，在不动产所在地履行；其他标的，在履行义务一方所在地履行。

④ 履行期限不明确的，债务人可以随时履行，债权人也可随时要求履行，但是应当给对方必要的准备时间。

⑤ 履行方式不明确的，按照有利于实现合同目的的方式履行。

⑥ 履行费用的负担不明确的，由履行义务一方负担；因债权人原因增加的履行费用，由债权人负担。

4.4.1.2　电子合同标的交付时间

通过互联网等信息网络订立的电子合同的标的为交付商品并采用快递物流方式交付的，收货人的签收时间为交付时间。电子合同的标的为提供服务的，生成的电子凭证或者实物凭证中载明的时间为提供服务时间；前述凭证没有载明时间或者载明时间与实际提供服务时间不一致的，以实际提供服务的时间为准。

电子合同的标的物为采用在线传输方式交付的，合同标的物进入对方当事人指定的特定系统且能够检索识别的时间为交付时间。

电子合同当事人对交付商品或者提供服务的方式、时间另有约定的，按照其约定。

4.4.1.3　合同履行中的抗辩权

抗辩权是指当事人一方依法对抗对方要求和权利主张的权利。合同履行中的抗辩权是指在双务合同中，在满足一定法定条件时，合同当事人一方可以对抗对方当事人的履行要求，暂时拒绝履行合同约定的义务的权利。

（1）同时履行抗辩权

同时履行抗辩权，是指在合同中没有约定双方履行的先后顺序，双方当事人不分先后地履行各自的义务的行为。

当事人互负债务，没有先后履行顺序的，应当同时履行。一方在对方未履行之前有权拒绝其履行要求。一方在对方履行债务不符合约定时，有权拒绝其相应的履行请求。

（2）后履行抗辩权

先履行义务的一方应当先履行自己的义务，当其未履行或者履行不符合合同的约定时，后履行的一方可以行使抗辩权，有权拒绝先履行一方的履行请求。

（3）不安抗辩权

按照合同规定，本应先履行义务的一方，在有确切证据证明对方的财产明显减少或难以给付时，有权行使不安抗辩权，中止履行。不安抗辩权是指有以下四种情形时，可以中止履行合同的权利：

① 对方经营状况严重恶化；

② 对方有转移财产、抽逃资金以逃避债务的情形；

③ 对方丧失商业信誉；

④ 对方有丧失或可能丧失履行债务的能力的其他情形。

当事人中止履行的，应当及时通知对方。对方提供适当担保的，应当恢复履行。对方当事人在合理期限内未恢复履行能力并且未提供担保的，视为以自己的行为表明不履行主要债务，中止履行的一方可以解除合同并可以请求对方承担违约责任。

（4）情势变更抗辩

《民法典》第 533 条规定了情势变更抗辩。情势变更是指合同成立后，合同的基础条件发生了当事人在订立合同时无法预见的、不属于商业风险的重大变化，继续履行合同对于当事人一方明显不公平的，受不利影响的当事人可以与对方重新协商；在合理期限内协商不成的，当事人可以请求人民法院或者仲裁机构变更或者解除合同。情势变更对于合同的履行来说是相当重要的，人民法院或者仲裁机构应当结合案件的实际情况，根据公平原则变更或者解除合同。

4.4.1.4　合同的保全

合同的保全是指法律为防止合同债务人的财产不当减少，维护其财产状况，允许债权人向债务人行使一定权利的制度。债权的保全有代位权与撤销权两种。

（1）代位权

① 代位权的概念。代位权是指债权人为确保其债权实现，当债务人怠于行使对第三人的债权而危及债权时，以自己的名义替债务人行使债权的制度。

《民法典》第 535 条规定：因债务人怠于行使其债权或者与该债权有关的从权利（如抵押权），影响债权人的到期债权实现的，债权人可以向人民法院请求以自己的名义代位行使债务人对相对人的权利，但是该权利专属于债务人自身的除外。"相对人"一般指债务人的债务人（次债务人）。人民法院认定代位权成立，由债务人的相对人向债权人履行义务，债权人接受履行后，债权人与债务人、债务人与相对人之间相应的权利义务终止。

代位权的行使范围以债权人的到期债权为限。债权人行使代位权的必要费用，由债务人负担。

② 代位权的构成要件。

a. 债权人对债务人的债权已经到期。

b. 债务人对相对人的债权或与债权有关的从权利不具有人身性。具有人身属性的权益不能行使代位权，例如养老金、退休金、人身伤害赔偿请求权等。

c. 债务人存在怠于行使到期债权的事实。怠于行使是指债务人不以诉讼方式或仲裁方式向次债务人主张其享有的具有金钱给付内容的到期债权。

d. 债务人怠于行使债权已经影响到债权人的债权，债务人没有其他财产可供清偿债务。

（2）撤销权

① 撤销权的概念。撤销权是指债权人对于债务人减少财产危害债权的行为请求法院撤销的权利。撤销权的行使范围以债权人的债权为限。债权人行使撤销权的必要费用，由债务人负担。

撤销权自债权人知道或者应当知道撤销事由之日起一年内行使。自债务人的行为发生之日起五年内没有行使撤销权的，该撤销权消灭。

② 撤销权的行使情形。债务人通过以下积极行为来恶意减少自己的责任财产，债权人可以行使撤销权：

a. 放弃债权（包括到期债权与未到期债权）的；

b. 放弃债权担保的；

c. 恶意延长到期债权的履行期限的；

d. 无偿转让财产的；

e. 以明显不合理低价转让财产且债务人的相对人为恶意的；

f. 以明显不合理高价受让低值财产且债务人的相对人为恶意的；

g. 为他人的债务提供担保，且被担保债权人为恶意的。

上述行为影响债权人的债权实现的，债权人可以请求人民法院撤销债务人的行为。

（3）代位权和撤销权的区别

① 代位权是针对债务人的消极行为，即债务人不履行其对债权人的到期债务，又不以诉讼方式或者仲裁方式向其债务人主张其享有的具有金钱给付内容的到期债权，致使债权人的到期债权未能实现。而撤销权是针对债务人不当处分财产的积极行为，行使撤销权旨在恢复债务人的财产。

② 行使条件不同。

a. 债权人行使代位权的前提条件：一是债务人必须怠于行使权利，即债务人应行使并且能够行使权利而不行使的情况下，债权人有权行使代位权。如果债务人已经行使权利，债权人不得再行使代位权。二是债务人怠于行使权利的行为所产生的结果对债权人造成损害，债权人有保全债权的必要。如果债务人虽怠于行使其对第三人的权利，但债务人的其他财产足以清偿债权人的债权，则债权人无权行使代位权。

b. 债权人行使撤销权的前提条件主要有两个：主观上，债务人应具有损害债权人债权的恶意；客观上，债务人有积极减少财产的行为且该行为损害债权人的债权。债权人可申请法院撤销债务人与他人之间的法律关系，恢复债务人的责任财产。

③ 行使效果不同。

a. 债权人行使代位权如果获得支持，债权人可以直接向债务人的相对人即次债务人主张权利，次债务人直接向债权人履行义务而不能向债务人履行，并由此导致债权人与债务人、债务人与次债务人之间相应的债权债务关系在对等额度内消灭。

b. 债权人行使撤销权如果获得支持，只能使债务人的不当处分行为被撤销，债务人放弃债权或处分财产或恶意担保等行为自始无效，债权人有权请求受益人将所获利益返还债务人，取回的财产或利益由债务人的全体债权人平等受偿，行使撤销权人并不享有直接或优先以该责任财产受偿的权利。

【例题10】甲欠乙50万元贷款，乙又欠丙20万元贷款，因乙怠于行使对甲的到期债权，又不能清偿对丙的欠款，为此丙起诉甲并要求其支付欠款，下列说法正确的是（B）。

A. 丙不能以自己名义起诉甲　　　　　B. 丙起诉甲是在行使代位权

C. 丙起诉甲以50万元为限　　　　　D. 丙的起诉费用由自己支付

［解析］A选项错误，债权人丙行使代位权是以丙自己的名义（丙是原告）；C选项错误，代位权的行使范围以债权人的债权为限，丙对乙享有的债权是20万元；D选项错误，债权人行使代位权的必要费用，由债务人乙负担。

【例题11】甲公司欠乙公司贷款30万元，一直无力偿付，现在丙公司欠甲公司贷款20万元，已经到期，但甲公司放弃对丙的债权。对甲公司的行为，乙公司可以采取的措施有（BCE）。

A. 行使代位权，要求丙偿还20万元

B. 请求人民法院撤销甲放弃债权的行为

C. 乙行使权利的必要费用可向甲主张

D. 乙应当在知道或者应当知道甲放弃债权 5 年内行使撤销权

E. 撤销权的原告是债权人

［解析］选项 A 错误，属于撤销权行使情形；选项 B 正确，债务人放弃到期债权的，债权人可以行使撤销权（而非代位权）；选项 C 正确，债权人行使撤销权所支付的律师代理费、差旅费等必要费用，由债务人负担；选项 D 错误，债权人应自知道或者应当知道撤销事由之日起 1 年内行使撤销权。

4.4.2 合同的变更、转让和终止

4.4.2.1 合同的变更

合同的变更是指当事人对已经发生法律效力，但尚未履行或者尚未完全履行的合同，进行修改或补充所达成的协议。根据《民法典》及有关规定：当事人协商一致，可以变更合同；法律、行政法规规定变更合同应当办理批准、登记手续的，依照其规定。合同变更指合同内容和客体的变更，不包括合同主体的变更。

4.4.2.2 合同的转让

合同主体的变更称为合同的转让。合同转让是指合同一方当事人将合同的权利、义务全部或部分转让给第三人的法律行为。合同的转让包括债权转让和债务转移及权利义务同时转让。

（1）债权转让

债权转让是指合同债权人通过协议将其债权全部或部分转让给第三人的行为。债权人可以将合同的权利全部或者部分转让给第三人。债权人转让权利的，应当通知债务人。未经通知的，该转让对债务人不发生效力。

（2）债务转移

债务转移是指债务人将合同的义务全部或者部分转移给第三人的行为。债务人将合同的义务全部或部分转移给第三人的，必须经债权人的同意；否则，这种转移不发生法律效力。

第三人（承受人）在受移转的债务范围内承担债务，成为新债务人，原债务人不再承担已移转的债务。债务人转移债务的，新债务人可以主张原债务人对债权人的抗辩。债务人转移义务的，新债务人应当承担与主债务有关的从债务，但该从债务专属于原债务人自身的除外。

（3）权利和义务同时转让

当事人一方经对方同意，可以将自己在合同中的权利和义务一并转让给第三人。

4.4.2.3 合同的终止

合同的终止是指合同当事人双方依法使相互间的权利义务关系终止。合同终止是合同关系的消灭。权利义务的终止不影响合同中结算和清理条款的效力。

（1）合同终止的情形

根据《民法典》规定，有下列情形之一的，合同的权利义务终止：

① 债务已经履行；

② 债务相互抵销；

③ 债务人依法将标的物提存；

④ 债权人免除债务；

⑤ 债权债务同归于一人；

⑥ 法律规定或者当事人约定终止的其他情形。

合同解除的，该合同的权利义务关系终止。

（2）合同解除

合同解除是指对已经发生法律效力，但尚未履行或者尚未完全履行的合同，因当事人一方的意思表示或者双方的协议而使债权债务关系提前归于消灭的行为。

① 合同解除的类型。合同解除可分为约定解除和法定解除两类。

a. 约定解除。当事人协商一致可以解除合同，即合同的协商解除；当事人可以约定一方解除合同的事由，解除合同的事由发生时，解除权人可以解除合同。

b. 法定解除。有下列情形之一的，当事人可以解除合同（无须对方同意）：

i. 因不可抗力致使不能实现合同目的；

ii. 履行期限届满之前，当事人一方明确表示或者以自己的行为表明不履行主要债务；

iii. 当事人一方迟延履行主要债务，经催告后在合理期限内仍未履行；

iv. 当事人一方迟延履行债务或者有其他违法行为致使不能实现合同目的；

v. 法律规定的其他情形。

② 合同解除的程序。当事人一方依法主张解除合同的，应当通知对方。合同自通知到达对方时解除；通知载明债务人在一定期限内不履行债务则合同自动解除，债务人在该期限内未履行债务的，合同自通知载明的期限届满时解除。

对方对解除合同有异议的，任何一方当事人均可以请求人民法院或者仲裁机构确认解除行为的效力。

③ 合同解除权的行使期限。法律规定或者当事人约定解除权行使期限，期限届满当事人不行使的，该权利消灭。法律没有规定或者当事人没有约定解除权行使期限，自解除权人知道或者应当知道解除事由之日起一年内不行使，或者经对方催告后在合理期限内不行使的，该权利消灭。

④ 合同解除的法律结果。合同解除后，尚未履行的，终止履行；已经履行的，根据履行情况和性质，当事人可以要求恢复原状或采取补救措施，并有权要求赔偿损失。合同的权利义务终止，不影响合同中结算和清理条款的效力。合同因违约解除的，解除权人可以请求违约方承担违约责任，但是当事人另有约定的除外。

⑤ 建设工程合同解除。《民法典》第 806 条规定："承包人将建设工程转包、违法分包的，发包人可以解除合同。发包人提供的主要建筑材料、建筑构配件和设备不符合强制性标准或者不履行协助义务，致使承包人无法施工，经催告后在合理期限内仍未履行相应义务的，承包人可以解除合同。"

【例题 12】甲决定将与乙签订合同中的义务转移给丙，按照法律规定（BCE）。

　A. 无需征得乙同意

　B. 丙直接对乙承担合同义务

　C. 丙可以对乙行使抗辩权

　D. 丙只能对甲行使抗辩权

　E. 甲对丙不履行合同的行为不承担责任

[解析] 债务转让需经对方同意，债务转让后原债务人不再承担义务，由新债务人丙向债权人乙承担债务。当债务全部转移时，债务人即脱离了原来的合同关系，则由第三人取代

原债务人而承担原合同债务，原债务人不再承担原合同中的义务和责任，债务人转移义务的，新债务人可以主张原债务人对债权人的抗辩。原债务人对新债务人的偿还能力并不负担保责任。

【例题13】下列合同行为符合法律规定的是（B）。

A. 甲欲延迟交货并通知乙

B. 债权人甲将债权转让给丙并通知了债务人乙

C. 建设单位到期不能支付工程款，书面通知施工企业其已将债务转让给第三人，请施工企业向第三人主张债权

D. 施工单位将施工合同转包给其他具有相应施工资质的施工单位

［解析］选项A错误，延迟交货相当于合同变更，应与对方协商一致才能变更；选项B正确，债权转让，通知债务人即可；选项C错误，债务转让应当经债权人同意；选项D错误，施工合同不能转包。

【例题14】下列有关解除合同的表述正确的有（BCD）。

A. 当事人必须全部履行各自义务后才能解除合同

B. 当事人协商一致可以解除合同

C. 因不可抗力致使不能实现合同目的的，可以解除合同

D. 一方当事人对解除合同有异议，可以按照约定的解决争议的方式处理

E. 合同解除后，当事人均不再要求对方承担任何责任

【例题15】关于施工合同单方解除的说法中，正确的是（B）。

A. 合同约定的期限内承包人没有完工，发包人可以单方解除合同

B. 承包人将承包的工程转包，发包人可以单方解除合同

C. 发包人提供的主材不符合强制性标准，承包人可以单方解除合同

D. 承包人已经完工的建设工程质量不合格，发包人可以单方解除合同

［解析］选项A、C、D错误。对方违约时，应先要求对方补救，对方拒不补救或无法补救时，才可以行使单方解除权。

4.5 违约责任

违约责任是指当事人一方不履行合同或者履行合同不符合约定的，应承担的法律责任。承担违约责任的前提是合同有效。违约责任一般实行严格责任原则。严格责任，又称无过错责任，是指违约行为发生以后，确定违约当事人的责任，主要考虑违约的结果是否由违约方的行为造成，而不考虑违约方的主观故意或过失。

4.5.1 违约责任构成要件

（1）有违约行为

违约责任只有在存在违约事实的情况下才有可能产生，当事人不履行合同或者不完全履行合同义务，是违约责任的客观要件。违约行为主要包括以下几种情况：

① 拒绝履行。拒绝履行是指当事人不履行合同规定的全部义务。

② 不完全履行。指当事人只履行合同规定的一部分的义务，对其余部分不予履行。

③ 迟延履行。又称逾期履行，指当事人超过合同规定的期限履行义务。在合同未规定履行期限的情况下，债权人要求履行后，债务人未在合理期限内履行，也构成迟延履行。

④ 质量瑕疵。指履行的合同标的达不到合同的质量要求，对质量瑕疵，权利人应在法定期限内提出异议。

（2）不存在法定和约定的免责事由

违约责任的构成还需要具备另一个要件，即不存在法定和约定的免责事由。《民法典》第 590 条规定："当事人一方因不可抗力不能履行合同的，根据不可抗力的影响，部分或全部免除责任，但是法律另有规定的除外。因不可抗力不能履行合同的，应当及时通知对方，以减轻可能给对方造成的损失，并应当在合理期限内提供证明。当事人迟延履行后发生不可抗力的，不免除其违约责任。"这里的"不可抗力"就是法定的免责事由。除法定的免责事由外，当事人如果约定有免责事由，免责事由发生时，当事人也可以不承担违约责任。

4.5.2　违约责任承担方式

（1）继续履行

继续履行是当事人一方未支付价款、报酬、租金、利息，或者不履行其他金钱债务的，对方可以请求其支付。继续履行旨在保护债权人实现其预期目标，它要求违约方按合同标的履行，而不得以违约金、赔偿损失代替履行。继续履行可以与违约金、定金、赔偿损失并用，但不能与解除合同的方式并用。

《民法典》第 580 条规定，当事人一方不履行非金钱债务或者履行非金钱债务不符合约定的，对方可以请求履行，但是有下列情形之一的除外：

① 法律上或者事实上不能履行；

② 债务的标的不适于强制履行或者履行费用过高；

③ 债权人在合理期限内未请求履行。

有上述规定的除外情形之一，致使不能实现合同目的的，人民法院或者仲裁机构可以根据当事人的请求终止合同权利义务关系，但是不影响违约责任的承担。

（2）赔偿损失

赔偿损失是指违约方因违约给对方造成损失的，应当依法承担赔偿责任。损失赔偿额应当相当于因违约所造成的损失，包括合同履行后可以获得的利益。赔偿损失不得超过违反合同一方订立合同时预见到或者应当预见到的因违反合同可能造成的损失。

（3）支付违约金

违约金是指当事人一方违反合同时应当向对方支付的一定数量的金钱或财物。违约金的设立，是为了保证债务的履行，即使对方没有遭受任何财产损失，也要按法律或合同规定支付违约金。

违约金是对损害赔偿的预先约定，可能高于实际损失，也可能低于实际损失。法律规定，约定的违约金低于造成的损失的，当事人可以请求人民法院或者仲裁机构予以增加；约定的违约金过分高于造成的损失的，当事人可以请求人民法院或者仲裁机构予以适当减少。

只要合同双方在合同中约定了违约金条款，不管合同当事人一方违约是否给另一方造成损失，违约方就必须给付另一方违约金；给付赔偿金的前提必须是一方违反合同约定，给另一方造成了实际损失。同时，如果违约方给另一方造成的损失超过违约金，则还应给付赔偿金，补偿违约金之不足。

当事人既约定违约金又约定定金的，一方违约时，对方可以选择适用违约金或者定金条款，这两种违约责任不能合并使用。

（4）采取补救措施

采取补救措施是指履行的合同标的达不到合同的质量要求，通过采取补救措施使履行缺陷得以弥补消除。采取补救措施的具体方式为：修理、更换、重作、退货、减少价款或者报酬等。

（5）定金罚则

《民法典》第587条规定："债务人履行债务的，定金应当抵作价款或者收回。给付定金的一方不履行债务或者履行债务不符合约定，致使不能实现合同目的的，无权请求返还定金；收受定金的一方不履行债务或者履行债务不符合约定，致使不能实现合同目的的，应当双倍返还定金。"定金的数额由当事人约定；但是，不得超过主合同标的额的百分之二十，超过部分不产生定金的效力。

定金罚则需要满足以下几个条件：

① 必须有违约行为。包括不能履行、迟延履行及不完全履行等形态。

② 必须有合同目的落空的事实。违约行为与合同目的的落空之间有因果关系。只有因违约行为致使合同目的不能实现时，才能适用定金罚则。不能实现合同目的主要指违反的义务对合同目的的实现十分重要，一方当事人不履行义务，将剥夺另一方当事人根据合同期待的利益，包括：完全不履行，即债务人拒绝履行合同的全部义务；履行质量与约定严重不符，无法通过补救措施（修理、更换、降价等）予以补救。

③ 主合同必须有效。这是由定金合同的从属性导致的。主合同无效或者被撤销的，即便当事人已经交付和收受定金，也不能适用定金罚则。

4.5.3 违约责任的免除

违约责任免责事由包括两类：一类是法律规定的免责条件；另一类是当事人在合同中约定的条件，一般称为免责条款。

不可抗力发生后，应免除债务人的责任。根据不可抗力影响范围，债务人不能履行合同义务时，既可全部免除其责任，也可部分免除其责任。

发生不可抗力虽可以免除责任，但发生不可抗力的一方当事人在不能履行合同义务时，应当及时通知对方当事人，以使对方当事人能及时采取措施避免损失的扩大，减轻可能给对方造成的损失。若不及时通知对方，使损失扩大的，就扩大的损失仍应承担责任。发生不可抗力的一方当事人除应及时履行通知义务外，还应当在合理期限内提供有关机构出具的证明不可抗力发生的文件。当事人迟延履行后发生不可抗力的，不免除其违约责任。

【例题16】设备采购合同额为30万元，双方签订合同时约定，任何一方不履行合同时应当支付违约金5万元。采购人按照约定向供应商交付定金8万元。合同履行期限届满，供应商没有交付设备，则采购人能获得法院支持的最高请求额是（B）万元。

　　A. 16　　　　　　　B. 14　　　　　　　C. 13　　　　　　　D. 8

［解析］当事人既约定违约金，又约定定金的，一方违约时，对方可以选择适用违约金或者定金条款。此题有两个方案。方案一是适用定金罚则，8万元定金，高于定金比例20%的上限，所以只有30×20％＝6万元是定金，双倍返还定金即12万元，全部返还金额是

12＋2＝14 万元，相当于获得赔偿 6 万元；方案二是适用违约金条款，违约金＋退还的定金＝5＋8＝13 万元，相当于获得赔偿 5 万元。

4.5.4　缔约过失责任与违约责任的区别

（1）保护的利益不同

缔约过失责任制度是为了保护缔约双方基于信赖关系产生的信赖利益，若无缔约过失责任制度，则难以建立对信赖利益的保护制度，使当事人在缔约阶段的信赖利益失去法律保护。

违约责任则重在保护合同当事人的履行利益，合同生效后，对于债务人不履行合同义务或履行合同义务不符合约定而使得债权人的履行利益得不到实现时，法律规定或当事人约定债务人对此应承担违约责任。

（2）责任的性质不同

缔约过失责任具有法定性，它是基于法律的直接规定而产生的，不是以当事人之间的约定产生，缔约过失责任的责任形式是赔偿损失，一般以受到的损失得到赔偿为限，该责任具有补偿性。

违约责任具有约定性，当事人可以在合同中约定违约责任的形式，约定违约金及赔偿损失的数额、计算办法等。

（3）违反的义务不同

缔约过失行为违反了依诚实信用原则而产生的先合同义务。先合同义务，是当事人为订立合同而相互接触和协商期间产生的义务，它包括当事人之间的互相协助、互相通知、互相保护，对合同有关事宜给予必要和充分的注意等义务。由于此时合同还没有成立，因此先合同义务不是合同义务，因违反先合同义务承担的赔偿责任也不是合同责任。

违约责任是违反合同义务应承担的责任，此时合同已生效，债务人应按合同约定的义务履行，对违反约定的义务，债务人应承担违约责任。

（4）责任产生的时间不同

区分违约责任与缔约过失责任的一个重要标准就是合同关系是否有效成立。如果存在的是有效的合同关系，则适用违约责任；如果不存在有效的合同关系，则适用缔约过失责任。缔约过失责任只产生在缔结合同过程中，适用于合同订立中及合同不成立、无效和被撤销的情况。

违约责任以合同关系的存在为前提条件，只能发生在合同成立后且已生效时，如合同已成立但不生效，此时并没有产生合同义务，因而不产生违约责任，只能产生缔约过失责任。

（5）归责原则不同

缔约过失责任适用过错责任原则，即只有在缔约人一方有过错的情况下才会产生缔约过失责任。如果缔约当事人一方在缔约过程中没有过错，则不能承担缔约过失责任。

违约责任适用严格责任原则，即违反合同义务的当事人无论主观上有无过错，均应承担违约责任。

（6）构成要件不同

缔约过失责任的构成要件主要有：

① 当事人双方必须有缔约行为，即这种行为发生在合同订立阶段；

② 当事人一方必须违背依诚实信用原则所产生的法定义务，即先合同义务；

③ 主观上必须当事人一方有过错，包括故意和过失；

④ 客观上须另一方当事人信赖利益受到损失；

⑤ 当事人主观上的过错与另一方当事人信赖利益的损失之间须有因果关系。

上述五个条件须同时具备，才能构成缔约过失责任。

违约责任的构成要件是，一般只要当事人一方有违约行为，没有免责事由，就应当承担违约责任。

（7）免责事由不同

缔约过失责任没有免责条款。违约责任中，当事人都违反合同的，应当各自承担相应的责任；当事人一方违约造成对方损失，对方对损失的发生有过错的，可以减少相应的损失赔偿额；当出现法定的免责事由或约定的免责事由时，违约方将免除承担违约责任。

【案例 3】

在某电梯有限公司（简称"电梯公司"）与某发展有限公司（简称"发展公司"）的招标投标买卖合同纠纷一案中，发展公司作为招标人就其工程所需的电梯设备进行招标采购，电梯公司为中标结果公示的第一中标候选人。在中标结果公示期间，电梯公司通知发展公司因其公司重组决定放弃中标项目，在公示期内撤销了投标要约。随后，发展公司以合同违约为由起诉电梯公司，要求其赔偿经济损失 53 万余元，电梯公司要求发展公司退还投标保证金及利息。

【问题】

法院是否支持双方的诉讼请求？

【分析】

发展公司在中标结果公示期间提出撤销要约，此时合同尚未成立。根据招标文件的要求，电梯公司在开标之后撤销投标文件的行为违反了先合同义务，应当承担缔约过失责任而非违约责任。因此法院应驳回发展公司要求电梯公司承担违约责任的诉讼请求，亦不支持电梯公司要求退还投标保证金及利息的诉讼请求。

4.6 建设工程合同

建设工程项目的实施需要许多单位共同参与，这些参与单位与业主之间通过订立合同明确其承担的任务和责任以及拥有的权利。根据合同的任务内容可划分为勘察合同、设计合同、施工承包合同、物资采购合同、工程监理合同、咨询合同、招标投标代理合同等。根据《民法典》规定，勘察合同、设计合同、施工承包合同属于建设工程合同，工程监理合同、咨询合同等属于委托合同。《民法典》第三编第 18 章规定了建设工程合同相关内容。

4.6.1 建设工程合同的概念和种类

4.6.1.1 建设工程合同的概念

建设工程合同是承包人进行工程建设，发包人支付价款的合同。建设工程合同包括工程勘察、设计、施工合同。

《民法典》第 791 条规定："发包人可以与总承包人订立建设工程合同，也可以分别与勘察人、设计人、施工人订立勘察、设计、施工承包合同。发包人不得将应当由一个承包人完成的建设工程支解成若干部分发包给数个承包人。"对一个建设项目的承包，可能是一个总承包人负责工程勘察、设计、施工任务，也可能是几个承包人分别负责工程勘察、设计、施工任务，即勘察、设计、施工单位可与建设单位分别签订合同。

4.6.1.2　建设工程合同的种类

建设工程合同按工程实施内容和职责划分为勘察合同、设计合同和施工合同。

① 建设工程勘察合同。建设工程勘察合同是承包人进行工程勘察、发包人支付价款的合同。

② 建设工程设计合同。建设工程设计合同是承包人进行工程设计、发包人支付价款的合同。

《民法典》规定：勘察、设计合同的内容一般包括提交有关基础资料和概预算等文件的期限、质量要求、费用以及其他协作条件等条款。

③ 建设工程施工合同。建设工程施工合同是指发包人（建设单位）和承包人（施工单位）为完成商定的施工工程，明确相互权利、义务的协议，施工单位应完成建设单位交给的施工任务，建设单位应按照规定提供必要条件并支付工程价款。

施工合同的内容一般包括工程范围、建设工期、中间交工工程的开工和竣工时间、工程质量、工程造价、技术资料交付时间、材料和设备供应责任、拨款和结算、竣工验收、质量保修范围和质量保证期、相互协作等条款。

按承包方式，施工合同又可分为工程总承包合同、工程施工合同、施工分包合同。

a. 工程总承包合同是承包人与建设单位签订的，由承包人承担工程建设全过程直至工程竣工验收，对工业建设项目还包括试运转、试生产，最终向建设单位移交使用的承包合同。工程总承包企业对工程项目的勘察、设计、采购、施工、试运行等实行全过程或若干阶段的承包。

b. 工程施工合同是指发包人（建设单位）和承包人（施工单位）为完成商定的建筑安装工程施工任务，明确相互之间权利、义务关系的书面协议。

工程施工合同包括施工总承包合同与分包合同。

c. 施工分包合同可分为专业工程分包合同与劳务作业分包合同。

专业工程分包合同是施工总承包企业将其所承包工程中的专业工程发包给具有相应资质的其他建筑企业完成的合同，如单位工程中的地基、装饰、幕墙工程。

劳务作业分包合同是施工总承包企业或者专业承包企业将其承包工程中的劳务作业发包给劳务分包企业完成的合同。劳务作业分包不用经过建设单位同意。

《民法典》第791条规定：总承包人或者勘察、设计、施工承包人经发包人同意，可以将自己承包的部分工作交由第三人完成。第三人就其完成的工作成果与总承包人或者勘察、设计、施工承包人向发包人承担连带责任。

4.6.2　建设工程合同的法律效力

（1）承包人的权利义务

① 亲自完成工作任务的义务。按照我国《民法典》第791条规定的基本精神，承包人原则上应当自己完成承包工程。未经发包人同意，不得将工程的部分分包给第三人，更不允许将整个工程转给第三人，或者将其承包的全部建设工程支解以后以分包的名义分别转包给第三人。即使经发包人同意，承包人可以将自己承包的部分工作交由第三人完成，承包人

也要与第三人就其完成的工作成果或者勘察、设计、施工向发包人承担连带责任。

② 隐蔽工程隐蔽前的通知义务。隐蔽工程在隐蔽以前，承包人应当通知发包人检查，如果不先对这些地下工程进行提前验收，一旦地下工程发生争议，则纠纷解决成本将会很高，因此，隐蔽工程隐蔽前需要进行验收。为了让发包人能够及时验收，在隐蔽工程完成而隐蔽前，承包人应当通知发包人。

③ 承包人（包括勘察人、设计人、施工人）的赔偿责任。勘察、设计的质量不符合要求或者未按照期限提交勘察、设计文件拖延工期，造成发包人损失的，勘察人、设计人应当继续完善勘察、设计，减收或者免收勘察费、设计费并赔偿损失。

因施工人的原因致使建设工程质量不符合约定的，发包人有权要求施工人在合理期限内无偿修理或者返工、改建。经过修理或者返工、改建后，造成逾期交付的，施工人应当承担违约责任。

因承包人的原因致使建设工程在合理使用期限内造成人身和财产损害的，承包人应当承担损害赔偿责任。

④ 工程价款优先受偿权。为保护建设工程承包人的价款确实得到支付，《民法典》第807条规定：发包人未按照约定支付价款的，承包人可以催告发包人在合理期限内支付价款。发包人逾期不支付的，除根据建设工程的性质不宜折价、拍卖外，承包人可以与发包人协议将该工程折价，也可以请求人民法院将该工程依法拍卖。建设工程的价款就该工程折价或者拍卖的价款优先受偿。

⑤ 承包人不得将工程转包或者违法分包。承包人将建设工程转包、违法分包的，发包人可以解除合同。

（2）发包人的权利义务

① 检查的权利。为了保障建设工程的质量，《民法典》第797条规定，发包人在不妨碍承包人正常作业的情况下，可以随时对作业进度、质量进行检查。

② 及时验收义务。《民法典》第798条规定，隐蔽工程在隐蔽以前，承包人应当通知发包人检查。发包人没有及时检查的，承包人可以顺延工程日期，并有权请求赔偿停工、窝工等损失。

建设工程竣工经验收合格后，方可交付使用；未经验收或者验收不合格的，不得交付使用。因此，建设工程竣工后，发包人应当根据施工图纸及说明书、国家颁发的施工验收规范和质量检验标准及时进行验收。验收合格的，发包人应当按照约定支付价款，并接收该建设工程。

③ 赔偿义务。因发包人的原因致使工程中途停建、缓建的，发包人应当采取措施弥补或者减少损失，赔偿承包人因此造成的停工、窝工、倒运、机械设备调迁、材料和构件积压等损失和实际费用。

因发包人变更计划，提供的资料不准确，或者未按照期限提供必需的勘察、设计工作条件而造成勘察、设计的返工、停工或者修改设计，发包人应当按照勘察人、设计人实际消耗的工作量增付费用。

④ 支付价款的义务。支付建设工程价款是发包人的基本义务，如果发包人未及时按照合同约定支付工程价款，承包人可以催告其在合理期限内支付。经过催告后，发包人仍然逾期不支付的，除根据建设工程的性质不宜折价、拍卖外，承包人可以与发包人协议将该工程折价，也可以请求人民法院将该工程依法拍卖。建设工程的价款就该工程折价或者拍卖的价

款优先受偿。

⑤ 按照约定或者需要提供合格建材的义务。发包人提供的主要建筑材料、建筑构配件和设备不符合强制性标准或者不履行协助义务，致使承包人无法施工，且在催告的合理期限内仍未履行相应义务的，承包人可以解除合同。

合同解除后，已经完成的建设工程质量合格的，发包人应当按照约定支付相应的工程价款；已经完成的建设工程质量不合格的，参照《民法典》第 793 条的规定处理。

4.7　设计合同

4.7.1　设计合同订立

建设工程设计合同应采用书面形式约定双方的义务和违约责任，参照国家推荐使用的合同示范文本。《建设工程设计合同示范文本（房屋建筑工程）》(GF—2015—0209)、《建设工程设计合同示范文本（专业建设工程）》(GF—2015—0210)、《标准设计招标文件（2017 年版）》均明确了设计合同条款及格式。

设计合同条款包括通用合同条款和专用合同条款，同时以合同附件形式规定了合同协议书、履约保证金格式。本书介绍《标准设计招标文件（2017 年版）》中有关合同条款的主要内容。

(1) 通用合同条款

通用合同条款包括：一般约定，发包人义务，发包人管理，设计人义务，设计要求，开始设计和完成设计，暂停设计，设计文件，设计责任与保险，施工期间配合，合同变更，合同价格与支付，不可抗力，违约，争议解决。

(2) 专用合同条款

专用合同条款包括：对通用合同条款的细化、完善、补充、修改或另行约定的条款。

(3) 合同文件解释顺序

合同协议书与下列文件一起构成合同文件：①中标通知书；②投标函及投标函附录；③专用合同条款；④ 通用合同条款；⑤发包人要求；⑥设计费用清单；⑦设计方案；⑧其他合同文件。

若上述合同文件之间存在矛盾或不一致之处，以排列顺序在先者为准。

4.7.2　设计合同履行

4.7.2.1　发包人主要义务

① 发包人应在合同签订后 14 天内，将发包人代表的姓名、职务、联系方式、授权范围和授权期限书面通知设计人。发包人更换发包人代表的，应提前 14 天书面通知设计人。

② 发包人应按约定提供文件，包括基础资料、勘察报告、设计任务书等。

③ 发包人应在收到定金或预付款支付申请后 28 天内，支付给设计人。

④ 发包人应提前 7 天发出开始设计通知。设计服务期限自通知中载明的开始设计日期起计算。

⑤ 发包人发出的指示应盖有单位公章，并由发包人代表签字确认。在紧急情况下，发

包人代表或其授权人员可以当场签发临时书面指示。发包人代表应在临时书面指示发出后24 小时内发出书面确认函，逾期未发出书面确认函的，被视为发包人的正式指示。

⑥ 发包人应在专用合同条款约定的时间内，对设计人书面提出的事项作出书面答复；逾期未答复的，视为已获批准。

⑦ 发包人应当及时接收设计人提交的设计文件，接收时应出具文件签收凭证。如无正当理由拒收的，视为发包人已接收。

⑧ 发包人接收设计文件之后，可以自行或者组织专家会进行审查。

⑨ 除专用合同条款另有约定外，发包人对于设计文件的审查期限，自文件接收之日起不应超过 14 天。逾期未作出审查结论且未提出异议的，视为已通过审查。

⑩ 发包人应在收到中期支付或费用结算申请后的 28 天内，支付给设计人。发包人未能在前述时间内完成审批或不予答复的，视为同意。发包人不按期支付的，按专用合同条款的约定支付逾期付款违约金。

⑪ 发包人应当组织设计技术交底会，由设计人向发包人、监理人和施工承包人等进行设计交底，对工程设计意图、设计文件和施工要求等进行系统说明和解释。

4.7.2.2 设计人主要义务

① 设计人应按约定指派项目负责人，并在约定的期限内到职。更换项目负责人应事先征得发包人同意，并应在更换 14 天前提交拟更换的项目负责人的姓名和详细资料。项目负责人 2 天内不能履行职责的，应事先征得发包人同意，并委派代表代行其职责。

② 设计人应在接到开始设计通知之日起 7 天内，向发包人提交设计项目机构以及人员安排的报告。主要设计人员应相对稳定，更换主要设计人员的，应取得发包人的同意，并向发包人提交继任人员资料。除专用合同条款另有约定外，主要设计人员包括项目负责人、专业负责人、审核人、审定人等。

③ 除专用合同条款另有约定外，设计人应具有工程设计责任险，于合同签订后 28 天内向发包人提交工程设计责任险的保险单副本或者其他有效证明，并在合同履行期间保持足额、有效。

④ 设计人应做好设计服务的质量与技术管理工作，建立健全内部质量管理体系和质量责任制度，加强设计服务全过程的质量控制，建立完整的设计文件的设计、复核、审核、会签和批准制度，明确各阶段的责任人。

⑤ 设计人应按合同约定对设计服务进行全过程的质量检查和检验，并作详细记录，编制设计工作质量报表，报送发包人审查。

⑥ 设计人应按照法律规定及规范和标准完成设计工作，并应符合发包人要求。各项规范、标准和发包人要求之间如对同一内容的描述不一致时，应以描述更为严格的内容为准。

⑦ 设计服务应当根据法律、规范标准和发包人要求，保证工程的合理使用寿命年限，并在设计文件中予以注明。

⑧ 设计人完成设计服务之后，应当根据法律、规范标准、合同约定和发包人要求编制设计文件。设计文件的内容和深度应当满足对应阶段的规范要求。

⑨ 设计文件必须保证工程质量和施工安全等方面的要求，按照有关法律法规规定在设计文件中提出保障施工作业人员安全和预防生产安全事故的措施建议。

⑩ 设计人应在工程施工期间，积极提供设计配合服务，包括并不限于设计技术交底、施工现场服务、参与施工过程验收、参与投产试车（试运行）、参与工程竣工验收等工作。

4.7.3　违约责任

（1）发包人违约情况

合同履行中发生下列情况之一的，属发包人违约：

① 发包人未按合同约定支付设计费用；

② 发包人原因造成设计停止；

③ 发包人无法履行或停止履行合同；

④ 发包人不履行合同约定的其他义务。

发包人发生违约情况时，设计人可向发包人发出暂停设计通知，要求其在限定期限内纠正；逾期仍不纠正的，设计人有权解除合同并向发包人发出解除合同通知。发包人应当承担由于违约所造成的费用增加、周期延误和设计人损失等。

（2）设计人违约情况

合同履行中发生下列情况之一的，属设计人违约：

① 设计文件不符合法律及合同约定；

② 设计人转包、违法分包或者未经发包人同意擅自分包设计任务；

③ 设计人未按合同计划完成设计，从而造成工程损失；

④ 设计人无法履行或停止履行合同；

⑤ 设计人不履行合同约定的其他义务。

设计人发生违约情况时，发包人可向设计人发出整改通知，要求其在限定期限内纠正；逾期仍不纠正的，发包人有权解除合同并向设计人发出解除合同通知。设计人应当承担由于违约所造成的费用增加、周期延误和发包人损失等。

4.8　施工合同

4.8.1　施工合同订立

施工合同示范文本有：适用于大型复杂工程的《标准施工招标文件》(2007 年版)；适用于工期在 12 个月内的《简明标准施工招标文件》；适用于房屋建筑工程、土木工程、线路管道和设备安装工程、装修工程等建设工程的施工承发包活动的《建设工程施工合同（示范文本)》[以下简称《施工合同（示范文本)》](GF—2017—0201)。

《施工合同（示范文本)》由合同协议书、通用合同条款和专用合同条款三部分组成。合同协议书主要包括工程概况、合同工期、质量标准、签约合同价和合同价格形式、项目经理、合同文件构成、承诺以及合同生效条件等重要内容，集中约定了合同当事人基本的合同权利义务。

本书介绍《标准施工招标文件》中有关施工合同的主要内容。《标准施工招标文件》适用于一定规模以上，且设计和施工不是由同一承包商承担的工程施工招标。

《标准施工招标文件》中有关施工合同的内容包括通用合同条款、专用合同条款、合同附件格式、合同文件的优先解释顺序。

（1）通用合同条款

通用合同条款是以发包人委托监理人管理工程合同的模式设定合同当事人的义务和责任，区别于由发包人和承包人双方直接进行约定和操作的合同管理模式。

通用合同条款包括：一般约定，发包人义务，监理人，承包人，材料和工程设备，施工设备和临时设施，交通运输，测量放线，施工安全、治安保卫和环境保护，进度计划，开工和竣工，暂停施工，工程质量，试验和检验，变更，价格调整，计量与支付，竣工验收，缺陷责任与保修责任，保险，不可抗力，违约，索赔，争议的解决。

（2）专用合同条款

专用合同条款是发包人和承包人双方根据工程具体情况对通用合同条款的补充、细化，除通用合同条款中明确专用合同条款可作出不同约定外，补充和细化的内容不得与通用合同条款规定的内容相抵触。

（3）合同附件格式

此部分内容包括合同协议书、履约担保和预付款担保格式。

合同协议书是合同组成文件中唯一需要发包人和承包人同时签字盖章的法律文书。合同协议书明确规定对当事人双方有约束力的合同组成文件。订立合同时需要明确填写的内容有：发包人和承包人名称，施工的工程或标段，签约合同价，合同工期，质量标准和项目经理人选。

（4）合同文件的优先解释顺序

组成合同的各项文件应互相解释、互为说明。除专用合同条款另有约定外，解释合同文件的优先顺序如下：

① 合同协议书；

② 中标通知书；

③ 投标函及投标函附录；

④ 专用合同条款；

⑤ 通用合同条款；

⑥ 技术标准和要求；

⑦ 图纸；

⑧ 已标价工程量清单；

⑨ 其他合同文件。

在合同订立及履行过程中形成的与合同有关的文件均构成合同文件组成部分，双方有关工程的洽商、变更等书面协议或文件可视为施工合同的组成部分。

在工程实践中，当发现合同文件出现含糊不清或不相一致的情形时，通常按合同文件的优先顺序进行解释。合同文件的优先顺序，除双方另有约定外，排在前面的合同文件比排在后面的更具有权威性。当事人就该项合同文件所作出的补充和修改，属于同一类内容的文件，应以最新签署的为准。

4.8.2 施工合同履行

4.8.2.1 施工准备阶段合同管理

（1）发包人主要义务

① 提供施工场地。发包人应按约定向承包人提供施工场地，以及施工场地地下管线和地下设施等有关资料，并保证资料的真实、准确、完整。

② 组织设计交底。发包人应根据合同进度计划，组织设计单位向承包人进行设计交底。

③ 支付合同价款。发包人应按合同约定向承包人及时支付合同价款。

④ 组织竣工验收。发包人应按合同约定及时组织竣工验收。

（2）承包人主要义务

① 完成各项承包工作。承包人应按合同约定以及监理人指示，实施、完成全部工程，并修补工程中的任何缺陷。

② 对施工作业和施工方法的完备性负责。承包人应按合同约定的工作内容和施工进度要求，编制施工组织设计和施工措施计划，并对所有施工作业和施工方法的完备性和安全可靠性负责。

③ 负责施工场地及其周边环境与生态的保护工作。

④ 工程的维护和照管。工程接收证书颁发前，承包人应负责照管和维护工程。工程接收证书颁发时尚有部分未竣工工程的，承包人还应负责未竣工工程的照管和维护工作，直至竣工后移交给发包人为止。

4.8.2.2　施工阶段合同管理

（1）施工质量管理

① 承包人应加强对施工人员的质量教育和技术培训，定期考核施工人员的劳动技能，严格执行质量规范和操作规程。

② 承包人应按合同约定进行材料、工程设备和工程的试验和检验。按合同约定由监理人与承包人共同进行试验和检验的，承包人负责提供必要的试验资料和原始记录。

③ 对于发包人提供的材料和工程设备，发包人应按商定的交货日期，向承包人提交材料和工程设备，并在到货 7 天前通知承包人。承包人会同监理人在约定的时间内，在交货地点共同进行验收。验收后，由承包人负责接收、运输和保管。

④ 承包人自检确认工程隐蔽部位具备覆盖条件后，通知监理人检查。通知应附有自检记录和检查资料。监理人应按时到场检查。经监理人检查确认质量符合隐蔽要求，并在检查记录上签字后，承包人才能进行覆盖。监理人检查确认质量不合格的，承包人修正返工后由监理人重新检查。

⑤ 因承包人原因造成工程质量达不到合同约定验收标准的，监理人有权要求承包人返工直至符合合同要求为止，由此造成的费用增加和（或）工期延误由承包人承担。因发包人原因造成的费用增加和（或）工期延误，由发包人承担费用增加和（或）工期延误，并支付承包人合理利润。

（2）施工安全管理

① 发包人授权监理人按合同约定的安全工作内容监督、检查承包人安全工作的实施，组织承包人和有关单位进行安全检查。

② 承包人编制施工安全措施计划报送监理人审批；按监理人的指示制定应对灾害的紧急预案，报送监理人审批。监理人还应按预案做好安全检查，配置必要的救助物资和器材，切实保护好有关人员的人身和财产安全。

③ 承包人应严格按照国家安全标准制定施工安全操作规程，配备必要的安全生产和劳动保护设施，加强对承包人人员的安全教育，并发放安全工作手册和劳动保护用具。

④ 承包人因采取合同未约定的安全作业环境及安全施工措施增加的费用，由监理人按商定或确定方式予以补偿。

⑤ 工程事故发生后，应立即组织人员和设备进行紧急抢救和抢修，减少人员伤亡和财产损失，防止事故扩大。需移动现场物品时，应作出标记和书面记录，妥善保管有关证据。

⑥ 承包人对其履行合同所雇佣的全部人员（包括分包人人员）的工伤事故承担责任；但由于发包人原因造成的，应由发包人承担责任。由于承包人原因造成的第三者人员伤亡和财产损失，由承包人负责赔偿。

⑦ 发包人应负责赔偿工程或工程的任何部分对土地的占用所造成的第三者财产损失，以及由于发包人原因在施工场地及其毗邻地带造成的第三者人身伤亡和财产损失。

（3）施工进度管理

① 合同进度计划需要修订的，承包人报监理人审批，并附有关措施和相关资料；监理人也可向承包人发出修订合同进度计划的指示，承包人修订后报监理人审批。

② 由于发包人原因导致的延误，承包人有权获得工期顺延和（或）费用加利润补偿。包括：增加合同工作内容；改变合同中任何一项工作的质量要求或其他特性；发包人迟延提供材料、工程设备或变更交货地点；因发包人原因导致的暂停施工；提供图纸延误；未按合同约定及时支付预付款、进度款；发包人造成工期延误的其他原因。

③ 出现合同约定的异常恶劣气候条件导致工期延误的，承包人有权要求延长工期。

④ 因承包人原因未能按合同进度计划完成工作时，承包人应采取措施加快进度，并承担加快进度所增加的费用。由于承包人原因造成工期延误，承包人应支付逾期竣工违约金。

⑤ 因承包人责任引起的暂停施工，损失由承包人承担；发包人责任引起的，承包人有权要求发包人延长工期和（或）增加费用，并支付合理利润。

（4）工程款支付管理

① 合同价格。签约合同价即中标价，合同价格是指承包人按合同约定完成包括缺陷责任期内的全部承包工作后，发包人应付给承包人的金额，包括合同变更、价款调整、通过索赔应予补偿的金额。

② 工程量复核。监理人应在收到承包人提交的工程量报表后的7天内进行复核，监理人未在约定时间内复核，视为已复核，据此计算工程价款。

监理人对数量有异议或监理人认为有必要时，可要求承包人进行共同复核和抽样复测。承包人未按监理人要求参加复核，监理人单方复核或修正的工程量作为承包人实际完成的工程量。

③ 进度付款申请。承包人向监理人提交进度付款申请单，并附证明文件。

内容包括：截至本次付款周期末已实施工程的价款；变更金额；索赔金额；本次应支付的预付款和扣减的返还预付款；本次扣减的质量保证金；应增加和扣减的其他金额。

④ 进度款申请核查。监理人在收到承包人进度付款申请单后的14天内完成核查，提出发包人到期应支付给承包人的金额及相应的支持性材料。经发包人审查同意后，由监理人向承包人出具经发包人签认的进度付款证书。

⑤ 进度款支付。发包人应在监理人收到进度付款申请单后的28天内，支付进度应付款。不按期支付，按专用合同条款的约定支付逾期付款违约金。

（5）变更管理

① 变更范围。取消合同中任何一项工作，该工作不能转由发包人或其他人实施；改变合同中任何一项工作的质量或其他特性；改变合同工程的基线、标高、位置或尺寸；改变合同中任何一项工作的施工时间或改变已批准的施工工艺或顺序；需要追加的额外工作。

② 承包人收到监理人按合同约定发出的图纸和文件，经检查认为其中存在属于变更范围的情形，可向监理人提出书面变更建议。

监理人收到变更建议后，应与发包人共同研究，确认存在变更的，应在收到建议后的 14 天内作出变更指示。经研究后不同意作为变更的，由监理人书面答复承包人。

③ 承包人应在收到变更指示或变更意向书后的 14 天内，向监理人提交变更报价书，详细开列变更工作的价格组成及其依据，并附必要的施工方法说明和有关图纸。变更工作如果影响工期，应提出调整工期的具体细节。

监理人收到承包人变更报价书后的 14 天内，根据合同约定的估价原则，商定或确定变更价格。

（6）索赔管理

① 承包人索赔。承包人应在引起索赔事件发生后的 28 天内，向监理人递交索赔意向通知书。承包人应在发出索赔意向通知书后 28 天内，向监理人递交正式的索赔通知书，详细说明索赔理由以及要求追加的付款金额和（或）延长的工期，并附必要的记录和证明材料。承包人未在前述 28 天内发出索赔意向通知书的，丧失要求追加付款和（或）延长工期的权利。

监理人收到索赔通知书后，审查索赔通知书的内容、查验承包人的记录和证明材料，必要时监理人可要求承包人提交全部原始记录副本。监理人应在收到索赔通知书或有关索赔的进一步证明材料后的 42 天内，将索赔处理结果答复承包人。

承包人接受索赔处理结果，发包人应在作出索赔处理结果答复后 28 天内完成赔付。承包人不接受，按合同争议解决。

在工程承包中，承包人索赔要求通常有两种：

a.工期索赔。由于非承包人责任的原因而导致施工进程延误，要求批准顺延合同工期的索赔，称之为工期索赔。工期索赔形式上是对权利的要求，以避免在原定合同竣工日不能完工时，被发包人追究拖期违约责任。一旦获得批准，合同工期顺延后，承包人不仅免除了承担拖期违约赔偿费的严重风险，而且可能因提前工期得到奖励。

b.费用补偿。由于非承包人自身责任造成工程成本增加，使承包人增加额外费用，蒙受经济损失，承包人可以根据合同规定提出费用索赔要求。如果该要求得到发包人的认可，发包人应向承包人追加支付这笔费用以补偿损失。这样实质上承包人通过索赔提高了合同价格，不仅可以弥补损失，而且可能增加工程利润。

② 发包人索赔。索赔事件发生后，监理人应及时书面通知承包人，详细说明细节和依据。监理人应通过协商使双方当事人达成一致。赔偿款从应支付给承包人的合同价款或质量保证金中扣除，或以其他方式支付。

4.8.2.3　竣工阶段和缺陷责任期合同管理

（1）竣工验收

① 承包人向监理人报送竣工验收申请报告的条件。

a.除监理人同意列入缺陷责任期内完成的尾工（甩项）工程和缺陷修补工作外，承包人已完成合同范围内的全部单位工程以及有关工作，包括合同要求的试验、试运行及检验和验收，并符合合同要求；

b.已按合同约定的内容和份数备齐符合要求的竣工资料；

c.已按监理人要求编制了缺陷责任期内完成的尾工（甩项）工程和缺陷修补工作清单及

相应施工计划；

　　d. 监理人要求在竣工验收前应完成的其他工作；

　　e. 监理人要求提交的竣工验收资料清单。

　　② 监理人认为已具备竣工验收条件的，应在收到竣工验收申请报告后的 28 天内提请发包人进行工程验收。认为尚不具备竣工验收条件时，应在 28 天内通知承包人。

　　③ 竣工验收合格的，监理人应在收到竣工验收申请报告后的 56 天内，出具经发包人签认的工程接收证书。实际竣工日期为承包人提交竣工验收申请报告的日期。

　　④ 发包人在收到承包人竣工验收申请报告 56 天后未进行验收的，视为验收合格。实际竣工日期以提交竣工验收申请报告的日期为准，但由于不可抗力不能进行验收的情况除外。

　　(2) 竣工结算

　　① 在工程接收证书颁发后，承包人应按专用合同条款约定的份数和期限向监理人提交竣工付款申请单，并提供相关证明材料。竣工付款申请单应说明竣工结算的合同总价、发包人已支付承包人的工程价款、应扣留的质量保证金、应支付的竣工付款金额。

　　② 监理人在收到竣工付款申请单后的 14 天内完成核查，将核定的合同价格和结算尾款金额提交发包人审核并抄送承包人。发包人应在收到后 14 天内审核完毕，由监理人向承包人出具经发包人签认的竣工付款证书。

　　③ 发包人应在监理人出具竣工付款证书后的 14 天内支付。发包人不按期支付的，应加付逾期付款违约金。如果承包人对竣工付款证书有异议，发包人可出具其中已同意部分的临时付款证书，存在争议的部分，按争议条款处理。

　　(3) 缺陷责任期管理

　　缺陷责任期从工程通过竣工验收之日起计算。发包人应按照合同约定方式预留工程质量保证金或以银行保函替代，预留比例不得高于工程价款结算总额的 3%。

　　缺陷责任期届满后 14 天内，由监理人向承包人出具经发包人签认的缺陷责任期终止证书，并退还剩余的工程质量保证金。

　　(4) 最终结清

　　① 监理人收到承包人提交的最终结清申请单后的 14 天内，提出发包人应支付给承包人的价款送发包人审核并抄送承包人。发包人应在收到后 14 天内审核完毕，由监理人向承包人出具经发包人签认的最终结清证书。

　　② 监理人未在约定时间内核查，又未提出具体意见的，视为核查同意。发包人未在约定时间内审核又未提出具体意见的，监理人提出应支付给承包人的价款视为已经发包人同意。

　　③ 发包人应在监理人出具最终结清证书后的 14 天内，支付应支付款。发包人不按期支付的，还应支付逾期付款违约金。承包人对最终结清证书有异议的，按约定的方式处理。

　　【例题 17】在下列合同文件中，(A) 具有最高的解释效力。

　　A. 工程洽商文件　　　　　　　　B. 施工合同通用条款

　　C. 图纸　　　　　　　　　　　　D. 施工合同专用条款

　　【例题 18】对合同双方有约束力的施工合同文件包括（ABDE）。

　　A. 投标书及其附件　　　　　　　B. 图纸

　　C. 资格审查文件　　　　　　　　D. 已标价工程量清单

　　E. 履行合同过程中的变更协议

【例题 19】建设工程设计合同履行过程中，应组织设计技术交底会的是（B）。

　　A. 监理人　　　　B. 发包人　　　　C. 承包人　　　　D. 设计人

[解析] 发包人应当组织设计技术交底会，由设计人向发包人、监理人和施工承包人等进行设计交底，对工程设计意图、设计文件和施工要求等进行系统说明和解释。

【例题 20】在施工合同中，（A）属于承包人应该完成的工作。

　　A. 保护施工现场地下管线　　　　　　B. 办理土地征用

　　C. 进行设计技术交底　　　　　　　　D. 提供地下管线资料

【例题 21】在施工合同中，（D）是承包人的义务。

　　A. 提供施工场地　　　　　　　　　　B. 办理土地征用

　　C. 在保修期内负责照管工程　　　　　D. 在工程施工期内对施工现场的照管负责

【例题 22】不属于发包人责任和义务的是（C）。

　　A. 办理建设工程施工许可证　　　　　B. 办理建设工程规划许可证

　　C. 负责施工场地的环境保护　　　　　D. 提供施工场地

4.9　监理合同

4.9.1　工程监理的概念

监理是监理人受委托人（建设单位）的委托，根据法律、法规、有关建设工程标准及合同约定，代表委托人对工程的施工质量、进度、造价进行控制，对合同、信息进行管理，对施工承包人的安全生产管理实施监督，参与协调建设工程相关方的关系。

监理合同是委托人与监理人就委托的工程项目管理内容签订的明确双方权利、义务的协议。目前实践中的监理大多数是指对施工阶段的监理。

监理合同是工程监理单位实施监理与相关服务的主要依据之一，实施工程监理前建设单位必须委托具有相应资质的工程监理单位，并以书面形式与工程监理单位订立监理合同，监理合同中应包括监理工作的范围、内容，服务期限和酬金，以及双方的义务、违约责任等相关条款。

监理合同是一种委托合同，除具有委托合同的共同特点外，还具有以下特点：

① 接受委托的监理人必须是依法成立、具有工程监理资质的企业，其所承担的工程监理业务应与企业资质等级和业务范围相符合。

② 监理合同委托的工作内容必须符合法律法规、有关工程建设标准、工程设计文件、施工合同及物资采购合同。

③ 监理合同的标的是服务。《建筑法》规定，国家推行建筑工程监理制度，目前仍然以施工阶段监理为主。从发展趋势看，代表建设单位进行全方位、全过程的工程项目管理，将是我国工程监理行业发展的方向。

4.9.2　强制监理范围

根据建设部 2001 年颁布的《建设工程监理范围和规模标准规定》，下列建设工程必须实施监理。

① 国家重点建设工程。指对国民经济和社会发展有重大影响的骨干项目。

② 大中型公用事业工程。指项目总投资额在 3000 万元以上的下列工程项目：供水、供电、供气、供热等市政工程项目，科技、教育、文化等项目，体育、旅游、商业等项目，卫生、社会福利等项目，其他公用事业项目。

③ 成片开发建设的住宅小区工程。建筑面积在 5 万平方米以上的住宅建设工程必须实行监理；5 万平方米以下的住宅建设工程可以实行监理，具体范围和规模标准，由建设行政主管部门规定；对高层住宅及地基、结构复杂的多层住宅应当实行监理。

④ 利用外国政府或者国际组织贷款、援助资金的工程。指使用世界银行、亚洲开发银行等国际组织贷款资金的项目，或使用国外政府及其机构贷款资金的项目，或使用国际组织或者国外政府援助资金的项目。

⑤ 国家规定必须实行监理的其他工程。指项目总投资额在 3000 万元以上关系社会公共利益、公众安全的基础设施项目和学校、影剧院、体育场馆项目。

《必须招标的工程项目规定》中规定，勘察、设计、监理等服务的采购，单项合同估算价在 100 万元人民币以上的必须招标。

监理招标的标的是"监理服务"，与工程项目建设中其他各类招标的最大区别表现为监理单位不承担物质生产任务，而是受招标人委托对生产建设过程提供监督、管理、协调、咨询等服务。

4.9.3 监理的工作任务

《建筑法》规定：建筑工程监理应当依照法律、行政法规及有关的技术标准、设计文件和建筑工程承包合同，对承包单位在施工质量、建设工期和建设资金使用等方面，代表建设单位实施监督。监理的具体工作任务包括：

（1）质量控制

项目监理机构应根据监理合同约定，遵循质量控制基本原理，坚持预防为主的原则，建立和运行工程质量控制系统，在满足工程造价和进度要求的前提下，采取有效措施，通过审查、巡视、旁站、见证取样、验收和平行检验等方法对工程施工质量进行控制，实现预定的工程质量目标。

（2）造价控制

项目监理机构应根据监理合同约定，运用动态控制原理，在满足工程质量、进度要求的前提下，采取有效措施，通过跟踪检查、比较分析和纠偏等方法对工程造价实施动态控制，力求使工程实际造价不超过预定造价目标。

（3）进度控制

项目监理机构应根据监理合同约定，运用动态控制原理，在满足工程质量、造价要求的前提下，采取有效措施，通过跟踪检查、比较分析和调整等方法对工程进度实施动态控制，力求使工程实际工期不超过计划工期目标。

工程监理应该努力在"质量优、投资省、工期短"之间寻求最佳匹配，不能强调工程监理的重点是工程质量控制，而忽视造价和进度目标的控制，这会影响建设工程总目标的实现。

（4）合同管理

项目监理机构应依据监理合同约定进行合同管理，处理工程暂停及复工，工程变更、索赔及施工合同争议与解除等事宜。

（5）信息管理

项目监理机构对在履行监理合同过程中形成或获取的，以一定形式记录、保存的文件资料进行收集，整理、编制、传递、组卷、归档，并向建设单位移交有关监理文件资料。

（6）组织协调

项目监理机构应建立协调管理制度，采用有效方式协调工程参建各方的关系，组织研究解决建设工程相关问题，使工程参建各方相互理解、有机配合、步调一致，促进工程监理目标的实现。

（7）安全生产管理

项目监理机构应根据法律法规、工程强制性标准，履行建设工程安全生产管理法定职责，并将安全生产管理的监理工作方法、内容及措施纳入监理规划和监理实施细则。

4.9.4　监理人与发包人、承包人的关系

监理人是受发包人委托按照法律规定进行工程监督管理的法人或其他组织。发包人与监理人是委托与被委托的关系。监理合同订立后，建设单位把对工程建设项目的一部分管理权授予监理单位，委托其代为行使。建设单位的授权委托是监理单位依法实施工程建设监理的直接依据。

工程实行监理的，发包人和承包人应在专用合同条款中明确监理人的监理内容及监理权限等事项。监理人应当根据发包人授权及法律规定，代表发包人对工程施工相关事项进行检查、查验、审核、验收，并签发相关指示，但监理人无权修改合同，且无权减轻或免除合同约定的承包人的任何责任与义务。

发包人授予监理人对工程实施监理的权利由监理人派驻施工现场的监理人员行使，监理人员包括总监理工程师及监理工程师。

监理人与承包人之间是监理与被监理的关系。二者之间虽然没有直接合同法律关系，但承包人要接受监理人的监督，因为：一方面，建设单位有权监督承包人的合同履行情况，承包人有义务接受建设单位的监督，建设单位通过监理合同授权监理人履行监理职责，监理人就取得了代替建设单位监督承包人履行合同义务的权利，承包人则必须接受监理人的监督；另一方面，监理人是依法执业的机构，法律赋予了它对施工活动中的违法违规行为进行监督的权利和职责。

在监理工作范围内，为保证工程监理单位独立、公平地实施监理工作，建设单位与施工单位之间涉及施工合同的联系活动，均应通过工程监理单位进行。

《建设工程监理合同（示范文本）》（GF—2012—0202）［以下简称《监理合同（示范文本）》］规定："在本合同约定的监理与相关服务工作范围内，委托人对承包人的任何意见或要求应通知监理人，由监理人向承包人发出相应指令。"反之，施工单位的任何意见或要求，也应通知工程监理单位派驻的项目监理机构，通过工程监理单位派驻的项目监理机构提出。

4.9.5　《监理合同（示范文本）》主要内容

《监理合同（示范文本）》由协议书、通用条件、专用条件三部分及附录 A 和附录 B 组成。

（1）委托人的义务

① 告知。委托人应在委托人与承包人签订的合同中明确监理人、总监理工程师和授予项目监理机构的权限。如有变更，应及时通知承包人。

② 提供资料。委托人应按照附录B约定，无偿向监理人提供工程有关的资料。在合同履行过程中，委托人应及时向监理人提供最新的与工程有关的资料。

③ 提供工作条件。委托人应为监理人完成监理与相关服务提供必要的条件。

委托人应按照约定，派遣相应的人员，提供房屋、设备，供监理人无偿使用；委托人应负责协调工程建设中所有外部关系，为监理人履行合同提供必要的外部条件。

④ 委托人代表。委托人应授权一名熟悉工程情况的代表，负责与监理人联系。委托人应在双方签订监理合同后7天内，将委托人代表的姓名和职责书面告知监理人。当委托人更换委托人代表时，应提前7天通知监理人。

⑤ 委托人意见或要求。在合同约定的监理与相关服务工作范围内，委托人对承包人的任何意见或要求应通知监理人，由监理人向承包人发出相应指令。

⑥ 答复。委托人应在专用条件约定的时间内，对监理人以书面形式提交并要求作出决定的事宜，给予书面答复。逾期未答复的，视为委托人认可。

⑦ 支付监理酬金。委托人应按合同约定，向监理人支付酬金。

（2）监理人的义务

① 监理工作的范围。监理工作的范围是监理人为委托人提供服务的范围。除监理工作外，委托人委托监理业务的范围还包括相关服务，相关服务是指监理人按照监理合同约定，在勘察、设计、招标、保修等阶段提供的服务。

② 监理工作内容。

a. 收到工程设计文件后编制监理规划，并在第一次工地会议7天前报委托人。根据有关规定和监理工作需要，编制监理实施细则。

b. 熟悉工程设计文件，并参加由委托人主持的图纸会审和设计交底会议。

c. 参加由委托人主持的第一次工地会议；主持监理例会并根据工程需要主持或参加专题会议。

d. 审查施工承包人提交的施工组织设计中的质量安全技术措施、专项施工方案与工程建设强制性标准的符合性。

e. 检查施工承包人工程质量、安全生产管理制度及组织机构和人员资格。

f. 检查施工承包人专职安全生产管理人员的配备情况。

g. 审查施工承包人提交的施工进度计划，核查承包人对施工进度计划的调整。

h. 检查施工承包人的试验室。

i. 审核施工分包人资质条件。

j. 查验施工承包人的施工测量放线成果。

k. 审查工程开工条件，对条件具备的签发开工令。

l. 审查施工承包人报送的工程材料、构配件、设备质量证明文件的有效性和符合性，并按规定对用于工程的材料采取平行检验或见证取样方式进行抽检。

m. 审核施工承包人提交的工程款支付申请，签发或出具工程款支付证书，并报委托人审核、批准。

n. 进行巡视、旁站和检验，发现工程质量、施工安全生产存在事故隐患时，要求施工承包人整改并报委托人。

o. 经委托人同意，签发工程暂停令和复工令。

p. 审查施工承包人提交的采用新材料、新工艺、新技术、新设备的论证材料及相关验收标准。

q. 验收隐蔽工程、分部分项工程。

r. 审查施工承包人提交的工程变更申请，协调处理施工进度调整、费用索赔、合同争议等事项。

s. 审查施工承包人提交的竣工验收申请，编写工程质量评估报告。

t. 参加工程竣工验收，签署竣工验收意见。

u. 审查施工承包人提交的竣工结算申请并报委托人。

v. 编制、整理工程监理归档文件并报委托人。

（3）监理依据

① 法律法规及工程建设标准，如《建筑法》《建设工程质量管理条例》《建设工程安全生产管理条例》等法律法规及相应的工程技术和管理标准、工程建设强制性标准，此外，《建设工程监理规范》（GB/T 50319—2013）也是实施监理的重要依据。

② 建设工程勘察设计文件是工程施工的重要依据，也是工程监理的主要依据。

③ 监理合同是实施监理的直接依据，建设单位与其他相关单位签订的合同（如与施工单位签订的施工合同、与材料设备供应单位签订的材料设备采购合同等）也是实施监理的重要依据。

（4）项目监理机构

项目监理机构应由总监理工程师、专业监理工程师和监理员组成，专业配套，人员数量满足监理工作需要。总监理工程师必须由注册监理工程师担任，必要时可设总监理工程师代表。配备必要的检测设备是保证建设工程监理效果的重要基础。

（5）职责履行

① 委托人、施工承包人及有关各方意见和要求的处置。在建设工程监理与相关服务范围内，项目监理机构应及时处置委托人、施工承包人及有关各方的意见和要求。当委托人与施工承包人及其他合同当事人发生合同争议时，项目监理机构应充分发挥协调作用与委托人、施工承包人及其他合同当事人协商解决。

② 提供证明材料。委托人与施工承包人及其他合同当事人发生合同争议的，首先应通过协商、调解等方式解决。如果协商、调解不成而通过仲裁或诉讼途径解决的，监理人应按仲裁机构或法院要求提供必要的证明材料。

③ 处理合同变更。监理人应在专用条件约定的授权范围（工程延期的授权范围、合同价款变更的授权范围）内，处理委托人与承包人所签订合同的变更事宜。如果变更超过授权范围，应以书面形式报委托人批准。

在紧急情况下，为了保护财产和人身安全，项目监理机构可不经请示委托人而直接发布指令，但应在发出指令后的 24 小时内以书面形式报委托人。项目监理机构拥有一定的现场处置权。

④ 调换承包人人员。项目监理机构有权要求施工承包人及其他合同当事人调换其不能胜任本职工作的人员。与此同时，为限制项目监理机构在此方面有过大的权利，委托人与监理人可在专用条件中约定项目监理机构指令施工承包人及其他合同当事人调换其人员的限制

条件。

⑤ 提交报告和文件资料。项目监理机构应按专用条件约定的种类、时间和份数向委托人提交监理与相关服务的报告，包括监理规划、监理月报，还可根据需要提交专项报告等。

在监理合同履行期内，项目监理机构应在现场保留工作所用的图纸、报告及记录监理工作的相关文件。工程竣工后应当按照档案管理规定将监理有关文件归档。

⑥ 使用委托人的财产。在建设工程监理与相关服务过程中，委托人派遣的人员以及提供给项目监理机构无偿使用的房屋、资料、设备应在附录B中予以明确。监理人应妥善使用和保管，并在合同终止时将这些房屋、设备按专用条件约定的时间和方式移交委托人。

《标准施工招标文件》规定：监理人发出的任何指示应视为已得到发包人的批准，但监理人无权免除或变更合同约定的发包人和承包人的权利、义务和责任。合同约定应由承包人承担的义务和责任，不因监理人对承包人提交文件的审查或批准，对工程、材料和设备的检查和检验，以及为实施监理作出的指示等职务行为而减轻或解除。

4.9.6 违约责任

（1）监理人的违约责任

监理人未履行监理合同义务的，应承担相应的责任。因监理人违反合同约定给委托人造成损失的，监理人应当赔偿委托人损失。

监理人的违约情形包括：

① 无正当理由单方解除合同；

② 无正当理由不履行合同约定的义务；

③ 未完成合同约定范围内的工作；

④ 未按规范程序进行监理；

⑤ 未按正确数据进行判断而向施工承包人及其他合同当事人发出错误指令；

⑥ 未能及时发出相关指令，导致工程实施进程发生重大延误或混乱；

⑦ 发出错误指令，导致工程受到损失等。

（2）委托人的违约责任

委托人未履行合同义务的，应承担相应的责任。

① 违反合同约定造成的损失赔偿。委托人违反合同约定造成监理人损失的，委托人应予以赔偿。

② 索赔不成立时的费用补偿。委托人向监理人的索赔不成立时，应赔偿监理人由此引起的费用。

③ 逾期支付补偿。委托人未能按合同约定的时间支付相应酬金超过28天，应按专用条件约定支付逾期付款利息。

（3）除外责任

因非监理人的原因，且监理人无过错，发生工程质量事故、安全事故、工期延误等造成的损失，监理人不承担赔偿责任。因不可抗力导致监理合同全部或部分不能履行时，双方各自承担其因此而造成的损失、损害。如果委托人投保"建筑工程一切险"或"安装工程一切险"的被保险人中包括监理人，则监理人的物质损害也可从保险公司获得相应的赔偿，监理人应自行投保现场监理人员的意外伤害保险。

【例题23】根据《监理合同（示范文本）》，协调外部关系是委托人（C）的义务。

A. 告知　　　　　　B. 提供材料　　　　C. 提供工作条件　　D. 答复

[解析] 监理合同规定的委托人的义务中，提供工作条件包括派遣人员并提供房屋、设备和协调外部关系。

【例题 24】根据《监理合同（示范文本）》，以下各项中，属于委托人义务的是（B）。

A. 提供证明材料　　　　　　　　　　B. 提供工作条件

C. 监理范围和工作内容　　　　　　　D. 提交报告

[解析] 委托人的义务包括：告知、提供资料、提供工作条件、授权委托人代表、委托人意见或建议、答复、支付等。

【例题 25】根据《监理合同（示范文本）》，监理人需要完成的工作内容有（CD）。

A. 主持工程竣工验收

B. 编制工程竣工结算报告

C. 检查施工承包人的试验室

D. 验收隐蔽工程、分部分项工程

E. 主持召开第一次工地会议

【例题 26】依据《建设工程监理范围和规模标准规定》，（ADE）必须实行监理。

A. 使用国外政府援助资金的项目

B. 投资额为 2000 万元的公路项目

C. 建筑面积在 4 万平方米的住宅小区项目

D. 投资额为 1000 万元的学校项目

E. 投资额为 3500 万元的医院项目

【例题 27】某监理工程施工过程中，委托人对承包人的要求应（C）。

A. 直接指令承包人执行

B. 与承包人协商后，书面指令承包人执行

C. 通知监理人，由监理人通过协调发布相关指令

D. 与监理人、承包人协商后书面指令承包人执行

【例题 28】《监理合同（示范文本）》对监理人职责的规定中，不包括（C）。

A. 对委托人和承包人提出的意见和要求及时提出处置意见

B. 当委托人与承包人之间发生合同争议时，协助委托人、承包人协商解决

C. 委托人与承包人协商达不成一致时，作为独立的第三方公正地作出处理决定

D. 当委托人与承包人之间的合同争议提交仲裁或人民法院审理时，作为证人提供必要的证明资料

4.10　施工分包合同

对于专业性较强的分部工程，承包商经常与其他专业承包商签订施工专业分包合同。在总承包商的统一管理、协调下，分包商仅完成总承包商指定的专业分包工程，向总承包商负责，与业主无合同关系。

总承包商向业主担负全部工程责任，负责工程的管理和所属各分包商工作之间的协调，以及各分包商之间合同责任界限的划分，同时承担协调失误造成损失的责任。

在投标书中，总承包商必须附上拟定的分包商的名单，供业主审查。如果在工程施工中重新委托专业分包商，必须经过建设单位的批准。

施工专业分包合同订立后，专业分包人按照施工专业分包合同的约定对总承包人负责。建筑工程总承包人按照总承包合同的约定对发包人（建设单位）负责，总承包单位和分包单位就分包工程对建设单位承担连带责任。

专业工程分包，工程承包人必须自行完成所承包的工程。劳务作业分包由劳务作业发包人与劳务作业承包人通过劳务合同约定。劳务作业承包人必须自行完成所承包的任务。

总承包人或专业分包承包人发包劳务，无须经过建设单位或总承包人的同意。而（专业）工程分包必须经建设单位同意。

4.10.1 施工专业分包合同的主要内容

4.10.1.1 工程承包人的主要责任和义务

（1）分包人对总包合同的了解

承包人应提供总包合同（有关承包工程的价格内容除外）供分包人查阅。分包人应全面了解总包合同的各项规定（有关承包工程的价格内容除外）。

（2）项目经理的职责

项目经理应按分包合同的约定，及时向分包人提供所需的指令、批准、图纸并履行其他约定的义务，否则分包人应在约定时间后 24 小时内将具体要求、需要的理由及延误的后果通知承包人，项目经理在收到通知后 48 小时内不予答复，应承担因延误造成的损失。

（3）承包人的工作

① 向分包人提供与分包工程相关的各种证件、批件和各种相关资料，向分包人提供具备施工条件的施工场地；

② 组织分包人参加发包人组织的图纸会审，向分包人进行设计图纸交底；

③ 提供合同专用条款中约定的设备和设施，并承担因此发生的费用；

④ 随时为分包人提供确保分包工程的施工所要求的施工场地和通道等，满足施工运输的需要，保证施工期间的畅通；

⑤ 负责整个施工场地的管理工作，协调分包人与同一施工场地的其他分包人之间的交叉配合，确保分包人按照经批准的施工组织设计进行施工。

4.10.1.2 工程分包人的主要责任和义务

（1）分包人对分包工程的责任

分包人应履行并承担总包合同中与分包工程有关的承包人的所有义务与责任，同时应避免因分包人自身行为或疏漏造成承包人违反总包合同中约定的承包人义务的情况发生。

（2）分包人与发包人的关系

分包人须服从承包人转发的发包人或工程师（监理工程师，下同）与分包工程有关的指令。未经承包人允许，分包人不得以任何理由与发包人或工程师发生直接工作联系，分包人不得直接致函发包人或工程师，也不得直接接受发包人或工程师的指令。如分包人与发包人或工程师发生直接工作联系，将被视为违约，并承担违约责任。

（3）承包人指令

就分包工程范围内的有关工作，承包人随时可以向分包人发出指令，分包人应执行承包人根据分包合同所发出的所有指令。分包人拒不执行指令，承包人可委托其他施工单位完成该指令事项，发生的费用从应付给分包人的相应款项中扣除。

（4）分包人的工作

① 按照分包合同的约定，对分包工程进行设计（分包合同有约定时）、施工、竣工和保修。

② 按照合同约定的时间，完成规定的设计内容，报承包人确认后在分包工程中使用。承包人承担由此发生的费用。

③ 在合同约定的时间内，向承包人提供年、季、月度工程进度计划及相应进度统计报表。

④ 在合同约定的时间内，向承包人提交详细的施工组织设计，承包人应在专用条款约定的时间内批准，分包人方可执行。

⑤ 遵守政府有关主管部门对施工场地交通、施工噪声以及环境保护和安全文明生产等的管理规定，按规定办理有关手续，并以书面形式通知承包人，承包人承担由此发生的费用，因分包人责任造成的罚款除外。

⑥ 分包人应允许承包人、发包人、工程师及其三方中任何一方授权的人员在工作时间内，合理进入分包工程施工场地或材料存放的地点，以及施工场地以外与分包合同有关的分包人的任何工作或准备的地点，分包人应提供方便。

⑦ 已竣工工程未交付承包人之前，分包人应负责已完分包工程的成品保护工作，保护期间发生损坏，分包人自费予以修复；承包人要求分包人采取特殊措施保护的工程部位和相应的追加合同价款，双方在合同专用条款内约定。

（5）转包与再分包

① 分包人不得将其承包的分包工程转包给他人，也不得将其承包的分包工程的全部或部分再分包给他人，否则将被视为违约，并承担违约责任。

② 分包人经承包人同意可以将劳务作业再分包给具有相应劳务分包资质的劳务分包企业。

③ 分包人应对再分包的劳务作业的质量等相关事宜进行督促和检查，并承担相关连带责任。

4.10.2　劳务作业分包合同的主要内容

劳务作业分包，是指施工（总）承包单位或者专业分包单位（均可作为劳务作业的发包人）将其承包工程中的劳务作业发包给劳务分包单位（即劳务作业承包人）完成的活动。

4.10.2.1　承包人的主要义务

① 组建与工程相适应的项目管理班子，全面履行总（分）包合同，组织实施项目管理的各项工作，对工程的工期和质量向发包人负责。

② 完成劳务分包人施工前期的工作

a.向劳务分包人交付具备合同项下劳务作业开工条件的施工场地。

b.满足劳务作业所需的能源供应、通信及施工道路畅通。

c.向劳务分包人提供相应的工程资料。

d.向劳务分包人提供生产、生活临时设施。

③ 负责编制施工组织设计，统一制定各项管理目标，组织编制年、季、月施工计划、

物资需用量计划表，实施对工程质量、工期、安全生产、文明施工、计量检测、试验化验的控制、监督、检查和验收。

④ 负责工程测量定位、沉降观测、技术交底，组织图纸会审，统一安排技术档案资料的收集整理及交工验收。

⑤ 按时提供图纸，及时交付材料、设备，所提供的施工机械设备、周转材料、安全设施保证施工需要。

⑥ 按合同约定，向劳务分包人支付劳动报酬。

⑦ 负责与发包人、监理、设计及有关部门联系，协调现场工作关系。

4.10.2.2　劳务分包人的主要义务

① 对劳务分包范围内的工程质量向承包人负责，组织具有相应资格证书的熟练工人投入工作；未经承包人授权或允许，不得擅自与发包人及有关部门建立工作联系；自觉遵守法律法规及有关规章制度。

② 严格按照设计图纸、施工验收规范、有关技术要求及施工组织设计精心组织施工，确保工程质量达到约定的标准。

③ 承担由于自身责任造成的质量修改、返工、工期拖延、安全事故、现场脏乱造成的损失及各种罚款。

④ 自觉接受承包人及有关部门的管理、监督和检查；接受承包人随时检查设备、材料保管、使用情况，及操作人员的有效证件、持证上岗情况；与现场其他单位协调配合，照顾全局。

⑤ 须服从承包人转发的发包人及工程师的指令。

⑥ 除非合同另有约定，应对作业内容的实施、完工负责，承担并履行总（分）包合同约定的、与劳务作业有关的所有义务及工作程序。

⑦ 不得将合同项下的劳务作业转包或再分包给他人。

【例题 29】有关分包人与发包人的关系，正确的描述包括（A）。

A. 分包人须服从承包人转发的发包人或工程师与分包工程有关的指令

B. 在某些情况下，分包人可以与发包人或工程师发生直接工作联系

C. 分包人可以就有关工程指令问题，直接致函发包人或工程师

D. 当涉及质量问题时，发包人或工程师可以直接向分包人发出指令

［解析］分包人须服从承包人转发的发包人或工程师与分包工程有关的指令。未经承包人允许，分包人不得以任何理由与发包人或工程师发生直接工作联系，分包人不得直接致函发包人或工程师，也不得直接接受发包人或工程师的指令。如分包人与发包人或工程师发生直接工作联系，将被视为违约，并承担违约责任。

【例题 30】根据《施工专业分包合同（示范文本）》，以下不属于承包商责任义务的是（D）。

A. 组织分包人参加发包人组织的图纸会审，向分包人进行设计图纸交底

B. 负责整个施工场地的管理工作，协调分包人与同一施工场地的其他分包人之间的交叉配合

C. 随时为分包人提供确保分包工程的施工所要求的施工场地和通道，满足施工运输需要

D. 提供专业分包合同专用条款中约定的保修与试车，并承担因此发生的费用

【例题 31】根据《施工专业分包合同（示范文本）》，分包人经承包人同意，可再进行分包的工程或作业是（A）。

A. 劳务作业　　　　B. 专业工程　　　　C. 设备安装　　　　D. 装饰装修

【例题32】根据《施工劳务分包合同（示范文本）》，劳务分包人的义务之一是（D）。

　　A. 编制劳务分包项目的施工组织设计

　　B. 搭建生活和生产用临时设施

　　C. 与监理、设计及有关部门建立工作联系

　　D. 做好已完工程的产品保护工作

［解析］负责编制施工组织设计，向劳务分包人提供生产、生活临时设施，是承包人的义务。劳务分包人未经承包人授权或允许，不得擅自与发包人及有关部门建立工作联系。做好已完工程的产品保护工作属于劳务分包人的义务。

【例题33】某建设工程项目中，甲公司作为工程发包人与乙公司签订了工程承包合同，乙公司又与劳务分包人丙公司签订了该工程的劳务分包合同。则在劳务分包合同中，关于丙公司应承担义务的说法，不正确的有（D）。

　　A. 丙公司须服从乙公司转发的发包人及监理工程师的指令

　　B. 丙公司应自觉接受乙公司及有关部门的管理、监督和检查

　　C. 丙公司未经乙公司授权或允许，不得擅自与甲公司及有关部门建立工作联系

　　D. 丙公司负责组织实施施工管理的各项工作，对工期和质量向建设单位负责

【案例4】

　　某房地产公司开发一框架结构高层写字楼工程项目，在委托设计单位完成施工图设计后，通过招标方式选择监理单位和施工单位。中标的施工单位在投标书中提出了桩基础工程、防水工程等的分包计划。在签订施工合同时业主考虑到过多分包可能会影响工期，只同意桩基础工程的分包，而施工单位坚持认为按照投标书约定都应当分包。

　　在施工过程中，房地产公司根据预售客户的要求，对某楼层的使用功能进行调整（工程变更）。

　　在主体结构施工完成时，由于房地产公司资金周转出现了问题，无法按施工合同及时支付施工单位的工程款。施工单位由于未得到房地产公司的付款，从而也没有按分包合同规定的时间向分包单位付款。

【问题】

　　(1) 房地产公司不同意桩基础工程以外其他分包的做法是否正确？

　　(2) 施工单位由于未得到房地产公司的付款，从而也没有按分包合同规定的时间向分包单位付款，是否妥当？

【分析】

　　(1) 不正确。房地产公司应根据投标书和中标通知书为依据签订施工合同。

　　(2) 不妥当。建设单位根据施工合同与施工单位进行结算，分包单位根据分包合同与施工单位进行结算，两者在付款上没有前因后果关系，施工单位未得到房地产公司的付款不能成为不向分包单位付款的理由。

本章提要及目标

　　订立合同程序、合同效力、合同的变更转让和终止、合同履行及违约责任规定；建设工程合同、施工分包。

　　树立契约精神和重合同，守信用的基本理念。

本章习题

一、单选题

1. 施工企业根据材料供应商寄送的价目表发出了一个建筑材料采购清单，后又发出加急通知取消了该采购清单。如果施工企业后发出的取消通知先于采购清单到达材料供应商处，则该取消通知从法律上称为（　　）。

    A. 要约撤回　　　　B. 要约撤销　　　　C. 承诺撤回　　　　D. 承诺撤销

2. 承包商为赶工期，向水泥厂发函紧急订购 500t 某强度等级的水泥，要求三日内运送至工地，并要求当日承诺。承包商的订购行为（　　）。

    A. 属于要约邀请，随时可以撤销

    B. 属于要约，在水泥运抵施工现场前可以撤回

    C. 属于要约，在水泥运抵施工现场前可以撤销

    D. 属于要约，而且不可撤销

3. 在施工合同履行过程中，当事人一方可以免除违约责任的情形是（　　）。

    A. 因为建设单位拖延提供设计图，导致建筑公司未能按合同约定时间开工

    B. 因为建筑公司自有设备损坏，导致工期拖延

    C. 因为发生洪灾，建筑公司无法在合同约定的工期内竣工

    D. 因为"三通一平"工期拖延，建设单位不能在合同约定的时间内提供施工场地

4. 某施工合同因承包人重大误解而属于可撤销合同时，下列表述错误的是（　　）。

    A. 承包人可申请法院撤销合同

    B. 承包人可放弃撤销权继续认可该合同

    C. 承包人放弃撤销权后发包人享有该权利

    D. 承包人享有撤销权而发包人不享有该权利

5. 甲在受到欺诈的情况下与乙订立了合同，后经甲向人民法院申请，撤销了该合同，则该合同自（　　）起不发生法律效力。

    A. 人民法院决定撤销之日　　　　　B. 合同订立时

    C. 人民法院受理请求之日　　　　　D. 权利人知道可撤销之日

6. 根据《监理合同（示范文本）》，以下各项中，属于委托人义务的是（　　）。

    A. 提供证明材料　　　　　　　　　B. 提供工作条件

    C. 监理范围和工作内容　　　　　　D. 提交报告

二、多选题

1. 行为人超越代理权以被代理人名义订立的合同，未经被代理人追认，其法律后果是（　　）。

    A. 由行为人承担责任　　　　　　　B. 善意相对人有撤销的权利

    C. 该代理行为有效　　　　　　　　D. 被代理人未作表示的，视为拒绝追认

    E. 对被代理人不发生效力

2. 当事人一方可以解除合同的情形有（　　）。

    A. 作为当事人一方的公民死亡

    B. 由于不可抗力致使合同不能履行

C. 当事人一方迟延履行主要债务，经催告后在合理期限内仍未履行

D. 法定代表人变更

E. 当事人一方发生合并、分立

3. 甲施工企业与乙起重机厂签订了一份购置起重机的买卖合同，约定 4 月 1 日甲付给乙 100 万元预付款，5 月 12 日乙向甲交付两辆起重机。但到了 4 月 1 日，甲经调查发现乙已全面停产，经营状况严重恶化。此时甲可以（　　），以维护自己的合法权益。

  A. 行使同时履行抗辩权　　　　　　　　B. 终止合同

  C. 中止履行合同并通知对方　　　　　　D. 请求对方提供适当担保

  E. 转让合同

4. 关于违约金条款的适用，下列说法正确的有（　　）。

  A. 约定的违约金低于造成的损失，当事人可以请求人民法院或者仲裁机构予以增加

  B. 违约方支付迟延履行违约金后，另一方仍有权要求其继续履行

  C. 当事人既约定违约金，又约定定金，一方违约时，对方可以选择适用违约金条款或定金条款

  D. 当事人既约定违约金，又约定定金，一方违约时，对方可以同时适用违约金条款及定金条款

  E. 约定的违约金高于造成的损失的，当事人可以请求人民法院或者仲裁机构按实际损失金额调减

5. 工程施工合同履行过程中，建设单位迟延支付工程款，施工单位要求建设单位承担违约责任的方式可以是（　　）。

  A. 继续履行合同　　　　　　　　　　　B. 降低工程质量标准

  C. 提高合同价款　　　　　　　　　　　D. 提前支付所有工程款

  E. 支付逾期利息

6. 监理合同中，属于监理人义务的有（　　）。

  A. 完成监理范围内的监理业务　　　　　B. 审批工程施工组织设计

  C. 选择工程总承包人　　　　　　　　　D. 主持图纸会审

  E. 组织竣工验收

7. 施工分包合同的当事人为（　　）。

  A. 发包人　　　　B. 承包人　　　　C. 监理单位

  D. 设计单位　　　　E. 分包人

本章在线测试题

第 5 章　建设工程安全生产管理法律制度

5.1　安全生产许可制度

《安全生产许可证条例》(2014 年修改）规定，安全生产许可证的发放范围包括五类企业：矿山企业、建筑施工企业和危险化学品、烟花爆竹、民用爆炸物品生产企业。这五类危险性较大的企业，必须依照法定条件、程序，向有关管理机关申请领取安全生产许可证，方可进行生产。建筑施工企业未取得安全生产许可证的，不得从事建筑施工活动。

国务院建设主管部门负责中央管理的建筑施工企业安全生产许可证的颁发和管理；其他企业由省、自治区、直辖市人民政府建设主管部门负责颁发和管理，并接受国务院建设主管部门的指导和监督。

5.1.1　安全生产许可证的申请条件

《建筑施工企业安全生产许可证管理规定》(2015 年修改）中将建筑施工企业取得安全生产许可证应当具备的安全生产条件具体规定为：

① 建立、健全安全生产责任制，制定完备的安全生产规章制度和操作规程；

② 保证本单位安全生产条件所需资金的投入；

③ 设置安全生产管理机构，按照国家有关规定配备专职安全生产管理人员；

④ 主要负责人、项目负责人、专职安全生产管理人员经建设主管部门或其他部门考核合格；

⑤ 特种作业人员经有关业务主管部门考核合格，取得特种作业操作资格证书；

⑥ 管理人员和作业人员每年至少进行一次安全生产教育培训并考核合格；

⑦ 依法参加工伤保险，依法为施工现场从事危险作业的人员办理意外伤害保险，为从业人员交纳保险费；

⑧ 施工现场的办公、生活区及作业场所和安全防护用具、机械设备、施工机具及配件符合有关安全生产法律、法规、标准和规程的要求；

⑨ 有职业危害防治措施，并为作业人员配备符合国家标准或者行业标准的安全防护用具和安全防护服装；

⑩ 有对危险性较大的分部分项工程及施工现场易发生重大事故的部位、环节的预防、监控措施和应急预案；

⑪ 有生产安全事故应急救援预案、应急救援组织或者应急救援人员，配备必要的应急救援器材、设备；

⑫ 法律、法规规定的其他条件。

企业进行生产前，应当依照规定向安全生产许可证颁发管理机关申请领取安全生产许可证，并提供规定的相关文件、资料。经审查符合安全生产条件的，颁发安全生产许可证；不符合规定的安全生产条件的，不予颁发安全生产许可证。

5.1.2　安全生产许可证的有效期、变更、注销及补办

安全生产许可证的有效期为 3 年。安全生产许可证有效期满需要延期的，企业应当于期满前 3 个月向原安全生产许可证颁发管理机关办理延期手续。企业在安全生产许可证有效期内，严格遵守有关安全生产的法律、法规，未发生死亡事故的，安全生产许可证有效期届满时，经原安全生产许可证颁发管理机关同意，不再审查，安全生产许可证有效期延期 3 年。

建筑施工企业变更名称、地址、法定代表人等，应当在变更后 10 日内，到原安全生产许可证颁发管理机关办理安全生产许可证变更手续。

建筑施工企业破产、倒闭、撤销的，应当将安全生产许可证交回原安全生产许可证颁发管理机关予以注销。

建筑施工企业遗失安全生产许可证，应当立即向原安全生产许可证颁发管理机关报告，并在公众媒体上声明作废后，方可申请补办。

5.1.3　监督管理

企业不得转让、冒用安全生产许可证或者使用伪造的安全生产许可证。企业取得安全生产许可证后，不得降低安全生产条件，并应当加强日常安全生产管理，接受安全生产许可证颁发管理机关的监督检查。

建设主管部门在审核发放施工许可证时，应当对已经确定的建筑施工企业是否有安全生产许可证进行审查，对没有取得安全生产许可证的，不得颁发施工许可证。

5.1.4　法律责任

① 未取得安全生产许可证擅自生产的法律责任。未取得安全生产许可证擅自进行生产，责令停止生产，没收违法所得，并处 10 万元以上 50 万元以下的罚款；造成重大事故或者其他严重后果，构成犯罪的，依法追究刑事责任。

② 期满未办理延期手续，继续进行生产的法律责任。违反规定，安全生产许可证有效期满未办理延期手续，继续进行生产的，责令停止生产，限期补办延期手续，没收违法所得，并处 5 万元以上 10 万元以下的罚款；逾期仍不办理延期手续，继续进行生产的，依照规定处罚。

③ 转让安全生产许可证的法律责任。转让安全生产许可证的，没收违法所得，处 10 万元以上 50 万元以下的罚款，并吊销其安全生产许可证；构成犯罪的，依法追究刑事责任；接受转让的，依照规定处罚。

④ 冒用或伪造安全生产许可证的法律责任。冒用安全生产许可证或者使用伪造的安全生产许可证进行生产的，责令停止生产，没收违法所得，并处 10 万元以上 50 万元以下的罚款；造成重大事故或者其他严重后果，构成犯罪的，依法追究刑事责任。

⑤ 建筑施工企业隐瞒有关情况或者提供虚假材料申请安全生产许可证的，不予受理或者不予颁发安全生产许可证，并给予警告，1 年内不得申请安全生产许可证。

建筑施工企业以欺骗、贿赂等不正当手段取得安全生产许可证的，撤销安全生产许可证，3年内不得再次申请安全生产许可证；构成犯罪的，依法追究刑事责任。

⑥ 取得安全生产许可证的建筑施工企业，发生重大安全事故的，暂扣安全生产许可证并限期整改。建筑施工企业不再具备安全生产条件的，暂扣安全生产许可证并限期整改；情节严重的，吊销安全生产许可证。

【例题1】下列关于安全生产许可证有效期的说法，正确的有（ABE）。

A. 安全生产许可证的有效期为3年

B. 施工企业应当向原安全生产许可证颁发管理机关办理延期手续

C. 安全生产许可证有效期满需要延期的，施工企业应当于期满前1个月办理延期手续

D. 施工企业在安全生产许可证有效期内，严格遵守有关安全生产的法律、法规，未发生死亡事故的，安全生产许可证有效期届满时，自动延期

E. 安全生产许可证有效期延期3年

［解析］选项D错误，企业在安全生产许可证有效期内，严格遵守有关安全生产的法律、法规，未发生死亡事故的，安全生产许可证有效期届满时，经原安全生产许可证颁发管理机关同意，不再审查，安全生产许可证有效期延期3年，因此不是自动延期。

【例题2】根据《建筑施工企业安全生产许可证管理规定》，下列关于安全生产许可证的说法正确的有（ACD）。

A. 施工企业未取得安全生产许可证的不得从事建筑施工活动

B. 施工企业变更法定代表人的不必办理安全生产许可证变更手续

C. 对没有取得安全生产许可证的施工企业所承包的项目不得颁发施工许可证

D. 施工企业取得安全生产许可证后不得降低安全生产条件

E. 未发生死亡事故的安全生产许可证有效期届满时自动延期

5.2 政府安全生产监督管理

（1）安全生产监督管理部门

《安全生产法》（2021年修改）规定：国务院安全生产监督管理部门（现应急管理部门，全书同）对全国安全生产工作实施综合监督管理；县级以上地方各级人民政府安全生产监督管理部门对本行政区域内安全生产工作实施综合监督管理。《建设工程安全生产管理条例》规定，建设行政主管部门在审核发放施工许可证时，应当对建设工程是否有安全施工措施进行审查，对没有安全施工措施的，不得颁发施工许可证。

（2）管理职责

《建设工程安全生产管理条例》规定：县级以上人民政府负有建设工程安全生产监督管理职责的部门在各自的职责范围内履行安全监督检查职责时，有权采取下列措施：

① 要求被检查单位提供有关建设工程安全生产的文件和资料。

② 进入被检查单位施工现场进行检查。

③ 纠正施工中违反安全生产要求的行为。

④ 对检查中发现的安全事故隐患，责令立即排除；重大安全事故隐患排除前或者排除过程中无法保证安全的，责令从危险区域内撤出作业人员或者暂时停止施工。

5.3　施工企业安全生产管理制度

5.3.1　安全生产责任制

《建筑法》规定，建筑施工企业必须依法加强对建筑安全生产的管理，执行安全生产责任制度，采取有效措施，防止伤亡和其他安全生产事故的发生。

安全生产责任制是最基本的安全管理制度，是所有安全生产管理制度的核心。

安全生产责任制主要包括企业主要负责人的安全责任，负责人或其他副职的安全责任，项目负责人（项目经理）的安全责任，生产、技术、材料等各职能管理部门负责人及工作人员的安全责任，技术负责人的安全责任，专职安全生产管理人员的安全责任，施工员的安全责任等。

（1）生产经营单位的主要负责人的安全责任

《安全生产法》规定，生产经营单位的主要负责人是本单位安全生产第一责任人，对本单位的安全生产工作全面负责。生产经营单位的主要负责人对本单位安全生产工作负有下列职责：

① 建立、健全并落实本单位全员安全生产责任制，加强安全生产标准化建设；

② 组织制定本单位安全生产规章制度和操作规程；

③ 组织制定并实施本单位安全生产教育和培训计划；

④ 保证本单位安全生产投入的有效实施；

⑤ 组织建立并落实安全风险分级管控和隐患排查治理双重预防工作机制，督促、检查本单位的安全生产工作，及时消除生产安全事故隐患；

⑥ 组织制定并实施本单位的生产安全事故应急救援预案；

⑦ 及时、如实报告生产安全事故。

（2）项目负责人的安全责任

施工单位的项目负责人应当由取得相应执业资格的人员担任，对建设工程项目的安全施工负责。项目负责人是工程项目质量安全管理的第一责任人，项目经理为项目安全生产主要负责人，负有下列职责：

① 建立健全项目安全生产责任制；

② 组织制定项目安全生产规章制度和操作规程；

③ 组织制定并实施项目安全生产教育和培训计划；

④ 保证项目安全生产投入的有效实施；

⑤ 督促检查项目的安全生产工作，及时消除生产安全事故隐患；

⑥ 组织制定并实施项目的生产安全事故应急救援预案；

⑦ 及时如实报告项目生产安全事故。

（3）安全生产管理机构和专职安全生产管理人员的职责

施工单位应当设立安全生产管理机构，配备专职安全生产管理人员。专职安全生产管理人员是指经建设主管部门或者其他有关部门安全生产考核合格，并取得安全生产考核合格证书在企业从事安全生产管理工作的专职人员，包括施工单位安全生产管理机构的负责人及其工作人员和施工现场专职安全生产管理人员。

专职安全生产管理人员的安全责任主要包括：对安全生产进行现场监督检查；发现安全

事故隐患，应当及时向项目负责人和安全生产管理机构报告；对于违章指挥、违章操作的，应当立即制止。

5.3.2 安全生产管理制度

施工企业应依据法律法规，结合企业的安全管理目标、生产经营规模、管理体制建立安全生产管理制度。施工企业安全生产管理制度应包括安全生产教育培训，安全费用管理，施工设施、设备及劳动防护用品的安全管理，安全生产技术管理，分包（供）方安全生产管理，施工现场安全管理，应急救援管理，生产安全事故管理，安全检查和改进，安全考核和奖惩等制度。

5.3.2.1 安全生产检查制度

① 查安全思想。检查以项目经理为首的项目全体员工（包括分包人员）的安全生产意识和对安全生产工作的重视程度。

② 查安全责任。检查现场安全生产责任制的建立；安全生产责任目标的分解与考核情况；安全生产责任制与责任目标是否已落实到了每个岗位和每个人员，并得到了确认。

③ 查安全制度。检查现场各项安全生产规章制度和安全技术操作规程的建立和执行情况。

④ 查安全措施。检查现场安全措施计划及各项安全专项施工方案的编制、审核、审批及实施情况；重点检查方案的内容是否全面，措施是否具体并有针对性，现场的实施运行是否与方案规定的内容相符。

⑤ 查安全防护。检查现场临边、洞口等各项安全防护设施是否到位，有无安全隐患。

⑥ 查设备设施。检查现场投入使用的设备设施的购置、租赁、安装、验收、使用、过程维护保养等各个环节是否符合要求；设备设施的安全装置是否齐全、灵敏、可靠，有无安全隐患。

⑦ 查教育培训。检查现场教育培训岗位、教育培训人员、教育培训内容是否明确、具体、有针对性；三级安全教育制度和特种作业人员持证上岗制度的落实是否到位；教育培训档案资料是否真实、齐全。

⑧ 查操作行为。检查现场施工作业过程中有无违章指挥、违章作业、违反劳动纪律的行为发生。

⑨ 查劳动防护用品的使用。检查现场劳动防护用品、用具的购置、产品质量、配备数量和使用情况是否符合安全与职业卫生的要求。

⑩ 查伤亡事故处理。检查现场是否发生伤亡事故，对发生的伤亡事故是否已按照"四不放过"的原则进行了调查处理，是否已有针对性地制定了纠正与预防措施，制定的纠正与预防措施是否已得到落实并取得实效。"四不放过"原则包括以下内容：事故原因没有查清不放过；事故责任人没有受到处理不放过；相关人员没有受到教育不放过；没有制定整改措施不放过。

5.3.2.2 安全生产教育培训制度

施工企业安全生产教育培训应贯穿于生产经营的全过程，教育培训应包括计划编制、组织实施和人员持证审核等工作内容。安全教育和培训的类型应包括各类上岗证书的初审、复审培训，三级教育（企业、项目、班组）岗前教育、日常教育、年度继续教育。

（1）安全管理人员的培训

施工单位的主要负责人、项目负责人、专职安全生产管理人员应当经建设行政主管部门或者其他有关部门考核合格后方可任职。

（2）作业人员的安全生产教育培训

施工单位应当对管理人员和作业人员每年至少进行一次安全生产教育培训，教育培训情况记入个人工作档案。安全生产教育培训考核不合格的人员，不得上岗。

作业人员进入新的岗位或者新的施工现场前，应当接受安全生产教育培训。未经教育培训或者教育培训考核不合格的人员，不得上岗作业。

施工单位在采用新技术、新工艺、新设备、新材料时，也应当对作业人员进行相应的安全生产教育培训。

垂直运输机械作业人员、安装拆卸工、爆破作业人员、起重信号工、登高架设作业人员等特种作业人员，必须按照国家有关规定经过专门的安全作业培训，并取得特种作业操作资格证书后，方可上岗作业。特种作业人员具体包括下列人员：建筑电工；建筑架子工；建筑起重信号司索工；建筑起重机械司机；建筑起重机械安装拆卸工；高处作业吊篮安装拆卸工。

（3）消防安全教育培训

在建工程的施工单位应当开展下列消防安全教育工作：建设工程施工前应当对施工人员进行消防安全教育；在建设工地醒目位置、施工人员集中住宿场所设置消防安全宣传栏，悬挂消防安全挂图和消防安全警示标志；对明火作业人员进行经常性的消防安全教育；组织灭火和应急疏散演练。

5.4　施工企业安全责任和义务

5.4.1　总承包单位和分包单位的安全责任

实行施工总承包的建设工程，由总承包单位对施工现场的安全生产负总责。总承包单位依法将建设工程分包给其他单位的，分包合同中应当明确各自的安全生产方面的权利、义务。总承包单位和分包单位对分包工程的安全生产承担连带责任。

施工总承包单位与分包单位的安全生产责任，分为法定责任和约定责任。法定责任是法律法规中明确规定的总承包单位、分包单位各自的安全生产责任。约定责任是总承包单位与分包单位通过协商，在分包合同中约定各自应当承担的安全生产责任。但是，安全生产的约定责任不能与法定责任相抵触。

建设工程实行总承包的，如发生事故，由总承包单位负责上报事故。分包单位应当服从总承包单位的安全生产管理，分包单位不服从管理导致生产安全事故的，由分包单位承担主要责任。

《建设工程安全生产管理条例》规定，实行施工总承包的，由总承包单位统一组织编制建设工程生产安全事故应急救援预案，工程总承包单位和分包单位按照应急救援预案，各自建立应急救援组织或者配备应急救援人员，配备救援器材、设备，并定期组织演练。

5.4.2 施工单位应采取的安全措施

5.4.2.1 编制安全技术措施、施工现场临时用电方案和专项施工方案

施工单位应当在施工组织设计中编制安全技术措施和施工现场临时用电方案。

（1）编制专项施工方案的范围

下列达到一定规模的危险性较大的分部分项工程应当编制专项施工方案：

① 基坑支护与降水工程；

② 土方开挖工程；

③ 模板工程；

④ 起重吊装工程；

⑤ 脚手架工程；

⑥ 拆除、爆破工程；

⑦ 国务院建设行政主管部门或者其他有关部门规定的其他危险性较大的工程。

2018年住建部发布《危险性较大的分部分项工程安全管理规定》，该规定适用于房屋建筑和市政基础设施工程中危险性较大的分部分项工程安全管理。危险性较大的分部分项工程（以下简称"危大工程"），是指房屋建筑和市政基础设施工程在施工过程中，容易导致人员群死群伤或者造成重大经济损失的分部分项工程。

（2）专项施工方案编制和审查

《危险性较大的分部分项工程安全管理规定》中规定：施工单位应当在危大工程施工前组织工程技术人员编制专项施工方案并附安全验算结果。实行施工总承包的，专项施工方案应当由施工总承包单位组织编制。危大工程实行分包的，专项施工方案可以由相关专业分包单位组织编制。专项施工方案应当由施工单位技术负责人审核签字、加盖单位公章，并由总监理工程师审查签字、加盖执业印章后方可实施。

危大工程实行分包并由分包单位编制专项施工方案的，专项施工方案应当由总承包单位技术负责人及分包单位技术负责人共同审核签字并加盖单位公章。

（3）专家论证

对于超过一定规模的危大工程，包括深基坑开挖深度超过5m（含5m）、地下暗挖工程、高大模板工程的专项施工方案由施工总承包单位组织召开专家论证会。专项施工方案应当先通过施工单位审核和总监理工程师审查，再交给专家论证。

（4）专项施工方案实施与监督

施工单位应当严格按照专项施工方案组织施工，不得擅自修改专项施工方案。因规划调整、设计变更等原因确需调整的，修改后的专项施工方案应当重新审核、论证。

施工单位应当对危大工程施工作业人员进行登记，项目负责人应当在施工现场履职。项目专职安全生产管理人员应当对专项施工方案实施情况进行现场监督。对未按照专项施工方案施工的，应当要求立即整改，并及时报告项目负责人，项目负责人应当及时组织限期整改。施工单位应当按照规定对危大工程进行施工监测和安全巡视，发现危及人身安全的紧急情况，应当立即组织作业人员撤离危险区域。

（5）验收

对于按照规定需要验收的危大工程，施工单位、监理单位应当组织相关人员进行验收。验收合格的，经施工单位项目技术负责人及总监理工程师签字确认后，方可进入下一道

工序。

（6）档案管理

《危险性较大的分部分项工程安全管理规定》中规定：施工、监理单位应当建立危大工程安全管理档案。施工单位应当将专项施工方案及审核、专家论证、交底、现场检查、验收及整改等相关资料纳入档案管理。监理单位应当将监理实施细则、专项施工方案审查、专项巡视检查、验收及整改等相关资料纳入档案管理。

（7）危大工程安全管理施工单位法律责任

① 施工单位未按照规定编制并审核危大工程专项施工方案的，依照《建设工程安全生产管理条例》对单位进行处罚，并暂扣安全生产许可证 30 日；对直接负责的主管人员和其他直接责任人员处 1000 元以上 5000 元以下的罚款。

② 施工单位有下列行为之一的，依照《安全生产法》《建设工程安全生产管理条例》对单位和相关责任人员进行处罚：未向施工现场管理人员和作业人员进行方案交底和安全技术交底的；未在施工现场显著位置公告危大工程，并在危险区域设置安全警示标志的；项目专职安全生产管理人员未对专项施工方案实施情况进行现场监督的。

③ 施工单位有下列行为之一的，责令限期改正，处 1 万元以上 3 万元以下的罚款，并暂扣安全生产许可证 30 日；对直接负责的主管人员和其他直接责任人员处 1000 元以上 5000 元以下的罚款：未对超过一定规模的危大工程专项施工方案进行专家论证的；未根据专家论证报告对超过一定规模的危大工程专项施工方案进行修改，或者未按照规定重新组织专家论证的；未严格按照专项施工方案组织施工，或者擅自修改专项施工方案的。

④ 施工单位有下列行为之一的，责令限期改正，并处 1 万元以上 3 万元以下的罚款；对直接负责的主管人员和其他直接责任人员处 1000 元以上 5000 元以下的罚款：项目负责人未按照规定现场履职或者组织限期整改的；施工单位未按照规定进行施工监测和安全巡视的；未按照规定组织危大工程验收的；发生险情或者事故时，未采取应急处置措施的；未按照规定建立危大工程安全管理档案的。

5.4.2.2　安全施工技术交底

建设工程施工前，施工单位负责项目管理的技术人员应当对有关安全施工的技术要求向施工作业班组、作业人员作出详细说明，并由双方签字确认。

专项施工方案实施前，编制人员或者项目技术负责人应当向施工现场管理人员进行方案交底。施工现场管理人员应当向作业人员进行安全技术交底，并由双方和项目专职安全生产管理人员共同签字确认。

5.4.2.3　施工现场安全管理

① 安全警示标志的设置。施工单位应当在施工现场入口处、施工起重机械、临时用电设施、脚手架、出入通道口、楼梯口、电梯井口、孔洞口、桥梁口、隧道口、基坑边沿、爆破物及有害危险气体和液体存放处等危险部位，设置明显的安全警示标志。安全警示标志必须符合国家标准。

② 施工现场的安全防护。施工单位应当根据不同施工阶段和周围环境及季节、气候的变化，在施工现场采取相应的安全施工措施。施工现场暂时停止施工的，施工单位应当做好现场防护，所需费用由责任方承担，或者按照合同约定执行。

③ 施工现场的布置应当符合安全和文明施工要求。施工单位应当将施工现场的办公、

生活区与作业区分开设置，并保持安全距离；办公、生活区的选址应当符合安全性要求。职工的膳食、饮水、休息场所等应当符合卫生标准。施工单位不得在尚未竣工的建筑物内设置员工集体宿舍。

施工现场临时搭建的建筑物应当符合安全使用要求。施工现场使用的装配式活动房屋应当具有产品合格证。临时建筑物一般包括施工现场的办公用房、宿舍、食堂、仓库、卫生间等。

④ 对周边环境采取防护措施。施工单位对因建设工程施工可能造成损害的毗邻建筑物、构筑物和地下管线等，应当采取专项防护措施。施工单位应当遵守有关环境保护法律、法规的规定，在施工现场采取措施，防止或者减少粉尘、废气、废水、固体废物、噪声、振动和施工照明对人和环境的危害和污染。在城市市区内的建设工程，施工单位应当对施工现场实行封闭围挡。

⑤ 施工现场的消防安全措施。施工单位应当在施工现场建立消防安全责任制度，确定消防安全责任人，制定用火、用电、使用易燃易爆材料等各项消防安全管理制度和操作规程，设置消防通道、消防水源，配备消防设施和灭火器材，并在施工现场入口处设置明显标志。

⑥ 安全防护设备、机械设备管理。施工单位采购、租赁的安全防护用具、机械设备、施工机具及配件，应当具有生产（制造）许可证、产品合格证，并在进入施工现场前进行查验。

作业人员应当遵守安全施工的强制性标准、规章制度和操作规程，正确使用安全防护用具、机械设备等。

⑦ 施工单位在使用施工起重机械和整体提升脚手架、模板等自升式架设设施前，应当组织有关单位进行验收，也可以委托具有相应资质的检验检测机构进行验收；使用承租的机械设备和施工机具及配件的，由施工总承包单位、分包单位、出租单位和安装单位共同进行验收。验收合格的方可使用。

施工单位应当自施工起重机械和整体提升脚手架、模板等自升式架设设施验收合格之日起 30 日内，向建设行政主管部门或者其他有关部门登记。登记标志应当置于或者附着于该设备的显著位置。

5.4.2.4 安全生产费用的提取和使用

① 《建筑安装工程费用项目组成》规定，安全文明施工费包括：

a. 环境保护费。指施工现场为达到环保部门要求所需要的各项费用。

b. 文明施工费。指施工现场文明施工所需要的各项费用。

c. 安全施工费。指施工现场安全施工所需要的各项费用。

d. 临时设施费。指施工企业为进行建设工程施工所必须搭设的生活和生产用的临时建筑物、构筑物和其他临时设施费用，包括临时设施的搭设、维修、拆除、清理费或摊销费等。

② 建设单位、设计单位在编制工程概（预）算时，应当依据工程所在地工程造价管理机构测定的相应费率，合理确定工程安全防护、文明施工措施费。依法进行工程招投标的项目，招标人或中介机构编制招标文件时，应当按照有关规定并结合工程实际单独列出安全防护、文明施工措施项目清单。

投标人安全防护、文明施工措施的报价，不得低于依据工程所在地工程造价管理机构测定费率计算所需费用总额的 90%。

③ 建设单位与施工单位在施工合同中对安全防护、文明施工措施费用预付、支付计划未作约定或约定不明的，合同工期在一年以内的，建设单位预付安全防护、文明施工措施费用不得低于该费用总额的 50%；合同工期在一年以上的（含一年），预付安全防护、文明施工措施费用不得低于该费用总额的 30%，其余费用应当按照施工进度支付。

④ 实行工程总承包的，总承包单位依法将建筑工程分包给其他单位的，总承包单位与分包单位应当在分包合同中明确安全防护、文明施工措施费用由总承包单位统一管理。安全防护、文明施工措施由分包单位实施的，由分包单位提出专项安全防护措施及施工方案，经总承包单位批准后及时支付所需费用。

⑤ 工程监理单位应当对施工单位落实安全防护、文明施工措施情况进行现场监理。对施工单位已经落实的安全防护、文明施工措施，总监理工程师或者造价工程师应当及时审查并签认发生的费用。监理单位发现施工单位未落实施工组织设计及专项施工方案中安全防护和文明施工措施的，有权责令其立即整改；对施工单位拒不整改或未按期限要求完成整改的，工程监理单位应当及时向建设单位和建设行政主管部门报告，必要时责令其暂停施工。

⑥ 施工单位应当确保安全防护、文明施工措施费专款专用，工程总承包单位对建筑工程安全防护、文明施工措施费用的使用负总责。总承包单位应当按照规定及合同约定及时向分包单位支付安全防护、文明施工措施费用。总承包单位不按规定和合同约定支付费用，造成分包单位不能及时落实安全防护措施导致发生事故的，由总承包单位负主要责任。

5.4.3　从业人员的安全生产权利和义务

《安全生产法》规定，从业人员的安全生产权利和义务如下：

① 生产经营单位的从业人员有权了解其作业场所和工作岗位存在的危险因素、防范措施及事故应急措施，有权对本单位的安全生产工作提出建议。

② 从业人员有权对本单位安全生产工作中存在的问题提出批评、检举、控告；有权拒绝违章指挥和强令冒险作业。

生产经营单位不得因从业人员对本单位安全生产工作提出批评、检举、控告或者拒绝违章指挥、强令冒险作业而降低其工资、福利等待遇或者解除与其订立的劳动合同。

③ 从业人员发现直接危及人身安全的紧急情况时，有权停止作业或者在采取可能的应急措施后撤离作业场所。

④ 因生产安全事故受到损害的从业人员，除依法享有工伤保险外，依照有关民事法律尚有获得赔偿的权利的，有权向本单位提出赔偿要求。

⑤ 从业人员在作业过程中，应当严格遵守本单位的安全生产规章制度和操作规程，服从管理，正确佩戴和使用劳动防护用品。

⑥ 从业人员应当接受安全生产教育和培训，掌握本职工作所需的安全生产知识，提高安全生产技能，增强事故预防和应急处理能力。

⑦ 从业人员发现事故隐患或者其他不安全因素，应当立即向现场安全生产管理人员或者本单位负责人报告；接到报告的人员应当及时予以处理。

5.4.4　法律责任

《建设工程安全生产管理条例》相关规定：

（1）挪用安全生产费用的法律责任

施工单位挪用列入建设工程概算的安全生产作业环境及安全施工措施所需费用的，责令限期改正，处挪用费用20%以上50%以下的罚款；造成损失的，依法承担赔偿责任。

（2）违反施工现场管理的法律责任

施工单位有下列行为之一的，责令限期改正；逾期未改正的，责令停业整顿，并处5万元以上10万元以下的罚款；造成重大安全事故，构成犯罪的，对直接责任人员，依照刑法有关规定追究刑事责任：

施工前未对有关安全施工的技术要求作出详细说明的；未根据不同施工阶段和周围环境及季节、气候的变化，在施工现场采取相应的安全施工措施，或者在城市市区内的建设工程的施工现场未实行封闭围挡的；在尚未竣工的建筑物内设置员工集体宿舍的；施工现场临时搭建的建筑物不符合安全使用要求的；未对因建设工程施工可能造成损害的毗邻建筑物、构筑物和地下管线等采取专项防护措施的。

（3）违反安全设施管理的法律责任

施工单位有下列行为之一的，责令限期改正，逾期未改正的，责令停业整顿，并处10万元以上30万元以下的罚款；情节严重的，降低资质等级，直至吊销资质证书；造成重大安全事故，构成犯罪的，对直接责任人员，依照刑法有关规定追究刑事责任；造成损失的，依法承担赔偿责任：

安全防护用具、机械设备、施工机具及配件在进入施工现场前未经查验或者查验不合格即投入使用的；使用未经验收或者验收不合格的施工起重机械和整体提升脚手架、模板等自升式架设设施的；委托不具有相应资质的单位承担施工现场安装、拆卸施工起重机械和整体提升脚手架、模板等自升式架设设施的；在施工组织设计中未编制安全技术措施、施工现场临时用电方案或者专项施工方案的。

（4）管理人员不履行安全生产管理职责的法律责任

施工单位的主要负责人、项目负责人未履行安全生产管理职责的，责令限期改正；逾期未改正的，责令施工单位停业整顿；造成重大安全事故、重大伤亡事故或者其他严重后果，构成犯罪的，依照刑法有关规定追究刑事责任。

施工单位的主要负责人、项目负责人有前款违法行为，尚不够刑事处罚的，处2万元以上20万元以下的罚款或者按照管理权限给予撤职处分；自刑罚执行完毕或者受处分之日起，5年内不得担任任何施工单位的主要负责人、项目负责人。

（5）作业人员违章作业的法律责任

作业人员不服管理、违反规章制度和操作规程冒险作业造成重大伤亡事故或者其他严重后果，构成犯罪的，依照刑法有关规定追究刑事责任。

（6）降低安全生产条件的法律责任

施工单位取得资质证书后，降低安全生产条件的，责令限期改正；经整改仍未达到与其资质等级相适应的安全生产条件的，责令停业整顿，降低其资质等级直至吊销资质证书。

（7）其他法律责任

施工单位有下列行为之一的，责令限期改正，逾期未改正的，责令停业整顿，依照《安全生产法》的有关规定处以罚款；造成重大安全事故，构成犯罪的，对直接责任人员，依照刑法有关规定追究刑事责任：

未设立安全生产管理机构、配备专职安全生产管理人员或者分部分项工程施工时无专职安全生产管理人员现场监督的；施工单位的主要负责人、项目负责人、专职安全生产管理人员、作业人员或者特种作业人员，未经安全教育培训或者经考核不合格即从事相关工作的；未在施工现场的危险部位设置明显的安全警示标志，或者未按照国家有关规定在施工现场设置消防通道、消防水源，配备消防设施和灭火器材的；未向作业人员提供安全防护用具和安全防护服装的；未按照规定在施工起重机械和整体提升脚手架、模板等自升式架设设施验收合格后登记的；使用国家明令淘汰、禁止使用的危及施工安全的工艺、设备、材料的。

5.5　建设相关单位的安全责任

5.5.1　建设单位的安全责任

（1）依法办理有关批准手续的责任

建设单位应当按照国家有关规定办理申请批准手续，包括：临时占用规划批准范围以外场地的；可能损坏道路、管线、电力、邮电通信等公共设施的；需要临时停水、停电、中断道路交通的；需要进行爆破作业的。

（2）向施工单位提供资料的责任

建设单位应当向施工单位提供施工现场及毗邻区域内供水、排水、供电、供气、供热、通信、广播电视等地下管线资料，气象和水文观测资料，相邻建筑物和构筑物、地下工程的有关资料，并保证资料的真实、准确、完整。

（3）依法履行合同的责任

建设单位不得对勘察、设计、施工、工程监理等单位提出不符合建设工程安全生产法律、法规和强制性标准规定的要求，不得压缩合同约定的工期。

（4）提供安全生产费用的责任

建设单位在编制工程概算时，应当确定建设工程安全生产作业环境及安全施工措施所需费用。

（5）不得推销劣质材料设备的责任

建设单位不得明示或者暗示施工单位购买、租赁、使用不符合安全施工要求的安全防护用具、机械设备、施工机具及配件、消防设施和器材。

（6）提供安全施工措施资料的责任

建设单位在申请领取施工许可证时，应当提供建设工程有关安全施工措施的资料。

依法批准开工报告的建设工程，建设单位应当自开工报告批准之日起 15 日内，将保证安全施工的措施报送建设工程所在地的县级以上地方人民政府建设行政主管部门或者其他有关部门备案。

（7）对拆除工程进行备案的责任

建设单位应当将拆除工程发包给具有相应资质等级的施工单位。

建设单位应当在拆除工程施工 15 日前，将下列资料报送建设工程所在地的县级以上地方人民政府建设行政主管部门或者其他有关部门备案：①施工单位资质等级证明；②拟拆除建筑物、构筑物及可能危及毗邻建筑的说明；③拆除施工组织方案；④堆放、清除废弃物的措施。实施爆破作业的，应当遵守国家有关民用爆炸物品管理的规定。

（8）法律责任

《建设工程安全生产管理条例》相关规定：

① 建设单位未提供建设工程安全生产作业环境及安全施工措施所需费用的，责令限期改正；逾期未改正的，责令该建设工程停止施工。

建设单位未将保证安全施工的措施或者拆除工程的有关资料报送有关部门备案的，责令限期改正，给予警告。

② 建设单位有下列行为之一的，责令限期改正，处 20 万元以上 50 万元以下的罚款；造成重大安全事故，构成犯罪的，对直接责任人员，依照刑法有关规定追究刑事责任；造成损失的，依法承担赔偿责任：

对勘察、设计、施工、工程监理等单位提出不符合安全生产法律、法规和强制性标准规定的要求的；要求施工单位压缩合同约定的工期的；将拆除工程发包给不具有相应资质等级的施工单位的。

《危险性较大的分部分项工程安全管理规定》相关规定：

建设单位有下列行为之一的，责令限期改正，并处 1 万元以上 3 万元以下的罚款；对直接负责的主管人员和其他直接责任人员处 1000 元以上 5000 元以下的罚款：未按照本规定提供工程周边环境等资料的；未按照本规定在招标文件中列出危大工程清单的；未按照施工合同约定及时支付危大工程施工技术措施费或者相应的安全防护文明施工措施费的；未按照本规定委托具有相应勘察资质的单位进行第三方监测的；未对第三方监测单位报告的异常情况组织采取处置措施的。

5.5.2　工程监理单位的安全责任

（1）审查承包人施工方案的责任

工程监理单位应当审查施工组织设计中的安全技术措施或者专项施工方案是否符合工程建设强制性标准。

（2）安全事故隐患处理

① 当发现施工安全隐患时，监理工程师首先应判断其严重程度。当存在安全事故隐患时应及时签发监理通知单，要求施工单位进行整改。

② 当发现严重安全事故隐患时，总监理工程师应签发工程暂停令，指令施工单位暂时停止施工，必要时应要求施工单位采取临时安全防护措施，同时上报建设单位。

③ 当施工单位拒不整改或拒不执行监理指令时，项目监理机构应及时向建设行政主管部门进行汇报。

④ 项目监理机构应要求施工单位就存在的安全事故隐患提出整改方案，整改方案经监理工程师审核批准后，施工单位进行整改处理，项目监理机构应对处理结果进行检查、验收。

根据《建设工程监理规范》（GB/T 50319—2013）规定，项目监理机构签发工程暂停令的情形如下：建设单位要求暂停施工且工程需要暂停施工的；施工单位未经批准擅自施工或拒绝项目监理机构管理的；施工单位未按审查通过的工程设计文件施工的；施工单位违反工程建设强制性标准的；施工存在重大质量、安全事故隐患或发生质量、安全事故的。

总监理工程师签发工程暂停令，应事先征得建设单位同意。在紧急情况下，未能事先征得建设单位同意的，应在事后及时向建设单位书面报告。施工单位未按要求停工的，项目监理机构应及时报告建设单位。

（3）承担建设工程安全生产的监理责任

工程监理单位和监理工程师应当按照法律、法规和工程建设强制性标准实施监理，并对建设工程安全生产承担监理责任。

（4）法律责任

《建设工程安全生产管理条例》相关规定：

① 工程监理单位有下列行为之一的，责令限期改正；逾期未改正的，责令停业整顿，并处 10 万元以上 30 万元以下的罚款；情节严重的，降低资质等级，直至吊销资质证书；造成重大安全事故，构成犯罪的，对直接责任人员，依照刑法有关规定追究刑事责任；造成损失的，依法承担赔偿责任：

未对施工组织设计中的安全技术措施或者专项施工方案进行审查的；发现安全事故隐患未及时要求施工单位整改或者暂时停止施工的；施工单位拒不整改或者不停止施工，未及时向有关主管部门报告的；未依照法律、法规和工程建设强制性标准实施监理的。

② 违反强制性标准的法律责任。注册执业人员（包括监理工程师）未执行法律、法规和工程建设强制性标准的，责令停止执业 3 个月以上 1 年以下；情节严重的，吊销执业资格证书，5 年内不予注册；造成重大安全事故的，终身不予注册；构成犯罪的，依照刑法有关规定追究刑事责任。

《危险性较大的分部分项工程安全管理规定》相关规定：

① 监理单位有下列行为之一的，依照《安全生产法》《建设工程安全生产管理条例》对单位进行处罚；对直接负责的主管人员和其他直接责任人员处 1000 元以上 5000 元以下的罚款：

总监理工程师未按照规定审查危大工程专项施工方案的；发现施工单位未按照专项施工方案实施，未要求其整改或者停工的；施工单位拒不整改或者不停止施工时，未向建设单位和工程所在地住房城乡建设主管部门报告的。

② 监理单位有下列行为之一的，责令限期改正，并处 1 万元以上 3 万元以下的罚款；对直接负责的主管人员和其他直接责任人员处 1000 元以上 5000 元以下的罚款：

未按照规定编制监理实施细则的；未对危大工程施工实施专项巡视检查的；未按照本规定参与组织危大工程验收的；未按照规定建立危大工程安全管理档案的。

5.5.3 勘察、设计单位的安全责任

① 勘察单位应当按照法律、法规和工程建设强制性标准进行勘察，提供的勘察文件应当真实、准确，满足建设工程安全生产的需要。勘察单位在勘察作业时，应当严格执行操作规程，采取措施保证各类管线、设施和周边建筑物、构筑物的安全。

② 设计单位应当按照法律、法规和工程建设强制性标准进行设计，防止因设计不合理导致生产安全事故的发生。

③ 设计单位应当考虑施工安全操作和防护的需要，对涉及施工安全的重点部位和环节在设计文件中注明，并对防范生产安全事故提出指导意见。

④ 采用新结构、新材料、新工艺的建设工程和特殊结构的建设工程，设计单位应当在设计中提出保障施工作业人员安全和预防生产安全事故的措施建议。

⑤ 设计单位和注册建筑师等注册执业人员应当对其设计负责。

⑥ 法律责任。

a.《建设工程安全生产管理条例》相关规定：

i. 勘察单位、设计单位有下列行为之一的，责令限期改正，处 10 万元以上 30 万元以下的罚款；情节严重的，责令停业整顿，降低资质等级，直至吊销资质证书；造成重大安全事故，构成犯罪的，对直接责任人员，依照刑法有关规定追究刑事责任；造成损失的，依法承担赔偿责任：

未按照法律、法规和工程建设强制性标准进行勘察、设计的；采用新结构、新材料、新工艺的建设工程和特殊结构的建设工程，设计单位未在设计中提出保障施工作业人员安全和预防生产安全事故的措施建议的。

ii. 注册执业人员未执行法律、法规和工程建设强制性标准的，责令停止执业 3 个月以上 1 年以下；情节严重的，吊销执业资格证书，5 年内不予注册；造成重大安全事故的，终身不予注册；构成犯罪的，依照刑法有关规定追究刑事责任。

b.《危险性较大的分部分项工程安全管理规定》相关规定：

i. 勘察单位未在勘察文件中说明地质条件可能造成的工程风险的，责令限期改正，依照《建设工程安全生产管理条例》对单位进行处罚；对直接负责的主管人员和其他直接责任人员处 1000 元以上 5000 元以下的罚款。

ii. 设计单位未在设计文件中注明涉及危大工程的重点部位和环节，未提出保障工程周边环境安全和工程施工安全的意见的，责令限期改正，并处 1 万元以上 3 万元以下的罚款；对直接负责的主管人员和其他直接责任人员处 1000 元以上 5000 元以下的罚款。

iii. 监测单位有下列行为之一的，责令限期改正，并处 1 万元以上 3 万元以下的罚款；对直接负责的主管人员和其他直接责任人员处 1000 元以上 5000 元以下的罚款：未取得相应勘察资质从事第三方监测的；未按照规定编制监测方案的；未按照监测方案开展监测的；发现异常未及时报告的。

5.5.4　其他相关单位的安全责任

（1）出租机械设备和施工机具及配件单位的安全责任

出租的机械设备和施工机具及配件，应当具有生产（制造）许可证、产品合格证，并应当对出租的机械设备和施工机具及配件的安全性能进行检测，在签订租赁协议时，应当出具检测合格证明。禁止出租检测不合格的机械设备和施工机具及配件。

（2）施工起重机械和自升式架设设施的安全管理

① 在施工现场安装、拆卸施工起重机械和整体提升脚手架、模板等自升式架设设施，必须由具有相应资质的单位承担。

② 安装、拆卸施工起重机械和整体提升脚手架、模板等自升式架设设施，应当编制拆装方案、制定安全施工措施，并由专业技术人员现场监督。施工起重机械和整体提升脚手架、模板等自升式架设设施安装完毕后，安装单位应当自检，出具自检合格证明，并向施工单位进行安全使用说明，办理验收手续并签字。

③ 施工起重机械和整体提升脚手架、模板等自升式架设设施的使用达到国家规定的检验检测期限的，必须经具有专业资质的检验检测机构检测。经检测不合格的，不得继续使用。

检验检测机构对检测合格的施工起重机械和整体提升脚手架、模板等自升式架设设施，应当出具安全合格证明文件，并对检测结果负责。

(3) 法律责任

《建设工程安全生产管理条例》相关规定：

① 为建设工程提供机械设备和配件的单位，未按照安全施工的要求配备齐全有效的保险、限位等安全设施和装置的，责令限期改正，处合同价款 1 倍以上 3 倍以下的罚款；造成损失的，依法承担赔偿责任。

② 出租单位出租未经安全性能检测或者经检测不合格的机械设备和施工机具及配件的，责令停业整顿，并处 5 万元以上 10 万元以下的罚款；造成损失的，依法承担赔偿责任。

③ 施工起重机械和整体提升脚手架、模板等自升式架设设施安装、拆卸单位有下列行为之一的，责令限期改正，处 5 万元以上 10 万元以下的罚款；情节严重的，责令停业整顿，降低资质等级，直至吊销资质证书；造成损失的，依法承担赔偿责任：未编制拆装方案、制定安全施工措施的；未由专业技术人员现场监督的；未出具自检合格证明或者出具虚假证明的；未向施工单位进行安全使用说明，办理移交手续的。

【例题 3】下列关于建设单位安全责任的说法，正确的有（C）。

A. 审查专项施工方案

B. 确保地下管线的安全

C. 申领施工许可证时应当提供有关安全施工措施的资料

D. 对拆除工程不用备案

【例题 4】根据《建设工程安全生产管理条例》，下列属于建设单位安全责任的有（BC）。

A. 编制施工安全生产规章制度

B. 向施工企业提供准确的地下管线资料

C. 将拆除工程的有关资料报送有关部门备案

D. 保证设计文件符合工程建设强制性标准

E. 为从事特种作业的施工人员办理意外伤害保险

【例题 5】房地产公司的下列做法中，符合安全生产法律规定的是（D）。

A. 要求施工企业购买其指定的不合格消防器材

B. 申请施工许可证时没有提供保障工程安全施工措施的资料

C. 向施工企业提供的地下工程资料不准确

D. 在拆除工程施工 15 日前将相关资料报送有关部门备案

【例题 6】下列达到一定规模的危险性较大的分部分项工程中，需由施工单位组织专家对专项施工方案进行论证、审查的是（C）。

A. 起重吊装工程　　B. 脚手架工程　　　C. 高大模板工程　　D. 拆除、爆破工程

【例题 7】根据《建设工程安全生产管理条例》，建设单位的安全责任是（A）。

A. 编制工程概算时，应确定建设工程安全作业环境及安全施工措施所需费用

B. 采用新工艺时，应提出保障施工作业人员安全的措施建议

C. 采用新技术、新工艺时，应对作业人员进行相关的安全生产教育培训

D. 工程施工前，应审查施工单位的安全技术措施

【例题 8】工程监理单位在实施监理过程中，发现存在安全隐患且情况严重的，应当（D）。

A. 要求施工单位整改，并及时报告有关主管部门

B. 要求施工单位整改，并及时报告建设单位

C. 要求施工单位暂时停止施工，并及时报告有关主管部门

D. 要求施工单位暂时停止施工，并及时报告建设单位

【例题9】下列建设工程安全生产责任中，属于工程监理单位安全职责的有（AD）。

A. 审查安全技术措施或专项施工方案

B. 编制安全技术措施或专项施工方案

C. 对施工现场的安全生产负总责

D. 对施工安全事故隐患提出整改要求

E. 出现安全事故，负责成立事故调查组

【例题10】设计单位的安全责任包括（ABC）。

A. 按照法律、法规和工程建设强制性标准进行设计

B. 有提出防范生产安全事故的指导意见和措施建议的责任

C. 对设计成果承担责任

D. 提供真实、准确的勘察文件，不能弄虚作假

E. 对安全技术措施或专项施工方案进行审查

［解析］选项D属于勘察单位的责任，选项E属于监理单位的责任。

【例题11】以下有关监理单位安全责任的说法正确的是（C）。

A. 监理单位发现施工单位存在安全隐患的，应当立即报告建设单位

B. 监理单位发现施工单位存在安全隐患的，可以要求施工单位整改

C. 施工组织设计中的安全技术措施和专项施工方案，监理单位应当按照是否符合工程建设强制性标准进行审查

D. 监理单位发现施工单位存在安全隐患且情况严重的，应当立即报告行政主管部门

【案例1】

某实施监理的工程，建设单位与甲施工单位按《施工合同（示范文本）》签订了合同，合同工期2年。经建设单位同意，甲施工单位将其中的专业工程分包给乙施工单位。

工程实施过程中专业监理工程师巡视时发现，乙施工单位未按审查后的施工方案施工，存在工程质量、安全事故隐患。总监理工程师分别向甲、乙施工单位发出整改通知，甲、乙施工单位既不整改也未回函答复。

【问题】

总监理工程师分别向甲、乙施工单位发出整改通知是否正确？在发出整改通知后，甲、乙施工单位既不整改也未回函答复，总监理工程师应采取什么措施？

【分析】

（1）总监理工程师向甲施工单位发出整改通知正确。

理由：甲施工单位属于总承包单位，建设单位与甲施工单位之间存在合同关系，总监理工程师的所有指令均发给总承包单位。

（2）总监理工程师向乙施工单位发出整改通知不正确。

理由：乙施工单位是分包单位，乙施工单位和建设单位没有合同关系，甲施工单位管理分包单位即乙施工单位。

（3）工程施工存在质量、安全事故隐患，在发出整改通知后，甲、乙施工单位既不整改也未回函答复，根据《建设工程监理规范》规定，总监理工程师应采取下列措施：总监理工程师应下达工程暂停令，要求承包单位停工整改，并应及时报告建设单位；整改完毕后经监

理人员复查，符合规定要求后，总监理工程师应及时签署工程复工报审表。施工单位拒不整改或不停止施工时，项目监理机构应及时向有关主管部门报送监理报告。

5.6　生产安全事故的调查处理

《生产安全事故报告和调查处理条例》于 2007 年 6 月施行。此条例是为了规范生产安全事故的报告和调查处理，落实生产安全事故责任追究制度，防止和减少生产安全事故，根据《安全生产法》和有关法律而制定。

5.6.1　生产安全事故等级

根据生产安全事故造成的人员伤亡或者直接经济损失，生产安全事故等级划分情况见表 5-1。

表 5-1　生产安全事故等级划分

事故等级	人员伤亡		直接经济损失
	死亡人数 X	重伤人数 Y	
特别重大事故	$X \geqslant 30$	$Y \geqslant 100$	$\geqslant 1$ 亿元
重大事故	$10 \leqslant X < 30$	$50 \leqslant Y < 100$	5000 万元(含)～1 亿元
较大事故	$3 \leqslant X < 10$	$10 \leqslant Y < 50$	1000 万元(含)～5000 万元
一般事故	$X < 3$	$Y < 10$	<1000 万元

5.6.2　生产安全事故报告

（1）生产安全事故报告时间和部门

事故发生后，事故现场有关人员应当立即向本单位负责人报告；单位负责人接到报告后，应当于 1 小时内向事故发生地县级以上人民政府安全生产监督管理部门和负有安全生产监督管理职责的有关部门报告。特种设备发生事故的，还应当同时向特种设备安全监督管理部门报告。接到报告的部门应当按照国家有关规定，如实上报。情况紧急时，事故现场有关人员可以直接向事故发生地县级以上人民政府安全生产监督管理部门和负有安全生产监督管理职责的有关部门报告。

安全生产监督管理部门和负有安全生产监督管理职责的有关部门接到事故报告后，应当依照下列规定上报事故情况，并通知公安机关、劳动保障行政部门、工会和人民检察院。

①特别重大事故、重大事故逐级上报至国务院安全生产监督管理部门和负有安全生产监督管理职责的有关部门。

②较大事故逐级上报至省、自治区、直辖市人民政府安全生产监督管理部门和负有安全生产监督管理职责的有关部门。

③一般事故上报至设区的市级人民政府安全生产监督管理部门和负有安全生产监督管理职责的有关部门。

安全生产监督管理部门和负有安全生产监督管理职责的有关部门依照前款规定上报事故情况，应当同时报告本级人民政府。国务院安全生产监督管理部门和负有安全生产监督管理职责的有关部门以及省级人民政府接到发生特别重大事故、重大事故的报告后，应当立即报告国务院。

必要时，安全生产监督管理部门和负有安全生产监督管理职责的有关部门可以越级上报事故情况。

安全生产监督管理部门和负有安全生产监督管理职责的有关部门逐级上报事故情况，每级上报的时间不得超过 2 小时。事故报告后出现新情况的，应当及时补报。

（2）事故报告

生产安全事故报告应当包括下列内容：

① 事故发生单位概况；

② 事故发生的时间、地点以及事故现场情况；

③ 事故的简要经过；

④ 事故已经造成或者可能造成的伤亡人数（包括下落不明的人数）和初步估计的直接经济损失；

⑤ 已经采取的措施；

⑥ 其他应当报告的情况。

事故报告后出现新情况的，应当及时补报。自事故发生之日起 30 日内，事故造成的伤亡人数发生变化的，应当及时补报。道路交通事故、火灾事故自发生之日起 7 日内，事故造成的伤亡人数发生变化的，应当及时补报。

事故发生单位负责人接到事故报告后，应当立即启动事故相应应急预案，或者采取有效措施，组织抢救，防止事故扩大，减少人员伤亡和财产损失。

事故发生后，有关单位和人员应当妥善保护事故现场以及相关证据，任何单位和个人不得破坏事故现场、毁灭相关证据。因抢救人员、防止事故扩大以及疏通交通等原因，需要移动事故现场物件的，应当做出标志，绘制现场简图并做出书面记录，妥善保存现场重要痕迹、物证。

（3）事故调查

① 事故调查组。事故调查组由有关人民政府、安全生产监督管理部门、负有安全生产监督管理职责的有关部门、监察机关、公安机关以及工会派人组成，并应当邀请人民检察院派人参加。事故调查组可以聘请有关专家参与调查。

特别重大事故由国务院或者国务院授权有关部门组织事故调查组进行调查。重大事故、较大事故、一般事故分别由事故发生地省级人民政府、设区的市级人民政府、县级人民政府负责调查。省级人民政府、设区的市级人民政府、县级人民政府可以直接组织事故调查组进行调查，也可以授权或者委托有关部门组织事故调查组进行调查。未造成人员伤亡的一般事故，县级人民政府也可以委托事故发生单位组织事故调查组进行调查。

事故调查组应当自事故发生之日起 60 日内提交事故调查报告；特殊情况下，经负责事故调查的人民政府批准，提交事故调查报告的期限可以适当延长，但延长的期限最长不超过 60 日。

② 事故调查报告。事故调查报告应当包括下列内容：事故发生单位概况；事故发生经过和事故救援情况；事故造成的人员伤亡和直接经济损失；事故发生的原因和事故性质；事故责任的认定以及对事故责任者的处理建议；事故防范和整改措施。事故调查报告应当附具有关证据材料。事故调查组成员应当在事故调查报告上签名。

（4）事故处理

《生产安全事故报告和调查处理条例》规定：重大事故、较大事故、一般事故，负责事故调查的人民政府应当自收到事故调查报告之日起 15 日内做出批复；特别重大事故，30 日内做出批复，特殊情况下，批复时间可以适当延长，但延长的时间最长不超过 30 日。

有关机关应当按照人民政府的批复，依照法律、行政法规规定的权限和程序，对事故发生单位和有关人员进行行政处罚，对负有事故责任的国家工作人员进行处分。事故发生单位应当按照负责事故调查的人民政府的批复，对本单位负有事故责任的人员进行处理。负有事故责任的人员涉嫌犯罪的，依法追究刑事责任。

【例题 12】关于施工生产安全事故报告，下列说法正确的有（BDE）。

A. 单位负责人接到报告后，应当于 2 小时内向事故发生地负有安全生产监督管理职责的有关部门报告

B. 事故发生后，事故现场有关人员应当立即向本单位负责人报告

C. 单位负责人接到报告后，应当于 24 小时内向事故发生地县级以上人民政府安全生产监督管理部门报告

D. 任何单位和个人对事故不得迟报、漏报、谎报或者瞒报

E. 实行施工总承包的，由总承包单位负责上报事故

【例题 13】某工程脚手架倒塌事故造成分包方 2 人死亡，10 人重伤，直接经济损失 800 万元，事故发生 8 天后两名重伤患者不治身亡，则下列说法正确的是（A）。

A. 该事故属于较大事故

B. 单位负责人接到报告后，应在 2 小时内向县级以上人民政府安全生产监督管理部门报告

C. 由于分包单位操作失误造成的事故，由分包单位上报事故

D. 该事故由省级人民政府组织事故调查组进行调查

［解析］造成 10 人重伤的事故属于较大事故，故选项 A 正确；选项 B 错误，应当于 1 小时内报告；选项 C 错误，应由总承包单位上报；选项 D 错误，较大事故由事故发生地设区的市级人民政府组织事故调查组。

【案例 2】

某写字楼工程，地下 1 层，地上 15 层，框架剪力墙结构。首层中厅高 12m，施工单位的项目部编制的模板支架施工方案是满堂扣件式钢管脚手架，专项施工方案由项目部技术负责人审批后实施。施工中，某工人在中厅高空搭设脚手架时随手将扳手放在脚手架上，脚手架受振动后扳手从上面滑落，顺着楼板预留洞口（平面尺寸 0.25m×0.50m）砸到在地下室施工的工人王某头部。由于工人王某认为在室内的楼板下作业没有危险，故没有戴安全帽，被砸成重伤。

【问题】

（1）说明该起安全事故的直接原因与间接原因。

（2）写出该模板支架专项施工方案正确的审批程序。

【分析】

（1）直接原因与间接原因：该工人违规操作；预留洞口未采取防护措施；工人王某未戴安全帽；现场安全管理不到位，安全意识淡薄。

（2）专项施工方案应先由施工单位的技术负责人审批，该模板支架高度超过 8m，还应组织专家组审查论证通过，再报总监理工程师审批同意。

【案例 3】

建设单位通过公开招标与甲施工单位签订了某建筑工程施工总承包合同，依据合同规定，甲施工单位通过招标将钢结构工程分包给乙施工单位。施工过程中发生了下列事件：

事件1：甲施工单位项目经理安排技术员兼任施工现场安全员，并安排其负责编制深基坑支护（基坑深度超过5m）与降水工程专项施工方案，项目经理对该施工方案进行安全验算后，即组织现场施工，并将施工方案及验算结果报送项目监理机构。

事件2：为满足钢结构吊装施工的需要，甲施工单位向设备租赁公司租用一台大型塔式起重机，委托一家有相应资质的安装单位进行塔式起重机安装。安装完成后，由甲、乙施工单位对该塔式起重机共同进行验收，验收合格后投入使用，并到有关部门办理了登记。

事件3：钢结构工程施工中，专业监理工程师在现场发现乙施工单位使用的高强度螺栓未经报验，存在严重的安全隐患，即向乙施工单位签发了工程暂停令，并报告了总监理工程师。甲施工单位得知后也要求乙施工单位立刻停工整改。乙施工单位为赶工期，边施工边报验，项目监理机构及时报告了有关主管部门。报告发出的当天，发生了因高强度螺栓不符合质量标准导致的钢梁高空坠落事故，造成1人重伤，直接经济损失4.6万元。

【问题】

（1）请指出事件1甲施工单位项目经理做法的不妥之处，并写出正确做法。

（2）请指出事件2塔式起重机验收中的不妥之处。

（3）请指出事件3专业监理工程师做法的不妥之处，并说明理由。

（4）对于事件3中的安全事故，甲施工单位和乙施工单位各承担什么责任？请说明理由。监理单位是否有责任？请说明理由。

【分析】

（1）事件1甲施工单位项目经理做法的不妥之处和正确做法如下。

① 不妥之处：安排技术员兼任施工现场安全员。正确做法：应配备专职安全生产管理人员。

② 不妥之处：对该施工方案进行安全验算后即组织现场施工。正确做法：安全验算合格后应组织专家进行论证（因为属于深基坑）、审查，并经施工单位技术负责人签字，报总监理工程师签字后才能安排现场施工。

（2）事件2，只有甲、乙施工单位参加了验收，出租单位和安装单位未参加验收。

（3）事件3，专业监理工程师做法的不妥之处：向乙施工单位签发工程暂停令。

理由：工程暂停令应由总监理工程师向甲施工单位签发。乙施工单位是分包单位，与建设单位没有合同关系。

（4）事件3，责任划分：

① 甲施工单位承担连带责任。因甲施工单位是总承包单位。乙施工单位承担主要责任。因安全事故是由于乙施工单位自身原因造成的（或：因安全事故是由乙施工单位不服从甲施工单位管理造成的）。

② 监理单位没有责任。项目监理机构已履行了监理职责（或：项目监理机构已及时向有关主管部门报告）。

【案例4】

某高层办公楼，总建筑面积是137500m²，地下3层，地上25层。业主与施工总承包单位签订了施工总承包合同，并委托了工程监理单位。

施工总承包单位完成桩基工程后，将深基坑支护工程的设计委托给了专业设计单位，并自行决定将基坑支护和土方开挖工程分包给了一家专业分包单位施工。专业分包单位在收到设计文件后编制了基坑支护工程和降水工程专项施工方案。方案经施工总承包单位项目经理签字后即由专业分包单位组织了施工。

专业分包单位在施工过程中，土方开挖到接近基坑设计标高（自然地坪下 8.5m）时，总监理工程师发现基坑四周地表出现裂缝即向施工总承包单位发出书面通知，要求停止施工并要求立即撤离现场，施工人员查明原因后再恢复施工。但总承包单位认为地表裂缝属正常现象，没有予以理睬。不久基坑发生了严重的坍塌，并造成了 4 名施工人员被掩埋，经抢救 3 人死亡、1 人重伤。事故发生后，专业分包单位立即向有关安全生产监督管理部门上报了事故情况。

经事故调查组调查，坍塌事故主要是由于地质勘察资料中未表明存在古河道，基坑支护设计中未能考虑这一因素造成的。事故直接经济损失 80 万元，专业分包单位要求设计单位赔偿事故损失 80 万元。

【问题】

（1）请指出上述整个事件中有哪些做法不妥，并写出正确的做法。

（2）这起事故中的主要责任者是谁？

【分析】

（1）整个事件中下列做法不妥：

① 施工总承包单位自行决定将基坑支护和土方开挖工程分包给专业分包单位施工不妥。

正确做法：得到业主同意后按法律规定程序选择专业分包单位。

② 专业分包单位编制的基坑支护工程和降水工程专项施工方案经由施工总承包单位项目经理签字后即由专业分包单位组织施工不妥。

正确做法：专项施工方案应先经总承包单位技术负责人审核签字，经总监理工程师审核签字后，再由专业分包单位组织施工。

③ 当基坑四周出现裂缝时，总承包单位收到监理单位要求停止施工的书面通知而不予理睬、拒不执行不妥。

正确做法：总承包单位在收到总监理工程师发出的停工通知后应立即停止施工，查明原因，采取有效措施消除安全隐患。

④ 事故发生后，专业分包单位立即向有关安全生产监督管理部门上报事故情况不妥。

正确做法：事故发生以后，专业分包单位应立即向总承包单位报告，由总承包单位立即向有关安全生产监督管理部门报告。

⑤ 工程质量安全事故造成经济损失后，专业分包单位要求设计单位赔偿事故损失不妥。

正确做法：专业分包单位向总承包单位提出损失赔偿，由总承包单位再向业主提出损失赔偿要求，因为专业分包单位与业主没有合同关系不能提出索赔要求。

（2）事故主要责任在施工总承包单位。施工总承包单位拒不执行总监理工程师指令，没有及时采取有效措施避免基坑严重坍塌安全事故的发生。

本章提要及目标

建筑工程安全生产监督管理制度及安全生产责任制度，各建设主体的安全责任与义务，安全生产事故调查处理。

培养工匠精神，树立安全责任意识。

本章习题

一、单选题

1. 对于土方开挖工程，施工企业编制专项施工方案后，经（　　）签字后实施。

    A. 施工企业项目经理、现场监理工程师

    B. 施工企业技术负责人、建设单位负责人

    C. 施工企业技术负责人、总监理工程师

    D. 建设单位负责人、总监理工程师

2. 在施工现场安装、拆卸施工起重机械和整体提升脚手架、模板等自升式架设设备，必须由（　　）承担。

    A. 设备使用单位   B. 具有相应资质的单位

    C. 设备出租单位   D. 检验检测机构

3. 施工企业专职安全员在对安全生产进行现场监督检查时，发现安全隐患，可及时向（　　）报告。

    A. 施工企业负责人   B. 建设安全主管部门

    C. 项目负责人和安全生产监督管理机构   D. 县级以上人民政府

4. 按照《建设工程安全生产管理条例》的规定，（　　）不属于建设单位安全责任范围。

    A. 向建设行政主管部门提供安全施工措施资料

    B. 向施工单位提供准确的地下管线资料

    C. 对拆除工程进行备案

    D. 向施工现场从事特种作业的施工人员提供安全保障

5. 甲建筑公司是某施工项目的施工总承包单位，乙建筑公司是其分包单位。2018 年 5 月 5 日，乙建筑公司的施工项目发生了生产安全事故，应由（　　）向负有安全生产监督管理职责的部门报告。

    A. 甲建筑公司或乙建筑公司   B. 甲建筑公司

    C. 乙建筑公司   D. 甲建筑公司和乙建筑公司

6. 施工单位与建设单位签订施工合同后，将其中的部分工程分包给分包单位，施工现场的安全生产由（　　）负总责。

    A. 建设单位   B. 施工单位   C. 分包单位   D. 工程监理单位

7. 工程监理单位在实施监理过程中，发现存在安全事故隐患，情况严重的，应当要求施工单位（　　）。

    A. 暂停施工，并及时报告建设单位   B. 暂停施工，并及时报告有关主管部门

    C. 整改，并及时报告建设单位   D. 整改，并及时报告有关主管部门

8. 工程施工中发生安全事故造成 10 人死亡，该事故属于（　　）事故。

    A. 特别重大   B. 重大   C. 较大   D. 一般

二、多选题

1. 某机械设备租赁公司拟在施工现场安装施工起重机械。根据《建设工程安全生产管理条例》，该公司应（　　）。

    A. 编制安装方案   B. 出具自检合格证明

C. 具有起重设备安装工程专业承包资质　　D. 自行验收

E. 派出本单位专业技术人员现场监督

2. 经过对某项目进行检查，发现存在下列情形，其中违反了《建设工程安全生产管理条例》的是（　　　）。

A. 施工单位没有专职安全管理人员　　B. 特种作业人员没有持证上岗

C. 施工前没有进行安全技术交底　　D. 由于没有采取措施，施工时破坏了地下管线

E. 已经半年没有对特种作业人员进行安全生产教育培训

3. 根据《建设工程安全生产管理条例》，施工单位对因建设工程施工可能造成损害的毗邻（　　　），应当采取专项防护措施。

A. 施工现场临时设施　　　　　　　B. 建筑物

C. 构筑物　　　　　　　　　　　　D. 地下管线

E. 施工现场道路

4. 建设单位的安全责任包括（　　　）。

A. 向施工单位提供地下管线资料　　B. 依法履行合同

C. 提供安全生产费用　　　　　　　D. 不推销劣质材料设备

E. 对分包单位安全生产全面负责

5. 关于建设单位安全责任的说法中，正确的有（　　　）。

A. 不得压缩合同的工期

B. 确保地下管线的安全

C. 需要临时占用规划批准范围以外场地的，办理批准手续

D. 申请施工许可证时应当提供有关安全施工措施的资料

E. 审查专项施工方案

6. 建设单位的安全责任有（　　　）。

A. 向施工单位提供真实、准确、完整的地下管线资料

B. 采取措施保护施工现场毗邻区域内的地下管线

C. 提出保障施工作业人员安全的措施建议

D. 对安全技术措施进行审查

E. 提供安全生产费用

本章在线测试题

第6章 建设工程质量管理法律制度

6.1 工程建设标准化法规

（1）工程建设标准概述

工程建设标准是对建设工程的勘察、设计、施工、安装、验收、运营维护及管理等活动和结果需要协调统一的事项所制定的共同的、重复使用的技术依据和准则。在中华人民共和国境内从事新建、扩建、改建等工程建设活动，必须执行工程建设强制性标准。《实施工程建设强制性标准监督规定》（2015 年修改）规定：工程建设强制性标准是指直接涉及工程质量、安全、卫生及环境保护等方面的工程建设标准强制性条文。

（2）工程建设标准的分类

工程建设标准分为：国家标准、行业标准、地方标准、团体标准、企业标准。国家标准分为强制性标准（GB）和推荐性标准（GB/T）。强制性标准如《建筑工程施工质量验收统一标准》（GB 50300—2013）。强制性标准是生产建设中的最低标准，必须执行。国务院各行政主管部门制定工程建设行业标准时，不得擅自更改强制性国家标准。强制性标准以外的标准是推荐性标准。行业标准和地方标准，一律为推荐性标准。

《工程建设标准强制性条文》是工程建设过程中的强制性技术规定，是参与建设活动各方执行工程建设强制性标准的依据。

《中华人民共和国标准化法》（2017 年修改）（以下简称《标准化法》）规定：对保障人身健康和生命财产安全、国家安全、生态环境安全以及满足经济社会管理基本需要的技术要求，应当制定强制性国家标准。

《工程建设国家标准管理办法》规定，对需要在全国范围内统一的下列技术要求，应当制定国家标准：

① 工程建设勘察、规划、设计、施工（包括安装）及验收等通用的质量要求；

② 工程建设通用的有关安全、卫生和环境保护的技术要求；

③ 工程建设通用的术语、符号、代号、量与单位、建筑模数和制图方法；

④ 工程建设通用的试验、检验和评定等方法；

⑤ 工程建设通用的信息技术要求；

⑥ 国家需要控制的其他工程建设通用的技术要求。

法律另有规定的，依照法律的规定执行。

国家标准分为强制性标准和推荐性标准。

下列标准属于强制性标准：

① 工程建设勘察、规划、设计、施工（包括安装）及验收等通用的综合标准和重要的

通用的质量标准；

　　② 工程建设通用的有关安全、卫生和环境保护的标准；

　　③ 工程建设重要的通用的术语、符号、代号、量与单位、建筑模数和制图方法标准；

　　④ 工程建设重要的通用的试验、检验和评定方法等标准；

　　⑤ 工程建设重要的通用的信息技术标准；

　　⑥ 国家需要控制的其他工程建设通用的标准。

　　强制性标准以外的标准是推荐性标准。

　　国家鼓励企业自愿采用推荐性标准。推荐性国家标准、行业标准、地方标准、团体标准、企业标准的技术要求不得低于强制性国家标准的要求，国家鼓励社会团体、企业制订高于推荐性标准要求的团体标准、企业标准。推荐性标准需要由工程建设单位与工程承包单位在签订的工程承包合同中予以确认，作为在工程实施中共同遵守的技术依据，并受合同法律约束。

　　（3）工程建设标准的实施监督

　　《实施工程建设强制性标准监督规定》中规定，建设项目规划审查机构应当对工程建设规划阶段执行强制性标准的情况实施监督。施工图设计文件审查单位应当对工程建设勘察、设计阶段执行强制性标准的情况实施监督。建筑安全监督管理机构应当对工程建设施工阶段执行施工安全强制性标准的情况实施监督。工程质量监督机构应当对工程建设施工、监理、验收等阶段执行强制性标准的情况实施监督。工程建设强制性标准的实施监督内容包括：

　　① 有关工程技术人员是否熟悉、掌握强制性标准；

　　② 项目的规划、勘察、设计、施工、验收是否符合强制性标准的规定；

　　③ 项目采用的材料、设备是否符合强制性标准的规定；

　　④ 项目的安全、质量是否符合强制性标准的规定；

　　⑤ 项目采用的导则、指南、手册、计算机软件是否符合强制性标准的规定。

　　（4）违反强制性标准的法律责任

　　《实施工程建设强制性标准监督规定》相关规定：

　　① 建设单位有下列行为之一的，责令改正，并处以 20 万元以上 50 万元以下的罚款：明示或者暗示施工单位使用不合格的建筑材料、建筑构配件和设备的；明示或者暗示设计单位或者施工单位违反工程建设强制性标准，降低工程质量的。

　　② 勘察、设计单位违反工程建设强制性标准进行勘察、设计的，责令改正，并处以 10 万元以上 30 万元以下的罚款。有前款行为，造成工程质量事故的，责令停业整顿，降低资质等级；情节严重的，吊销资质证书；造成损失的，依法承担赔偿责任。

　　③ 施工单位违反工程建设强制性标准的，责令改正，处工程合同价款 2% 以上 4% 以下的罚款；造成建设工程质量不符合规定的质量标准的，负责返工、修理，并赔偿因此造成的损失；情节严重的，责令停业整顿，降低资质等级或者吊销资质证书。

　　④ 工程监理单位违反强制性标准规定，将不合格的建设工程以及建筑材料、建筑构配件和设备按照合格签字的，责令改正，处 50 万元以上 100 万元以下的罚款，降低资质等级或者吊销资质证书；有违法所得的，予以没收；造成损失的，承担连带赔偿责任。

6.2 建设工程质量监督管理

6.2.1 建设工程质量的概念及特性

工程质量是指工程满足业主需要的，符合国家法律、法规、技术规范标准、设计文件及合同的规定的特性综合。主要表现在以下六个方面：

① 适用性。即功能，是指工程满足使用目的的各种性能。

② 耐久性。即寿命，是指工程在规定的条件下，满足规定功能要求使用的年限，也就是工程竣工后的合理使用寿命周期。

③ 安全性。是指工程建成后在使用过程中保证结构安全、保证人身和环境免受危害的程度。

④ 可靠性。是指工程在规定的时间和规定的条件下完成规定功能的能力。

⑤ 经济性。是指工程从规划、勘察、设计、施工到整个产品使用寿命周期内的成本和消耗的费用。具体表现：设计成本、施工成本、使用成本三者之和。

⑥ 与环境的协调性。是指工程与其周围生态环境协调，与所在地区经济环境协调以及与周围已建工程相协调，以适应可持续发展的要求。

6.2.2 建设工程质量形成过程与影响因素

（1）工程建设各阶段对质量形成的作用与影响

具体内容见表6-1。

表6-1　工程建设各阶段对质量形成的作用与影响

工程建设阶段	对质量形成的作用	对质量形成的影响
项目可行性研究	项目决策和设计的依据 确定工程项目的质量要求，与投资目标相协调	直接影响项目的决策质量和设计质量
项目决策	充分反映业主的意愿 与地区环境相适应，做到投资、质量、进度三者协调统一	确定工程项目应达到的质量目标和水平
工程勘察设计	工程地质勘察为建设场地的选择和工程的设计与施工提供地质资料依据 工程设计使质量目标和水平具体化，为施工提供直接的依据	工程设计质量是决定工程质量的关键环节
工程施工	将设计意图付诸实施，建成最终产品	决定设计意图能否体现、形成实体质量的决定性环节
工程竣工验收	考核项目质量是否达到设计要求，是否符合决策阶段确定的质量目标和水平，并通过验收确保工程项目的质量	保证最终产品的质量

（2）影响工程质量的因素

影响工程质量的因素主要有五个方面，即人员、材料、机械、方法和环境。

① 人员素质。人员素质是影响工程质量的一个重要因素。建筑业企业资质管理、市场

准入制度、执业（职业）资格注册制度、作业及管理人员持证上岗制度等是保证人员素质的重要管理措施。

② 工程材料。工程材料是工程质量的基础，材料包括工程材料和施工用料。

③ 机械设备。机械设备可分为两类：一类是组成工程实体及配套的工艺设备和各类机具；另一类是施工过程中使用的各类机具设备，直接影响工程的使用功能质量。

④ 方法。也称技术因素，包括勘察、设计、施工所采用的技术和方法，以及工程检测、试验的技术和方法等。

⑤ 环境条件。对工程质量特性起重要作用的环境因素，包括自然环境因素、作业环境因素、社会环境因素和管理环境因素。管理环境因素主要是指项目参建单位的质量管理体系、质量管理制度和各参建单位之间的协调等因素。

6.2.3　建设工程质量管理体系

建设工程质量管理体系包括纵向管理和横向管理两个方面。

纵向管理是国家对建设工程质量进行的监督管理，具体由建设行政主管部门及其授权机构实施，这种管理贯穿在工程建设全过程和各个环节之中，它既对工程建设从设计、规划、土地管理、环保、消防等方面进行监督管理，又对工程建设主体从从业资质认定和审查，成果质量检测、奖罚等方面进行监督管理，还对工程建设招标投标、工程施工、验收、维修等进行监督管理。

横向管理包括两个方面：一是工程承包单位的管理，如勘察单位、设计单位、施工单位对自身所承担工作的质量管理。承包单位要按要求建立专门质检机构，配备相应的质检人员，建立相应的质量保证制度。二是建设单位对建设工程的管理。建设单位可成立相应的机构和人员，对所建工程的质量进行监督，也可委托社会监理单位对工程建设的质量进行监理。

6.2.4　建设工程质量监督管理制度

国家实行建设工程质量监督管理制度，建设工程质量必须实行政府监督管理。政府实行建设工程质量监督的主要目的是保证建设工程使用安全和环境质量，主要方式是政府认可的第三方强制性监督。2010 年住房和城乡建设部发布《房屋建筑和市政基础设施工程质量监督管理规定》，自 2010 年 9 月 1 日起施行。

6.2.4.1　建设工程质量监督管理

工程质量监督管理，是指主管部门依据有关法律法规和工程建设强制性标准，对工程实体质量和工程建设、勘察、设计、施工、监理单位（以下简称工程质量责任主体）和质量检测等单位的工程质量行为实施监督。

工程实体质量监督，是指主管部门对涉及工程主体结构安全、主要使用功能的工程实体质量情况实施监督。

工程质量行为监督，是指主管部门对工程质量责任主体和质量检测等单位履行法定质量责任和义务的情况实施监督。

工程质量监督机构是经省级以上建设行政主管部门或有关专业部门考核认定，具有独立法人资格的单位。它受县级以上地方人民政府建设行政主管部门或有关专业部门的委托，依法对工程质量进行强制性监督，并对委托部门负责。《建筑工程质量管理条例》规定：县级以上地方人民政府建设行政主管部门和其他有关部门应当加强对有关建设工程质量的法律、法规和强制性标准执行情况的监督检查。

建设主管部门及工程质量监督机构实施监督检查时，有权采取下列措施：

① 要求被检查的单位提供有关工程质量的文件和资料；

② 进入被检查单位的施工现场进行检查；

③ 发现有影响工程质量的问题时，责令改正。

6.2.4.2　建设工程质量监督管理的内容和程序

（1）工程质量监督管理的内容

工程质量监督管理应当包括下列内容：

① 执行法律法规和工程建设强制性标准的情况；

② 抽查涉及工程主体结构安全和主要使用功能的工程实体质量；

③ 抽查工程质量责任主体和质量检测等单位的工程质量行为；

④ 抽查主要建筑材料、建筑构配件的质量；

⑤ 对工程竣工验收进行监督；

⑥ 组织或者参与工程质量事故的调查处理；

⑦ 定期对本地区工程质量状况进行统计分析；

⑧ 依法对违法违规行为实施处罚。

（2）工程项目实施质量监督的程序

对工程项目实施质量监督，应当依照下列程序进行：

① 受理建设单位办理质量监督手续；

② 制订工作计划并组织实施；

③ 对工程实体质量、工程质量责任主体和质量检测等单位的工程质量行为进行抽查、抽测；

④ 监督工程竣工验收，重点对验收的组织形式、程序等是否符合有关规定进行监督；

⑤ 形成工程质量监督报告；

⑥ 建立工程质量监督档案。

6.2.5　建设工程质量事故报告制度

住房和城乡建设部《关于做好房屋建筑和市政基础设施工程质量事故报告和调查处理工作的通知》规定，工程质量事故是指由于建设、勘察、设计、施工、监理等单位违反工程质量有关法律法规和工程建设标准，使工程产生结构安全、重要使用功能等方面的质量缺陷，造成人身伤亡或者重大经济损失的事故。

6.2.5.1　质量事故等级

根据工程质量事故造成的人员伤亡或者直接经济损失，工程质量事故分为 4 个等级：

① 一般事故。一般事故是造成 3 人以下死亡，或者 10 人以下重伤，或者 100 万元以上 1000 万元以下直接经济损失的事故。

② 较大事故。较大事故是造成 3 人以上 10 人以下死亡，或者 10 人以上 50 人以下重伤，或者 1000 万元以上 5000 万元以下直接经济损失的事故。

③ 重大事故。重大事故是造成 10 人以上 30 人以下死亡，或者 50 人以上 100 人以下重

伤，或者 5000 万元以上 1 亿元以下直接经济损失的事故。

④ 特别重大事故。特别重大事故是造成 30 人以上死亡，或者 100 人以上重伤，或者 1 亿元以上直接经济损失的事故。

等级划分所称的"以上"包括本数，所称的"以下"不包括本数。

6.2.5.2　质量事故报告及调查

工程质量事故发生后，事故现场有关人员应当立即向工程建设单位负责人报告；工程建设单位负责人接到报告后，应于 1 小时内向事故发生地县级以上人民政府住房城乡建设主管部门及有关部门报告；如果同时发生安全事故，施工单位应当立即启动生产安全事故应急救援预案；情况紧急时，事故现场有关人员可直接向事故发生地县级以上人民政府住房城乡建设主管部门报告。

发生重大工程质量事故隐瞒不报、谎报或者拖延报告期限的，对直接负责的主管人员和其他责任人员依法给予行政处分。

（1）事故报告部门

住房城乡建设主管部门接到事故报告后，应当依照下列规定上报事故情况，并同时通知公安、监察机关等有关部门：

① 较大、重大及特别重大事故逐级上报至国务院住房城乡建设主管部门，一般事故逐级上报至省级人民政府住房城乡建设主管部门，必要时可以越级上报事故情况。

② 住房城乡建设主管部门上报事故情况，应当同时报告本级人民政府；国务院住房城乡建设主管部门接到重大和特别重大事故的报告后，应当立即报告国务院。

③ 住房城乡建设主管部门逐级上报事故情况时，每级上报时间不得超过 2 小时。

（2）事故报告内容

事故报告应包括下列内容：

① 事故发生的时间、地点、工程项目名称、工程各参建单位名称；

② 事故发生的简要经过、伤亡人数（包括下落不明的人数）和初步估计的直接经济损失；

③ 事故的初步原因；

④ 事故发生后采取的措施及事故控制情况；

⑤ 事故报告单位、联系人及联系方式；

⑥ 其他应当报告的情况。

（3）事故调查

事故调查要按规定区分事故的大小，分别由相应级别的人民政府直接或授权委托有关部门组织事故调查组进行调查。未造成人员伤亡的一般事故，县级人民政府也可以委托事故发生单位组织事故调查组进行调查。调查结果要整理撰写成事故调查报告。

6.2.5.3　主管部门处理

住房城乡建设主管部门应当依据有关法律法规的规定，对事故中负有责任的建设、勘察、设计、施工、监理等单位和施工图审查、质量检测等有关单位分别给予罚款、停业整顿、降低资质等级、吊销资质证书中一项或多项处罚，对事故中负有责任的注册执业人员分别给予罚款、停止执业、吊销执业资格证书、终身不予注册中一项或多项处罚。

6.3 质量责任主体的质量责任和义务

建设单位、勘察单位、设计单位、施工单位和施工图审查机构、工程质量检测机构、监理单位，都属于建设工程质量责任主体。下面主要介绍建设单位、施工单位、监理单位、勘察和设计单位的质量责任和义务。

6.3.1 建设单位的质量责任和义务

（1）依法对工程进行发包的责任

建设单位应当依法行使工程发包权，应当将工程发包给具有相应资质等级的单位，不得将建设工程肢解发包。

（2）依法进行招标的责任

建设单位应当依法对工程建设项目的勘察、设计、施工、监理以及与工程建设有关的重要设备、材料等的采购进行招标。

依法必须实行监理的工程，建设单位应当委托具有相应资质等级的工程监理单位进行监理，也可以委托具有工程监理相应资质等级并与被监理工程的施工承包单位没有隶属关系或者其他利害关系的该工程的设计单位进行监理。

（3）提供原始资料的责任

建设单位必须向有关的勘察、设计、施工、工程监理等单位提供与建设工程有关的原始资料。原始资料必须真实、准确、齐全。

（4）不得干预投标人的责任

建设工程发包单位不得迫使承包方以低于成本的价格竞标。承包方主要指勘察、设计和施工单位。建设单位也不得任意压缩合理工期，不得明示或者暗示设计单位或者施工单位违反工程建设强制性标准，降低建设工程质量。

（5）送审施工图、办理工程质量监督手续的责任

建设单位应当将施工图设计文件报县级以上人民政府建设行政主管部门或者其他有关部门审查。施工图设计文件未经审查批准的，不得使用。

《建设工程质量管理条例》规定，建设单位在开工前，应当按照国家有关规定办理工程质量监督手续，接受政府主管部门的工程质量监督。工程质量监督手续可以与施工许可证或者开工报告合并办理。

（6）确保提供的物资符合要求的责任

由建设单位采购建筑材料、建筑构配件和设备的，建设单位应当保证建筑材料、建筑构配件和设备符合设计文件和合同要求。

建设单位提供的建筑材料、建筑构配件和设备不符合设计文件和合同要求，属于违约行为，应当向施工单位承担违约责任，施工单位有权拒绝接收这些货物。

（7）依法进行装修的责任

涉及建筑主体和承重结构变动的装修工程，建设单位应当在施工前委托原设计单位或者具有相应资质等级的设计单位提出设计方案；没有设计方案的，不得施工。

（8）依法组织竣工验收的责任

建设单位收到建设工程竣工报告后，应当组织设计、施工、工程监理等有关单位进行竣工验收。建设工程经竣工验收合格的，方可交付使用。

（9）移交建设项目档案的责任

建设单位应当严格按照国家有关档案管理的规定，向建设行政主管部门或者其他有关部门移交建设项目档案。

（10）法律责任

①《建筑法》相关规定。

建设单位要求建筑设计单位或者建筑施工企业违反建筑工程质量、安全标准，降低工程质量的，责令改正，可以处以罚款；构成犯罪的，依法追究刑事责任。

②《建设工程质量管理条例》相关规定。

a. 建设单位将建设工程发包给不具有相应资质等级的勘察、设计、施工单位或者委托给不具有相应资质等级的工程监理单位的，责令改正，处 50 万元以上 100 万元以下的罚款。

b. 建设单位将建设工程肢解发包的，责令改正，处工程合同价款百分之零点五以上百分之一以下的罚款；对全部或者部分使用国有资金的项目，并可以暂停项目执行或者暂停资金拨付。

c. 建设单位有下列行为之一的，责令改正，处 20 万元以上 50 万元以下的罚款：

迫使承包方以低于成本的价格竞标的；任意压缩合理工期的；明示或者暗示设计单位或者施工单位违反工程建设强制性标准，降低工程质量的；施工图设计文件未经审查或者审查不合格，擅自施工的；建设项目必须实行工程监理而未实行工程监理的；未按照国家规定办理工程质量监督手续的；明示或者暗示施工单位使用不合格的建筑材料、建筑构配件和设备的；未按照国家规定将竣工验收报告、有关认可文件或者准许使用文件报送备案的。

d. 建设单位未取得施工许可证或者开工报告未经批准，擅自施工的，责令停止施工，限期改正，处工程合同价款百分之一以上百分之二以下的罚款。

e. 建设单位有下列行为之一的，责令改正，处工程合同价款百分之二以上百分之四以下的罚款；造成损失的，依法承担赔偿责任：

未组织竣工验收，擅自交付使用的；验收不合格，擅自交付使用的；对不合格的建设工程按照合格工程验收的。

f. 建设工程竣工验收后，建设单位未向建设行政主管部门或者其他有关部门移交建设项目档案的，责令改正，处 1 万元以上 10 万元以下的罚款。

6.3.2　施工单位的质量责任和义务

6.3.2.1　依法承揽工程的责任

施工单位应当依法取得相应等级的资质证书，并在其资质等级许可的范围内承揽工程。

禁止施工单位超越本单位资质等级许可的业务范围或者以其他施工单位的名义承揽工程。禁止施工单位允许其他单位或者个人以本单位的名义承揽工程，施工单位不得转包或者违法分包工程。

6.3.2.2　总分包单位的质量责任划分

建设工程实行总承包的，总承包单位应当对全部建设工程质量负责。总承包单位依法将建设工程分包给其他单位的，分包单位应当按照分包合同的约定对其分包工程的质量向总承包单位负责，总承包单位与分包单位对分包工程的质量承担连带责任。分包工程发生质量问题时，建设单位或其他受害人既可以向分包单位请求赔偿，也可以向总承包单位请求赔偿；进行赔偿的一方，有权依据分包合同的约定，对不属于自己责任的那部分赔偿向对方追偿。

6.3.2.3　按图施工的责任

施工单位必须按照工程设计图和施工技术标准施工，不得擅自修改工程设计，不得偷工减料。施工单位在施工过程中发现设计文件和设计图有差错的，应当及时提出意见和建议。

施工单位、监理单位发现建设工程勘察、设计文件不符合工程建设强制性标准、合同约定的质量要求的，应当报告建设单位，建设单位有权要求建设工程勘察、设计单位对建设工程勘察、设计文件进行补充、修改。

6.3.2.4　对建筑材料、设备进行检验检测的责任

① 建筑施工企业必须按照工程设计要求、施工技术标准和合同的约定，对建筑材料、建筑构配件、设备和商品混凝土进行检验，不合格的不得使用。运到施工现场的原材料、半成品或构配件，进场前应向项目监理机构提交如下文件：

工程材料/构配件/设备报审表；产品出厂合格证及技术说明书；由施工承包单位按规定要求进行检验的检验或试验报告。

经监理工程师审查并确认其质量合格后，方准进场。凡是没有产品出厂合格证明及检验不合格者，不得进场。

监理工程师认为承包单位提交的有关产品合格证明的文件以及施工承包单位提交的检验和试验报告，仍不足以说明到场产品的质量符合要求时，监理工程师可以再行组织复检或见证取样试验，确认其质量合格后方允许进场。

② 施工检测的见证取样和送检制度。见证取样和送检是指在建设单位或工程监理单位人员的见证下，由施工单位的现场试验人员对工程中涉及结构安全的试块、试件和材料在现场取样，并送至具有法定资格的质量检测单位进行检测的活动。

《房屋建筑工程和市政基础设施工程实行见证取样和送检的规定》中规定，涉及结构安全的试块、试件和材料见证取样和送检的比例不得低于有关技术标准中规定应取样数量的30%。

a.见证取样范围。下列试块、试件和材料必须实施见证取样和送检：

用于承重结构的混凝土试块；用于承重墙体的砌筑砂浆试块；用于承重结构的钢筋及连接接头试件；用于承重墙的砖和混凝土小型砌块；用于拌制混凝土和砌筑砂浆的水泥；用于承重结构的混凝土中使用的掺加剂；地下、屋面、厕浴间使用的防水材料；国家规定必须实行见证取样和送检的其他试块、试件和材料。

b.见证人员。见证人员应由建设单位或该工程的监理单位中具备施工试验知识的专业技术人员担任，并由建设单位或该工程的监理单位书面通知施工单位、检测单位和负责该项工程的质量监督机构。

c.见证标识。在施工过程中，见证人员应按照见证取样和送检计划，对施工现场的取样和送检进行见证。取样人员应在试样或其包装上作出标识、封志。标识和封志应标明工程名称、取样部位、取样日期、样品名称和样品数量，并由见证人员和取样人员签字。见证人员应制作见证记录，并将见证记录归入施工技术档案。见证人员和取样人员应对试样的代表性和真实性负责。

d. 工程质量检测。工程质量检测机构是具有独立法人资格的中介机构。检测机构资质分为专项检测机构资质和见证取样检测机构资质，没有相应资质，不得承担质量检测业务。质量检测业务由建设单位委托具有相应资质的检测机构进行。

检测机构完成检测业务后，应当及时出具检测报告。检测报告经检测人员签字、检测机构法定代表人或者其授权的签字人签署，并加盖检测机构公章或者检测专用章后方可生效。检测报告经建设单位或者工程监理单位确认后，由施工单位归档。

6.3.2.5 施工质量检验和返修的责任

（1）施工质量检验制度

施工质量检验是指工程施工过程中工序质量检验（过程检验），包括预检、自检、交接检、专职检、分部工程中间检验以及隐蔽工程检验等。

① 隐蔽工程在隐蔽前，施工单位应当通知建设单位（实施监理的工程为监理单位）和建设工程质量监督机构。

② 承包人应在共同检查前 48 小时书面通知监理人检查；监理人不能按时检查的，应在检查前 24 小时向承包人提出书面延期要求，但延期不能超过 48 小时；监理人未按时检查，也未提出延期要求的，视为隐蔽工程检查合格。

③ 承包人覆盖隐蔽部位后，发包人或监理人对质量有疑问的，可以要求承包人对已覆盖的部位重新检查。质量符合合同要求的，由发包人承担费用和延误的工期；质量不符合要求的，费用和延误的工期由承包人承担。

（2）返修责任

施工单位对施工中出现质量问题的建设工程或者竣工验收不合格的建设工程，应当负责返修。

《民法典》规定，因施工人的原因致使建设工程质量不符合约定的，发包人有权要求施工人在合理期限内无偿修理或者返工、改建。

在建设工程竣工验收合格前，施工过程中出现质量问题的建设工程，竣工验收时发现质量问题的工程，施工单位都要负责返修；对于非施工单位的原因造成的质量问题，施工单位也应当负责返修，因此造成的损失及返修费由责任方承担。

建设工程竣工验收合格后，施工单位应对保修期内出现的质量问题履行保修义务。

6.3.2.6 法律责任

《建设工程质量管理条例》相关规定：

① 施工单位在施工中偷工减料的，使用不合格的建筑材料、建筑构配件和设备的，或者有不按照工程设计图纸或者施工技术标准施工的其他行为的，责令改正，处工程合同价款百分之二以上百分之四以下的罚款；造成建设工程质量不符合规定的质量标准的，负责返工、修理，并赔偿因此造成的损失；情节严重的，责令停业整顿，降低资质等级或者吊销资质证书。

② 施工单位未对建筑材料、建筑构配件、设备和商品混凝土进行检验，或者未对涉及结构安全的试块、试件以及有关材料取样检测的，责令改正，处 10 万元以上 20 万元以下的罚款；情节严重的，责令停业整顿，降低资质等级或者吊销资质证书；造成损失的，依法承担赔偿责任。

③ 施工单位不履行保修义务或者拖延履行保修义务的，责令改正，处 10 万元以上 20

万元以下的罚款，并对在保修期内因质量缺陷造成的损失承担赔偿责任。

6.3.3 工程监理单位的质量责任和义务

（1）依法承担工程监理业务

工程监理单位应当依法取得相应等级的资质证书，并在其资质等级许可的范围内承担工程监理业务。

禁止工程监理单位超越本单位资质等级许可的范围或者以其他工程监理单位的名义承担工程监理业务。禁止工程监理单位允许其他单位或者个人以本单位的名义承担工程监理业务。工程监理单位不得转让工程监理业务。

（2）对有隶属关系或其他利害关系的单位的回避

工程监理单位与被监理工程的施工承包单位以及建筑材料、建筑构配件和设备供应单位有隶属关系或者其他利害关系的，不得承担该项建设工程的监理业务。

独立是公正的前提条件，监理单位如果不独立是不可能保持公正的。

（3）依法监理

工程监理单位应当依照法律、法规以及有关技术标准、设计文件和建设工程承包合同，代表建设单位对施工质量实施监理，并对施工质量承担监理责任。

工程监理单位故意弄虚作假，降低工程质量标准，造成质量事故的，要承担法律责任。工程监理单位与承包单位串通，谋取非法利益，给建设单位造成损失的，应当与承包单位承担连带赔偿责任。监理单位在责任期内，不按照监理合同约定履行监理职责，给建设单位或其他单位造成损失的，属违约责任，应当向建设单位赔偿损失。

（4）工程监理的职责和权限

《建设工程质量管理条例》规定，工程监理单位应当选派具备相应资格的总监理工程师和监理工程师进驻施工现场。未经监理工程师签字，建筑材料、建筑构配件和设备不得在工程上使用或者安装，施工单位不得进行下一道工序的施工。未经总监理工程师签字，建设单位不拨付工程款，不进行竣工验收。

监理工程师拥有对建筑材料、建筑构配件和设备以及每道施工工序的检查权，对检查不合格的，有权决定是否允许在工程上使用或进行下一道工序的施工。工程监理实行总监理工程师负责制。总监理工程师依法在授权范围内可以发布有关指令，全面负责受委托的监理工程。

（5）法律责任

①《建筑法》相关规定。

工程监理单位不按照委托监理合同的约定履行监理义务，对应当监督检查的项目不检查或者不按照规定检查，给建设单位造成损失的，应当承担相应的赔偿责任。工程监理单位与承包单位串通，为承包单位谋取非法利益，给建设单位造成损失的，应当与承包单位承担连带赔偿责任。

工程监理单位与建设单位或者建筑施工企业串通，弄虚作假、降低工程质量的，责令改正，处以罚款，降低资质等级或者吊销资质证书；有违法所得的，予以没收；造成损失的，承担连带赔偿责任；构成犯罪的，依法追究刑事责任。

②《建设工程质量管理条例》相关规定。

工程监理单位与被监理工程的施工承包单位以及建筑材料、建筑构配件和设备供应单有隶属关系或者其他利害关系承担该项建设工程的监理业务的，责令改正，处 5 万元以上 10 万元以下的罚款，降低资质等级或者吊销资质证书；有违法所得的，予以没收。

工程监理单位有下列行为之一的，责令改正，处 50 万元以上 100 万元以下的罚款，降低资质等级或者吊销资质证书；有违法所得的，予以没收；造成损失的，承担连带赔偿责任：与建设单位或者施工单位串通，弄虚作假、降低工程质量的；将不合格的建设工程、建筑材料、建筑构配件和设备按照合格签字的。

监理工程师因过错造成质量事故的，责令停止执业 1 年；造成重大质量事故的，吊销执业资格证书，5 年以内不予注册；情节特别恶劣的，终身不予注册。

工程监理单位违反国家规定，降低工程质量标准，造成重大安全事故，构成犯罪的，对直接责任人员依法追究刑事责任。

6.3.4　勘察、设计单位的质量责任和义务

（1）勘察、设计单位共同的责任

① 依法承揽工程。从事建设工程勘察、设计的单位应当依法取得相应等级的资质证书，并在其资质等级许可的范围内承揽工程。

禁止勘察、设计单位超越其资质等级许可的范围或者以其他勘察、设计单位的名义承揽工程。禁止勘察、设计单位允许其他单位或者个人以本单位的名义承揽工程。勘察、设计单位不得转包或者违法分包所承揽的工程。

② 执行强制性标准。勘察、设计单位必须按照工程建设强制性标准进行勘察、设计，并对其勘察、设计的质量负责。注册建筑师、注册结构工程师等注册执业人员应当在设计文件上签字，对设计文件负责。

（2）勘察单位的质量责任

由于勘察单位提供的资料会影响到后续工作的质量，因此，勘察单位提供的地质、测量、水文等勘察成果必须真实、准确。

（3）设计单位的质量责任

① 设计单位应当根据勘察成果文件进行建设工程设计。设计文件应当符合国家规定的设计深度要求，注明工程合理使用年限。

② 设计单位在设计文件中选用的建筑材料、建筑构配件和设备，应当注明规格、型号、性能等技术指标，其质量要求必须符合国家规定的标准。除有特殊要求的建筑材料、专用设备、工艺生产线等外，设计单位不得指定生产厂、供应商。

③ 设计单位应当就审查合格的施工图设计文件向施工单位作出详细说明（设计交底）。

④ 设计单位应当参与建设工程质量事故分析，并对因设计造成的质量事故，提出相应的技术处理方案。

（4）法律责任

《建设工程质量管理条例》相关规定：

有下列行为之一的，责令改正，处 10 万元以上 30 万元以下的罚款：勘察单位未按照工程建设强制性标准进行勘察的；设计单位未根据勘察成果文件进行工程设计的；设计单位指定建筑材料、建筑构配件的生产厂、供应商的；设计单位未按照工程建设强制性标准进行设计的。

有上述行为，造成工程质量事故的，责令停业整顿，降低资质等级；情节严重的，吊销

资质证书；造成损失的，依法承担赔偿责任。

【例题 1】下列情形中不属于发包人质量义务的是（D）。

A. 提供必要的施工条件

B. 及时组织工程竣工验收

C. 向有关部门移交建设项目档案

D. 就审查合格的施工图设计文件向施工企业进行详细说明

【例题 2】施工企业在施工过程中发现设计文件和施工图有差错的，应当（D）。

A. 继续按设计文件和施工图施工

B. 对设计文件和施工图进行修改，按修改后的设计文件和施工图进行施工

C. 对设计文件和施工图进行修改，征得设计单位同意后按修改后的设计文件和施工图
进行施工

D. 及时提出意见和建议

【例题 3】下列关于工程监理职责和权限的说法，正确的有（ABDE）。

A. 未经监理工程师签字，建筑材料不得在工程上使用

B. 未经监理工程师签字，施工企业不得进行下一道工序的施工

C. 未经专业监理工程师签字，建设单位不得拨付工程款

D. 未经总监理工程师签字，建设单位不得进行竣工验收

E. 未经监理工程师签字，建筑构配件不得在工程上使用

【例题 4】根据《建设工程质量管理条例》，设计单位在设计文件中选用的建筑材料、建
筑构配件和设备，应当（B）。

A. 按照建设单位的指令确定　　　　　B. 注明规格、型号、性能等技术指标

C. 注明生产厂、供应商　　　　　　　D. 征求施工企业的意见

【例题 5】下列质量事故中，属于建设单位责任的有（CE）。

A. 商品混凝土未经检验造成的质量事故

B. 总包和分包单位职责不明造成的质量事故

C. 地下管线资料不准确造成的质量事故

D. 施工中使用了禁止使用的材料造成的质量事故

E. 工程未经竣工验收，建设单位堆放生产用物品导致建筑结构开裂的质量事故

［解析］选项 A、B、D 属于施工单位责任。

6.4　竣工验收制度

6.4.1　竣工验收条件

建设单位在收到施工单位提交的工程竣工报告，并具备以下条件后，组织勘察、设计、
施工、监理等单位有关人员进行竣工验收。

① 完成了工程设计和合同约定的各项内容。

② 施工单位对竣工工程质量进行了检查，确认工程质量符合有关法律、法规和工程建
设强制性标准，符合设计文件及合同要求，并提出工程竣工报告。该报告应经总监理工程师

（针对委托监理的项目）、项目经理和施工单位有关负责人审核签字。

③ 有完整的技术档案和施工管理资料。

④ 建设行政主管部门及委托的工程质量监督机构等有关部门责令整改的问题全部整改完毕。

⑤ 对于委托监理的工程项目，具有完整的监理资料，监理单位提出工程质量评估报告，该报告应经总监理工程师和监理单位有关负责人审核签字。未委托监理的工程项目，工程质量评估报告由建设单位完成。

⑥ 勘察、设计单位对勘察、设计文件及施工过程中由设计单位签署的设计变更通知书进行检查，并提出质量检查报告。该报告应经该项目勘察、设计负责人和各自单位有关负责人审核签字。

⑦ 有规划、消防、环保等部门出具的验收认可文件。

⑧ 有建设单位与施工单位签署的工程质量保修书。

6.4.2　竣工验收程序

承包人申请竣工验收的，应当按照以下程序进行：

（1）竣工验收申请报告的报送

承包人向监理人报送竣工验收申请报告，监理人应在收到竣工验收申请报告后 14 天内完成审查并报送发包人。监理人审查后认为尚不具备验收条件的，应通知承包人在竣工验收前承包人还需完成的工作内容，承包人应在完成监理人通知的全部工作内容后，再次提交竣工验收申请报告。

（2）发包人组织验收

监理人审查后认为已具备竣工验收条件的，应将竣工验收申请报告提交发包人，发包人应在收到经监理人审核的竣工验收申请报告后 28 天内审批完毕并组织监理人、承包人、设计人等相关单位完成竣工验收。

（3）签发工程接收证书

竣工验收合格的，发包人应在验收合格后 14 天内向承包人签发工程接收证书。发包人无正当理由逾期不颁发工程接收证书的，自验收合格后第 15 天起视为已颁发工程接收证书。

（4）不合格工程的补救

竣工验收不合格的，监理人应按照验收意见发出指示，要求承包人对不合格工程返工、修复或采取其他补救措施，由此增加的费用和（或）延误的工期由承包人承担。承包人在完成不合格工程的返工、修复或采取其他补救措施后，应重新提交竣工验收申请报告，并按本项约定的程序重新进行验收。

6.4.3　规划、消防、节能、环保、档案验收的规定

（1）规划验收

县级以上地方人民政府城乡规划主管部门按照国务院规定对建设工程是否符合规划条件予以核实。未经核实或者经核实不符合规划条件的，建设单位不得组织竣工验收。建设单位应当在竣工验收后 6 个月内向城乡规划主管部门报送有关竣工验收资料。

（2）消防验收

《中华人民共和国消防法》规定，按照国家工程建设消防技术标准需要进行消防设计的

建设工程竣工，依照下列规定进行消防验收、备案：

国务院住房城乡建设主管部门规定应当申请消防验收的建设工程，建设单位应当向住房城乡建设主管部门申请消防验收。

其他建设工程，建设单位在验收后应当报住房城乡建设主管部门备案，住房城乡建设主管部门应当进行抽查。依法应当进行消防验收的建设工程，未经消防验收或者消防验收不合格的，禁止投入使用；其他建设工程经依法抽查不合格的，应当停止使用。

（3）节能验收

国家实行固定资产投资项目节能评估和审查制度。不符合强制性节能标准的项目，建设单位不得开工建设；已经建成的，不得投入生产、使用。政府投资项目不符合强制性节能标准的，依法负责项目审批的机关不得批准建设。

建设单位组织竣工验收，应当对民用建筑是否符合民用建筑节能强制性标准进行查验；对不符合民用建筑节能强制性标准的，不得出具竣工验收合格报告。

节能分部工程验收应由总监理工程师（或建设单位项目负责人）主持。

工程项目存在以下问题之一的，监理单位不得组织节能工程验收：未完成建筑节能工程设计内容的；隐蔽验收记录等技术档案和施工管理资料不完整的；工程使用的主要建筑材料、建筑构配件和设备未提供进场检验报告的，未提供相关的节能性能检测报告的；工程存在违反强制性标准的质量问题而未整改完毕的；对监督机构发出的责令整改内容未整改完毕的；存在其他违反法律、法规行为而未处理完毕的。

（4）环保验收

环境保护设施竣工验收，应当与主体工程竣工验收同时进行。编制环境影响报告书、环境影响报告表的建设项目竣工后，建设单位应当按照国务院生态环境行政主管部门规定的标准和程序，对配套建设的环境保护设施进行验收，编制验收报告，其配套建设的环境保护设施经验收合格，方可投入生产或者使用；未经验收或者验收不合格的，不得投入生产或者使用。分期建设、分期投入生产或者使用的建设项目，其相应的环境保护设施应当分期验收。

（5）档案验收

列入城建档案馆档案接收的工程，建设单位在组织竣工验收前，应当提请城建档案管理机构对工程档案进行预验收。预验收合格后，由城建档案管理机构出具工程档案认可文件。

建设单位在取得工程档案认可文件后，方可组织工程竣工验收。建设行政主管部门在办理竣工验收备案时，应当查验工程档案认可文件。

6.4.4　竣工日期

《建设工程施工合同（示范文本）》规定：

① 工程经竣工验收合格的，以承包人提交竣工验收申请报告之日为实际竣工日期，并在工程接收证书中载明；

② 因发包人原因，未在监理人收到承包人提交的竣工验收申请报告 42 天内完成竣工验收，或完成竣工验收不予签发工程接收证书的，以提交竣工验收申请报告的日期为实际竣工日期；

③ 工程未经竣工验收，发包人擅自使用的，以转移占有工程之日为实际竣工日期。

《新施工合同司法解释一》规定，当事人对建设工程实际竣工日期有争议的，按照以下情形分别处理：

① 建设工程经竣工验收合格的，以竣工验收合格之日为竣工日期；

② 承包人已经提交竣工验收报告，发包人拖延验收的，以承包人提交验收报告之日为竣工日期；

③ 建设工程未经竣工验收，发包人擅自使用的，以转移占有建设工程之日为竣工日期。

6.4.5　竣工验收备案

建设单位应当自工程竣工验收合格之日起 15 日内，向工程所在地的县级以上地方人民政府建设主管部门（下称备案机关）备案。工程质量监督机构应当在工程竣工验收之日起 15 日内，向备案机关提交工程质量监督报告。备案机关发现建设单位在竣工验收过程中有违反国家有关建设工程质量管理规定行为的，应当在收讫竣工验收备案文件 15 日内，责令停止使用，重新组织竣工验收。

建设单位办理工程竣工验收备案应当提交下列文件：

① 工程竣工验收备案表；

② 工程竣工验收报告，竣工验收报告应当包括工程报建日期，施工许可证号，施工图设计文件审查意见，勘察、设计、施工、工程监理等单位分别签署的质量合格文件及验收人员签署的竣工验收原始文件，市政基础设施的有关质量检测和功能性试验资料以及备案机关认为需要提供的有关资料；

③ 法律、行政法规规定应当由规划、环保等部门出具的认可文件或者准许使用文件；

④ 法律规定应当由公安消防部门出具的对大型的人员密集场所和其他特殊建设工程验收合格的证明文件；

⑤ 施工单位签署的工程质量保修书；

⑥ 法规、规章规定必须提供的其他文件。

住宅工程还应当提交"住宅质量保证书"和"住宅使用说明书"。

6.5　质量保证金

（1）质量保证金的概念

《建设工程质量保证金管理办法》（2017 年修改）规定：建设工程质量保证金（简称质量保证金）是指发包人与承包人在建设工程承包合同中约定，从应付的工程款中预留，用以保证承包人在缺陷责任期内对建设工程出现的缺陷进行维修的资金。

缺陷责任期从工程通过竣（交）工验收之日起计。由于承包人原因导致工程无法按规定期限进行竣（交）工验收的，缺陷责任期从实际通过竣（交）工验收之日起计。由于发包人原因导致工程无法按规定期限进行竣（交）工验收的，在承包人提交竣（交）工验收报告 90 天后，工程自动进入缺陷责任期。缺陷责任期一般为 1 年，最长不超过 2 年，具体可由发、承包双方在合同中约定。

（2）质量保证金的预留、使用及返还

① 预留。预留比例不得高于工程价款结算总额的 3%。以银行保函替代质量保证金的，

不得高于工程价款结算总额的 3%。在工程项目竣工前，已经缴纳履约保证金的，发包人不得同时预留工程质量保证金。采用工程质量保证担保、工程质量保险等其他方式的，发包人不得再预留质量保证金。

② 使用。缺陷责任期内，由承包人原因造成的缺陷，承包人应负责维修，并承担鉴定及维修费用。如承包人不维修也不承担费用，发包人可按合同约定从保证金或银行保函中扣除，费用超出保证金额的，发包人可按合同约定向承包人进行索赔。承包人维修并承担相应费用后，不免除对工程的损失赔偿责任。

由他人原因造成的缺陷，发包人负责组织维修，承包人不承担费用，且发包人不得从保证金中扣除费用。

③ 返还。发包人在接到承包人返还保证金申请后，应于 14 天内会同承包人按照合同约定的内容进行核实。如无异议，发包人应当按照约定将保证金返还给承包人。对返还期限没有约定或者约定不明确的，发包人应当在核实后 14 天内将保证金返还承包人，逾期未返还的，依法承担违约责任。发包人在接到承包人返还保证金申请后 14 天内不予答复，经催告后 14 天内仍不予答复，视同认可承包人的返还保证金申请。

质量保证金对应的维修费用责任主体是承包人，由于承包人原因导致出现质量缺陷，承包人拒绝维修和承担维修费用的，则发包人可以从质量保证金中扣除相应费用。

6.6 质量保修制度

建设工程质量保修制度是指建设工程在办理竣工验收手续后，在规定的保修期限内，因勘察、设计、施工、材料等原因造成的质量缺陷，应当由施工承包单位负责维修、返工或更换，由责任单位负责赔偿损失。

6.6.1 工程质量保修书

建设工程承包单位在向建设单位提交工程竣工验收报告时，应当向建设单位出具质量保修书。质量保修书中应当明确建设工程的保修范围、保修期限和保修责任。保修期自建设工程竣工验收合格之日起计算。

6.6.2 保修范围和最低保修期限

《建设工程质量管理条例》规定，在正常使用条件下，建设工程的最低保修期限为：

① 基础设施工程、房屋建筑的地基基础工程和主体结构工程，为设计文件规定的该工程的合理使用年限。

② 屋面防水工程、有防水要求的卫生间、房间和外墙面的防渗漏，为 5 年。

③ 供热与供冷系统，为 2 个采暖期、供冷期。

④ 电气管线、给排水管道、设备安装和装修工程，为 2 年。

其他项目的保修期限由发包方与承包方约定。

上述保修范围和期限属于法律强制性规定。发承包双方约定的保修期限不得低于《建设工程质量管理条例》规定的期限。

6.6.3　保修责任

（1）工程保修的原则

①《建设工程质量管理条例》规定：建设单位、勘察单位、设计单位、施工单位、工程监理单位依法对建设工程质量负责。《建筑法》规定：在建筑物的合理使用寿命内，因建筑工程质量不合格受到损害的，有权向责任者要求赔偿。《房屋建筑工程质量保修办法》规定：房屋建筑工程在保修范围和保修期限内出现质量缺陷，施工单位应当履行保修义务，保修费用由质量缺陷的责任方承担。

②保修责任是施工人对已交付使用的建设工程的一项保修义务。建设工程在保修期限和保修范围内发生质量问题的，即使是非施工原因产生的质量问题，施工人也应当履行保修义务，否则就应承担相应的法律责任。

对于在建设工程保修期间出现的质量问题，由施工单位负责保修，维修费用应当由造成质量缺陷的责任方负担。缺陷责任期届满，承包人仍应按合同约定的工程各部位保修期限承担保修义务。

③房屋建筑工程在保修期限内出现质量缺陷，建设单位或者房屋建筑所有人应当向施工单位发出保修通知。

④施工单位接到保修通知后，应当到现场核查情况，在保修书约定的时间内予以保修。发生涉及结构安全或者严重影响使用功能的紧急抢修事故，施工单位接到保修通知后，应当立即到达现场抢修。

施工单位不按工程质量保修书约定保修的，建设单位可以另行委托其他单位保修，由原施工单位承担相应责任。

（2）保修期间的质量责任划分和损失承担原则

《房屋建筑工程质量保修办法》规定：在保修期限内，因房屋建筑工程质量缺陷造成房屋所有人、使用人或者第三方人身、财产损害的，房屋所有人、使用人或者第三方可以向建设单位提出赔偿要求。建设单位向造成房屋建筑工程质量缺陷的责任方追偿。

不属于房屋建筑质量保修范围的情况包括：因使用不当或者第三方造成的质量缺陷；不可抗力造成的质量缺陷。

（3）质量保修期与缺陷责任期的关系

质量保修期与缺陷责任期是两个不同的概念。质量保修期是指建设工程在正常使用条件下的法定最低保修期限，在此期限内承包人对建设工程出现的质量问题负有保修义务。缺陷责任期是指质量保证金的预留期限，最长为 2 年，缺陷责任期满，发包人应当将质量保证金返还给承包人。发包人返还工程质量保证金后，不影响承包人根据合同约定或者法律规定履行工程保修义务。一般情况下质量保修期长于缺陷责任期。

6.7　建筑工程五方责任主体项目负责人质量终身责任

下面简要介绍《建筑工程五方责任主体项目负责人质量终身责任追究暂行办法》中的有关内容。

6.7.1 建筑工程五方责任主体项目负责人

建筑工程五方责任主体项目负责人是指承担建筑工程项目建设的建设单位项目负责人、勘察单位项目负责人、设计单位项目负责人、施工单位项目经理、监理单位总监理工程师。

建筑工程五方责任主体项目负责人质量终身责任，是指参与新建、扩建、改建建筑工程的项目负责人按照国家法律法规和有关规定，在工程设计使用年限内对工程质量承担相应责任。

工程质量终身责任实行书面承诺和竣工后永久性标牌制度。建筑工程竣工验收合格后，建设单位应当在建筑物明显部位设置永久性标牌，载明建设、勘察、设计、施工、监理单位名称和项目负责人姓名。

① 建设单位项目负责人对工程质量承担全面责任，不得违法发包、肢解发包，不得以任何理由要求勘察、设计、施工、监理单位违反法律法规和工程建设标准，降低工程质量，对因其违法违规或不当行为造成的工程质量事故或质量问题应当承担责任。

② 勘察、设计单位项目负责人应当保证勘察设计文件符合法律法规和工程建设强制性标准的要求，对因勘察、设计导致的工程质量事故或质量问题承担责任。

③ 施工单位项目经理应当按照经审查合格的施工图设计文件和施工技术标准进行施工，对因施工导致的工程质量事故或质量问题承担责任。

④ 监理单位总监理工程师应当按照法律法规、有关技术标准、设计文件和工程承包合同进行监理，对施工质量承担监理责任。

6.7.2 追究项目负责人的质量终身责任的情形

符合下列情形之一的，县级以上地方人民政府住房城乡建设主管部门应当依法追究项目负责人的质量终身责任：

① 发生工程质量事故；

② 发生投诉、举报、群体性事件、媒体报道并造成恶劣社会影响的严重工程质量问题；

③ 由于勘察、设计或施工原因造成尚在设计使用年限内的建筑工程不能正常使用；

④ 存在其他需追究责任的违法违规行为。

6.7.3 责任追究

① 对五方责任主体项目负责人的责任追究。建设单位项目负责人为国家公职人员的，将其违法违规行为告知其上级主管部门及纪检监察部门，并建议对项目负责人给予相应的行政、纪律处分。勘察、设计单位项目负责人为注册建筑师、勘察设计注册工程师的，施工单位项目经理为相关注册执业人员的，监理单位总监理工程师：责令停止执业1年；造成重大质量事故的，吊销执业资格证书，5年以内不予注册；情节特别恶劣的，终身不予注册。以上五方责任主体项目负责人，相同的处罚如下：构成犯罪的，移送司法机关依法追究刑事责任；处单位罚款数额5%以上10%以下的罚款；向社会公布曝光。

住房城乡建设主管部门应当及时公布项目负责人质量责任追究情况，将其违法违规等不良行为及处罚结果记入个人信用档案，给予信用惩戒。

② 项目负责人因调动工作等原因离开原单位后，被发现在原单位工作期间违反国家法律法规、工程建设标准及有关规定，造成所负责项目发生工程质量事故或严重质量问题的，

仍按①规定依法追究相应责任。

③ 项目负责人已退休的，被发现在工作期间违反国家法律法规、工程建设标准及有关规定，造成所负责项目发生工程质量事故或严重质量问题的，仍应按①规定依法追究相应责任，且不得返聘从事相关技术工作。项目负责人为国家公职人员的，根据其承担责任依法应当给予降级、撤职、开除处分的，按照规定相应降低或取消其享受的待遇。

④ 工程质量事故或严重质量问题相关责任单位已被撤销、注销、吊销营业执照或者宣告破产的，仍应按①规定依法追究项目负责人的责任。

⑤ 违反法律法规规定，造成工程质量事故或严重质量问题的，除依照本办法规定追究项目负责人终身责任外，还应依法追究相关责任单位和责任人员的责任。

【例题 6】某工程项目，施工合同约定防水工程保修期为 3 年，工程竣工移交使用后第 4 年发生防水工程渗漏，施工单位（B）。

　　A. 无须承担保修责任　　　　　　　　B. 须承担保修责任

　　C. 发包人支付费用后予以维修　　　　D. 维修事宜另行协商

［解析］在正常使用条件下，防水工程保修期最低为 5 年。双方约定保修期不能低于 5 年，低于则无效，仍按法定保修期计算，此期间承包人仍须继续承担保修责任。

【例题 7】工程建设单位组织验收合格后投入使用 2 年后外墙出现裂缝，经查是由于设计缺陷造成的，则下列说法正确的是（A）。

　　A. 施工单位维修，建设单位直接承担费用

　　B. 建设单位维修并承担费用

　　C. 施工单位维修并承担费用

　　D. 施工单位维修，设计单位直接承担费用

［解析］保修期间施工单位有义务进行保修。对于非施工单位原因出现的质量缺陷，其保修的费用和造成的损失应由责任方承担。外墙裂缝系主体结构工程，最低保修期为设计文件规定的合理使用期限，因此施工单位应承担保修责任，选项 B 错误；该质量问题是设计缺陷造成的，维修费用由建设单位承担，建设单位承担后可向设计单位追偿。

【例题 8】关于建设工程返修的说法，正确的是（C）。

　　A. 建设工程返修不包括竣工验收不合格的情形

　　B. 对竣工验收不合格的建设工程，若非施工企业原因造成的，施工企业不负责返修

　　C. 对施工中出现质量问题的建设工程，无论是否施工企业原因造成的，施工企业都应
　　　　负责返修

　　D. 对竣工验收不合格的建设工程，若是施工企业原因造成的，施工企业负责有偿返修

［解析］不论是施工过程中出现质量问题的建设工程，还是竣工验收时发现质量问题的工程，施工单位都要负责返修。对于非施工单位原因造成的质量问题，施工单位也应当负责返修，但是因此而造成的损失及返修费用由责任方负责。

【例题 9】下列不属于施工单位应承担维修的经济责任的情形是（BCE）。

　　A. 施工单位采购材料不合格导致的质量缺陷

　　B. 设计原因导致的质量缺陷

　　C. 自然灾害导致的屋面板损坏

　　D. 劳务分包作业人员疏忽造成墙体孔洞缺陷

　　E. 使用者装修改造致使墙体损坏

[解析] 因自然灾害或其他不可抗拒原因造成的损坏，先由施工单位负责维修，建设单位参与各方再根据法律规定分担经济责任。因使用者使用不当造成的损坏问题，先由施工单位负责维修，其经济责任由使用者自行负责。选项 B、C、E 不属于施工单位造成的质量问题，因此不承担维修的经济责任。

【例题 10】关于建设工程质量保修书，说法正确的是（B）。

A. 施工单位应当在提交竣工结算报告时向建设单位出具质量保修书

B. 质量保修书中应当明确工程保修范围、保修期限和保修责任

C. 质量保修书规定的保修期限与法定期限不一致的，按照法定期限保修

D. 房屋建筑的地基基础和主体结构工程，其保修期为 50 年

[解析] 选项 A 错误，在提交竣工验收报告时出具质量保修书；选项 C 错误，保修书规定的保修期可以长于法定保修期；选项 D 错误，房屋建筑的地基基础和主体结构工程保修期为设计使用年限。

【例题 11】关于建设工程质量保证金的说法，正确的是（D）。

A. 提交了履约保证金的，可以同时预留工程质量保证金

B. 建设工程质量保证金预留比列不得高于工程价款结算总额的 5%

C. 承包人以银行保函替代保证金的，银行保函金额不得超过工程价款结算总额的 5%

D. 发包人在缺陷责任期满后，收到申请日起 14 日内审核，审核通过的 14 日内退还质量保证金

【例题 12】关于缺陷责任期的说法，正确的是（B）。

A. 施工合同可以约定缺陷责任期为 26 个月

B. 由于承包人的原因导致工程无法进行竣工验收的，缺陷责任期从实际通过竣工验收之日开始计算

C. 某工程 2018 年 6 月 5 日完成建设工程竣工验收备案，该工程缺陷责任期起算时间为 2018 年 6 月 5 日

D. 由于发包人原因无法按规定期限进行竣工验收，在承包人提交验收报告 60 天后，自动进入缺陷责任期

【例题 13】工程质量保修书应当明确保修的范围、期限和责任。其中最低保修期限是（B）。

A. 双方约定的　　　B. 法定的　　　　　C. 设计文件确定的　D. 业主方规定的

【例题 14】下列关于缺陷责任期的说法，正确的是（CD）。

A. 缺陷责任期同工程质量保修期期限一致

B. 缺陷责任期是法律规定的，当事人不能约定

C. 缺陷责任期从工程通过竣（交）工验收之日起计

D. 由于承包人原因导致工程无法按规定期限进行竣（交）工验收的，缺陷责任期从实际通过竣（交）工验收之日起计

E. 由于发包人原因导致工程无法按规定期限进行竣（交）工验收的，在承包人提交竣（交）工验收报告 60 天后，工程自动进入缺陷责任期

【案例 1】

某建筑公司承揽了某开发公司的某住宅小区的施工项目，建筑面积为 19 万平方米。2018 年 7 月 18 日，在没有办理施工许可证的情况下开始施工，建筑公司为了减少施工任务，在未经建设单位认可的情况下将主体结构分包给了无相应资质条件的分包单位。在施工

过程中，工程监理人员发现工程设计不符合建设工程质量标准，但并未提出任何异议。施工单位将原有的 3 位专职安全生产管理人员开除，另指定一位资料员王某来管理施工安全。在搭设脚手架的时候，王某要求有恐高症的刘某进行高空搭设，刘某给予拒绝，王某就以刘某不服从管理为由将其辞退。为了获得更多的效益，建设单位要求施工单位将合同中所约定的 2 年工期缩减为 1 年。施工单位为了追求进度，招收了一批新的作业人员，这批作业人员在未接受安全生产教育培训的情况下就直接上岗作业；施工单位还要求从业人员自己支付意外伤害保险费。工程竣工验收合格后，建设单位在 30 天后才到县级人民政府建设行政主管部门备案。小区运行 2 年后，建设单位发现楼房有漏水现象，要求施工单位进行保修，施工单位以合同约定保修期为 2 年为理由拒绝保修。

【问题】

此案例中存在哪些违法行为？

【分析】

违法行为如下：

(1) 施工单位在建设单位没有办理施工许可证的情况下开始施工。

《建筑法》规定，建筑工程开工前，建设单位应当按照国家有关规定向工程所在地县级以上人民政府建设行政主管部门申请领取施工许可证。

(2) 施工单位在未经建设单位认可的情况下将主体结构分包给了无相应资质条件的分包单位。

《建筑法》规定，禁止总承包单位将工程分包给不具备相应资质条件的单位。建筑工程总承包单位可以将承包工程中的部分工程分包给具有相应资质条件的分包单位，但是，除总承包合同中约定的分包外，必须经建设单位认可。施工总承包的建筑工程主体结构的施工必须由总承包单位自行完成。

(3) 工程监理人员发现工程设计不符合建筑工程质量标准，但并未提出异议。

《建筑法》规定，工程监理人员发现工程设计不符合建筑工程质量标准或合同约定的，应当报告建设单位，要求设计单位改正。

(4) 施工单位指定一位资料员来管理施工安全。

建筑施工单位应当设置安全生产管理机构或者配备专职安全生产管理人员。

(5) 王某要求有恐高症的刘某进行高空作业，刘某拒绝，王某就以不服从管理为由将刘某辞退。

从业人员有权利拒绝生产经营单位违章指挥，强令冒险作业。

(6) 为获得更多效益，建设单位要求施工单位缩短工期为 1 年。

《建设工程安全生产管理条例》规定，建设单位不得向施工单位提出不符合建设工程安全生产法律、法规和强制性标准规定的要求，不得压缩合同约定的工期。

(7) 新进作业人员在未经安全生产教育培训的情况下就上岗作业。

《建设工程安全生产管理条例》规定，作业人员进入新的岗位或者新的施工现场前，应当接受安全生产教育培训，未经教育培训不得上岗作业。

(8) 施工单位要求从业人员自己支付意外伤害保险费。

意外伤害保险费由施工单位支付。

(9) 工程竣工验收合格后，建设单位在 30 天后才到建设行政主管部门备案。

建设单位应当在工程竣工验收合格后的 15 天内到县级以上人民政府建设行政主管部门备案。

（10）施工单位以合同约定保修期为 2 年为理由，拒绝对楼房漏水现象进行保修。

《建设工程质量管理条例》规定，屋面防水工程、有防水要求的卫生间、房间和外墙面的防渗漏，最低保修期为 5 年，因此该约定无效，施工单位应按规定进行保修。

【案例 2】

某建筑工程建设单位委托监理单位承担施工阶段的监理任务，总承包单位按照施工合同约定选择了设备安装分包单位。在合同履行过程中发生如下事件：

事件 1：专业监理工程师检查主体结构施工时，发现总承包单位在未向项目监理机构报审危险性较大的预制构件起重吊装专项施工方案的情况下已自行施工，现场没有安全管理人员。于是总监理工程师下达了监理通知单。

事件 2：专业监理工程师在现场巡视时，发现设备安装分包单位违章作业，有可能导致发生重大安全质量事故。总监理工程师口头要求总承包单位暂停分包单位施工，但总承包单位未予执行。总监理工程师随即向总承包单位下达了工程暂停令，总承包单位向该设备安装分包单位转发工程暂停令前，发生了设备安装质量及安全事故。

【问题】

（1）根据《建设工程安全生产管理条例》规定，事件 1 中起重吊装专项施工方案需经哪些人签字后方可实施？

（2）指出事件 1 中总监理工程师的做法是否妥当，说明理由。

（3）事件 2 中总监理工程师是否可以口头要求暂停施工？为什么？

（4）就事件 2 中所发生的质量事故，指出建设单位、监理单位、总承包单位和设备安装分包单位各自应承担的责任，说明理由。

【分析】

（1）专项施工方案需经总承包单位技术负责人、总监理工程师签字后方可实施。

（2）不妥。理由：承包单位起重吊装专项施工方案没有报审，现场没有专职安全生产管理人员，依据《建设工程安全生产管理条例》，总监理工程师应下达工程暂停令，并及时报告建设单位。

（3）可以。理由：紧急情况下，总监理工程师可以口头下达暂停施工指令，但应在规定的时间内书面确认。

（4）四方责任及理由：

建设单位没有责任。理由：本次事故是由于分包单位违章作业造成的。

监理单位没有责任。理由：本次事故是由于分包单位违章作业造成的，且监理单位已按规定履行了职责。

总承包单位承担连带责任。理由：工程分包不免除总承包单位的质量责任和义务，总承包单位没有对分包单位的施工实施有效的监督管理。

分包单位应承担责任。理由：本次事故是由于其违章作业直接造成的。

◆ 本章提要及目标

工程建设标准，建设工程质量监督管理及质量事故处理，各建设主体的质量责任与义务，竣工验收及保修制度。

培养严谨的工作作风和工匠精神品德。

$$\cdots\cdots\cdots \text{本 章 习 题} \cdots\cdots\cdots$$

一、单选题

1. 根据《建设工程质量管理条例》，下列关于勘察设计单位质量责任和义务的说法中错误的是（　　）。

　　A. 从事勘察、设计业务的单位应当依法取得相应等级的资质证书

　　B. 勘察单位提供的地质、测量、水文等勘察成果必须真实、准确

　　C. 设计单位应当根据勘察成果文件进行建设工程设计

　　D. 勘察、设计单位不得分包所承揽的工程

2. 建设工程质量保修书的提交时间是（　　）。

　　A. 自提交工程竣工验收报告之日起15日内

　　B. 工程竣工验收合格之日

　　C. 自工程竣工验收合格之日起15日内

　　D. 提交工程竣工验收报告时

3. 分包工程发生质量、安全、进度等问题给建设单位造成损失的，关于承担责任的说法中正确的是（　　）。

　　A. 分包单位只对总承包单位负责

　　B. 建设单位只能向给其造成损失的分包单位主张权利

　　C. 总承包单位赔偿金额超过其应承担份额的，有权向有责任的分包单位追偿

　　D. 建设单位与分包单位无合同关系，无权向分包单位主张权利

4. 施工过程中发现设计文件和设计图差错，施工企业的正确做法是（　　）。

　　A. 有权进行修改　　　　　　　　　B. 可以按照规范施工

　　C. 有权拒绝施工　　　　　　　　　D. 应当及时提出意见和建议

5. 下列关于建设单位质量责任和义务的说法，错误的是（　　）。

　　A. 不得明示或暗示设计单位或者施工企业违反工程建设强制性标准，降低建设工程质量

　　B. 应当依法报审施工图设计文件

　　C. 不得将建设工程肢解发包

　　D. 在领取施工许可证或开工报告后，按照国家有关规定办理工程质量监督手续

6. 甲建筑公司为项目总承包单位，按照合同约定将幕墙工程分包给乙施工单位，施工完毕交付后，在使用过程中幕墙密封出现质量问题，造成建设单位一定损失，则（　　）。

　　A. 只能由乙施工单位自己承担责任

　　B. 建设单位可以直接要求乙施工单位予以赔偿

　　C. 建设单位只能要求甲建筑公司予以赔偿

　　D. 在乙施工单位无力赔偿的情况下，建设单位才可以向甲建筑公司要求赔偿

7. 某施工单位为避免破坏施工现场区域原有地下管线，欲查明相关情况，需由（　　）负责向其提供施工现场区域地下管线资料。

　　A. 相关管线产权部门　　　　　　　B. 市政管理部门

C. 城建档案管理部门　　　　　　　　D. 建设单位

8. 下列关于建设单位的质量责任和义务的表述中，错误的是（　　　）。

A. 建设单位不得暗示施工单位违反工程建设强制性标准，降低建设工程质量

B. 建设单位不得任意压缩合理工期

C. 建设单位进行装修时不得变动建筑主体和承重结构

D. 建设工程发包单位不得迫使承包方以低于成本的价格竞标

9. 建设工程竣工验收应当具备的条件不包括（　　　）。

A. 完成建设工程设计和合同约定的各项内容

B. 已签署的工程结算文件

C. 完整的技术档案和施工管理资料

D. 有工程质量保修书

10. 在正常使用条件下，以下关于建设工程最低保修期限的说法，符合《建设工程质量管理条例》规定的是（　　　）。

A. 外墙面的防渗漏为 5 年　　　　　　B. 供热与供冷系统为 2 年

C. 屋面防水工程为 3 年　　　　　　　D. 地基基础和主体结构工程为永久

11. 施工企业承建的办公大楼没有经过验收，建设单位就提前使用，2 年后该办公楼主体结构出现质量问题。关于该大楼质量问题的下列说法正确的是（　　　）。

A. 主体结构的最低保修期限是设计的合理使用年限，施工企业应当承担保修责任

B. 由于建设单位提前使用，施工企业不需要承担保修责任

C. 施工企业是否承担保修责任，取决于建设单位是否已经全额支付工程款

D. 超过 2 年保修期后，施工企业不承担保修责任

12. 某商业写字楼工程竣工交付后，其地下车库汽车坡道挡土墙因倾斜而部分坍塌，后经鉴定确认是由于设计高厚比不符合要求造成的，则（　　　）。

A. 应由施工单位承担维修责任

B. 应由建设单位负责维修，再向设计单位索赔

C. 应由设计单位负责维修

D. 应由施工单位负责维修，再通过建设单位向设计单位索赔

二、多选题

1. （　　　）应当在工程质量保修书中约定保修范围、保修期限和保修责任等，双方约定的保修范围、保修期限必须符合国家有关规定。

A. 建设单位　　　　　B. 施工单位　　　　　C. 项目经理

D. 设计单位　　　　　E. 监理单位

2. 下列质量缺陷中，不属于施工单位在保修期内承担保修责任的有（　　　）。

A. 因使用不当造成的质量缺陷　　　　B. 质量监督机构没有发现的质量缺陷

C. 第三方造成的质量缺陷　　　　　　D. 监理单位没有发现的质量缺陷

E. 不可抗力造成的质量缺陷

3. 关于施工单位的质量责任与义务，下列说法中正确的是（　　　）。

A. 施工单位必须按其资质等级承担相应的工程任务，不得擅自越级承包工程

B. 施工单位在施工过程中，根据需要可修改工程设计，不必事先征得建设单位的同意

C. 实行分包的，总承包单位应当对分包工程的质量与分包单位承担连带责任

D. 如果厂家提供合格证，施工单位对使用的建材可不进行检测

E. 施工单位应接受工程质量监督机构的监督检查

4. 根据《建设工程质量管理条例》，工程监理单位与被监理工程的（　　）有隶属关系或者其他利害关系的，不得承担该工程的监理业务。

A. 建筑材料供应商　　　　B. 勘察设计单位　　　C. 施工企业

D. 建设单位　　　　　　　E. 设备供应商

5. 下列情形中，属于设计单位相关质量责任和义务的是（　　）。

A. 按照工程建设强制性标准进行设计

B. 组织建设工程质量事故分析，提出技术处理方案

C. 向建设单位详细说明施工图设计文件

D. 设计文件选用的建筑材料必须符合国家规定的标准

E. 设计文件应符合国家规定的设计深度，注明工程合理使用年限

6. 施工单位应承担的质量责任和义务有（　　）。

A. 依法承揽工程　　　　　　　　　B. 不得分包工程

C. 不得转包工程　　　　　　　　　D. 对建筑材料进行检验

E. 按图施工

7. 下列不属于施工单位承担工程质量保修责任情形的是（　　）。

A. 施工单位采购的材料质量不合格造成墙面脱落

B. 住户装修过程中破坏防水层造成渗漏

C. 地震造成墙体裂缝

D. 建设单位采购材料不合格

E. 设计承载力不足造成柱体弯曲

8. 商品住宅竣工时，施工单位向建设单位出具的质量保修书中包含如下内容，其中符合法规要求的有（　　）。

A. 供热系统保修 3 年　　　　　　　B. 有防水要求的卫生间保修 3 年

C. 装修工程保修 2 年　　　　　　　D. 电气工程保修 1 年

E. 地基基础工程保修 15 年

9. 根据《建设工程质量管理条例》，设计单位的质量责任和义务包括（　　）。

A. 根据勘察成果文件进行设计

B. 提出质量事故处理方案

C. 就审查合格的施工图设计文件向施工单位作出详细说明

D. 除有特殊要求的建筑材料，不得指定生产厂、供应商

E. 参与建设工程质量事故分析

本章在线测试题

第7章 建设工程其他相关法律制度

7.1 建设工程环境保护法律制度

工程施工可能对环境造成的影响有大气污染、室内空气污染、水污染、土壤污染、噪声污染、光污染、垃圾污染等。对这些污染源均应按有关环境保护的法律、法规和相关规定进行预防和防治。《中华人民共和国环境保护法》(以下简称《环境保护法》)(2014年修订)规定新建、改建、扩建的建设项目,必须遵守国家有关建设项目环境保护管理的规定。

7.1.1 环境保护法的基本制度

(1) 环境标准制度

国家为维护环境质量,控制污染,从而保护人们健康、社会财富和生态平衡制定环境标准。我国的环境标准分为环境质量标准、污染物排放标准、环境基础标准、环境方法标准等。

(2) 环境监测制度

环境监测是依法从事环境监测的机构及其工作人员,运用物理、化学、生物等科学技术手段,对反映环境质量的各种物质和现象进行监督、测定的活动。

(3) 环境影响评价制度

环境影响评价是指对拟建的开发建设项目及其他影响环境的活动可能会对有关地区的环境产生的影响进行调查、预测和评价,并提出预防环境污染和破坏的措施。

环境影响评价制度是指在进行建设活动之前,对建设项目的选址、设计和建成投产使用后可能对周围环境产生的不良影响进行调查、预测和评定,提出防治措施,并按照法定程序进行报批的法律制度。国家根据建设项目对环境的影响程度,按照下列规定对建设项目的环境保护实行分类管理:

① 建设项目对环境可能造成重大影响的,应当编制建设项目环境影响报告书,对建设项目产生的污染和对环境的影响进行全面、详细的评价。

② 建设项目对环境可能造成轻度影响的,应当编制环境影响报告表,对建设项目产生的污染和对环境的影响进行分析或者专项评价。

③ 项目对环境影响很小,不需要进行环境影响评价的,应当填报环境影响登记表。

《环境保护法》规定:建设单位未依法提交建设项目环境影响评价文件或者环境影响评价文件未经批准,擅自开工建设的,由负有环境保护监督管理职责的部门责令停止建设,处以罚款,并可以责令恢复原状。

《环境保护法》规定:对依法应当编制环境影响报告书的建设项目,建设单位应当在编制时向可能受影响的公众说明情况，充分征求意见。负责审批建设项目环境影响评价文件的部门在收到建设项目环境影响报告书后，除涉及国家秘密和商业秘密的事项外，应当全文公开；发现建设项目未充分征求公众意见的，应当责成建设单位征求公众意见。

（4）三同时制度

三同时制度是指各种建设工程项目中对环境有影响的一切基本建设项目、技术改造项目和区域开发项目，其中的环境保护设施必须与主体工程同时设计、同时施工、同时投产的制度。

（5）排污收费制度

排污收费制度是指政府环境保护行政主管部门（现生态环境行政主管部门）依法对向环境排放污染物或超过国家标准排放污染物的单位和个人，按污染物种类、数量和浓度征收一定数额费用的制度。其目的是促进排污者节约和综合利用资源，负担其因利用环境而给环境造成破坏的恢复治理费用，实现社会公平，减轻国家和社会负担。排污费（现已被环境保护税取代）的性质是对因排放污染物所造成环境损失的补偿，并不因此而免除排污者应当承担的其他有关因污染环境造成他人人身、财产损害的责任以及依法应当履行的其他有关环境保护法律规定的义务。（注：2018 年 1 月 1 日《中华人民共和国环境保护税法》开始实施，自此开始征收环境保护税，不再征收排污费。）

7.1.2　环境噪声污染防治法律制度

《中华人民共和国环境噪声污染防治法》（2018 年修改，以下简称《环境噪声污染防治法》）规定：环境噪声污染，是指所产生的环境噪声超过国家规定的环境噪声排放标准，并干扰他人正常生活、工作和学习的现象。

建设项目可能产生环境噪声污染的，建设单位必须提出环境影响报告书，规定环境噪声污染的防治措施，并按照国家规定的程序报生态环境主管部门批准。环境影响报告书中，应当有该建设项目所在地单位和居民的意见。

建设项目的环境噪声污染防治设施必须与主体工程同时设计、同时施工、同时投产使用。

建设项目在投入生产或者使用之前，其环境噪声污染防治设施必须按照国家规定的标准和程序进行验收；达不到国家规定要求的，该建设项目不得投入生产或者使用。

（1）建筑施工噪音排放标准

噪声排放是指噪声源向周围生活环境辐射噪声。在城市市区范围内向周围生活环境排放建筑施工噪声的，应当符合国家规定的建筑施工场界环境噪声排放标准。

建筑施工噪声应当符合建筑施工场界环境噪声排放标准。建筑施工场界环境噪声排放限值，昼间 70dB（A），夜间 55dB（A）。夜间噪声最大声级超过限值的幅度不得高于 15dB（A）。昼间指 6：00 至 22：00 之间的时段；夜间指 22：00 至次日 6：00 之间的时段。

（2）使用机械设备环境噪声污染的申报

《环境噪声污染防治法》规定，在城市市区范围内，建筑施工过程中使用机械设备，可能产生环境噪声污染的，施工单位必须在工程开工 15 日以前向工程所在地县级以上地方人民政府生态环境主管部门申报该工程的项目名称、施工场所和期限、可能产生的环境噪声值以及所采取的环境噪声污染防治措施的情况。

（3）禁止夜间进行产生环境噪声污染的施工作业

《环境噪声污染防治法》规定，在城市市区噪声敏感建筑物集中区域内，禁止夜间进行产生环境噪声污染的建筑施工作业，但抢修、抢险作业和因生产工艺上要求或者特殊需要必须连续作业的除外。

因特殊需要必须连续作业的，必须有县级以上人民政府或者其有关主管部门的证明并必须公告附近居民。

（4）法律责任

① 建设项目中需要配套建设的环境噪声污染防治设施没有建成或者没有达到国家规定的要求，擅自投入生产或者使用的，由县级以上生态环境主管部门责令限期改正，并对单位和个人处以罚款；造成重大环境污染或者生态破坏的，责令停止生产或者使用，或者报经有批准权的人民政府批准，责令关闭。

② 拒报或者谎报规定的环境噪声排放申报事项的，县级以上地方人民政府生态环境主管部门可以根据不同情节，给予警告或者处以罚款。

③ 建筑施工单位在城市市区噪声敏感建筑的集中区域内，夜间进行禁止进行的产生环境噪声污染的建筑施工作业的，由工程所在地县级以上地方人民政府生态环境主管部门责令改正，可以并处罚款。

7.1.3 建设项目大气污染防治制度

企业事业单位和其他生产经营者应当采取有效措施，防止、减少大气污染，对所造成的损害依法承担责任。

①《中华人民共和国大气污染防治法》（2018 年修改）规定：建设单位应当将防治扬尘污染的费用列入工程造价，并在施工承包合同中明确施工单位扬尘污染防治责任。

暂时不能开工的建设用地，建设单位应当对裸露地面进行覆盖。超过 3 个月的，应当进行绿化、铺装或遮盖。

② 施工单位应当制定具体的施工扬尘污染防治实施方案。施工单位应当在施工工地设置硬质围挡，并采取覆盖、分段作业、择时施工、洒水抑尘、冲洗地面和车辆等有效防尘降尘措施。建筑土方、工程渣土、建筑垃圾应当及时清运；在场地内堆存的，应当采用密闭式防尘网遮盖。工程渣土、建筑垃圾应当进行资源化处理。施工单位应当在施工工地公示扬尘污染防治措施、负责人、扬尘监督管理主管部门等信息。

城市范围内主要路段的施工工地应设置高度不小于 2.5m 的封闭围挡，一般路段的施工工地应设置高度不小于 1.8m 的封闭围挡。

③ 土方和建筑垃圾运输应采用封闭式运输车辆或采取覆盖措施。建筑物内施工垃圾的清运，应采用器具或管道运输。

④ 施工现场严禁焚烧各类废弃物。施工现场出入口应设置车辆冲洗设施，并对驶出车辆进行清洗。施工现场土方作业应采取防止扬尘措施，主要道路应定期清扫、洒水。拆除建筑物或构筑物时，应采用隔离、洒水等降噪、降尘措施，并应及时清理废弃物。施工进行切割等作业时，应采取有效防扬尘措施；灰土和无机料应采用预拌进场，碾压过程中应洒水降尘。

⑤ 从事房屋建筑、市政基础设施建设、河道整治以及建筑物拆除等的施工单位，应当向负责监督管理扬尘污染防治的主管部门备案。

⑥ 企业事业单位和其他生产经营者违反法律法规规定排放大气污染物，造成或者可能

造成严重大气污染，或者有关证据可能灭失或者被隐匿的，县级以上人民政府生态环境主管部门和其他负有大气环境保护监督管理职责的部门，可以对有关设施、设备、物品采取查封、扣押等行政强制措施。

7.1.4 建设项目水污染防治制度

《中华人民共和国水污染防治法》（2017 年修改）规定：新建、改建、扩建直接或者间接向水体排放污染物的建设项目和其他水上设施，应当依法进行环境影响评价。

建设单位在江河、湖泊新建、改建、扩建排污口的，应当取得水行政主管部门或者流域管理机构同意。

建设项目的水污染防治设施，应当与主体工程同时设计、同时施工、同时投入使用。水污染防治设施应当符合经批准或者备案的环境影响评价文件的要求。

从事开发建设活动，应当采取有效措施，维护流域生态环境功能，严守生态保护红线。

① 向水体排放污染物的企业事业单位和其他生产经营者，应当按照法律、行政法规和国务院环境保护主管部门的规定设置排污口；在江河、湖泊设置排污口的，还应当遵守国务院水行政主管部门的规定。

② 禁止向水体排放油类、酸液、碱液或者剧毒废液。禁止在水体清洗装储过油类或者有毒污染物的车辆和容器。

禁止向水体排放、倾倒工业废渣、城镇垃圾和其他废弃物。禁止将含有汞、镉、砷、铬、铅、氰化物、黄磷等的可溶性剧毒废渣向水体排放、倾倒或者直接埋入地下。存放可溶性剧毒废渣的场所，应当采取防水、防渗漏、防流失的措施。

禁止在江河、湖泊、运河、渠道、水库最高水位线以下的滩地和岸坡堆放、存贮固体废物和其他污染物。

③ 在饮用水水源保护区内，禁止设置排污口。禁止在饮用水水源一级保护区内新建、改建、扩建与供水设施和保护水源无关的建设项目；已建成的与供水设施和保护水源无关的建设项目，由县级以上人民政府责令拆除或者关闭。禁止在饮用水水源二级保护区内新建、改建、扩建排放污染物的建设项目；已建成的排放污染物的建设项目，由县级以上人民政府责令拆除或者关闭。禁止在饮用水水源准保护区内新建、扩建对水体污染严重的建设项目；改建建设项目，不得增加排污量。

④ 兴建地下工程设施或者进行地下勘探、采矿等活动，应当采取防护性措施，防止地下水污染。人工回灌补给地下水，不得恶化地下水质。

⑤ 施工过程水污染的防治措施：禁止将有毒有害废弃物作土方回填；施工现场搅拌站废水，现制水磨石的污水、电石的污水必须经沉淀池沉淀合格后再排放，最好将沉淀水用于工地洒水降尘或采取措施回收利用；现场存放油料，必须对库房地面进行防渗处理；施工现场 100 人以上的临时食堂，污水排放时可设置简易有效的隔油池，定期清理，防止污染；化学用品、外加剂等要妥善保管，库内存放，防止污染环境。

7.1.5 施工现场固体废物污染防治制度

《中华人民共和国固体废物污染环境防治法》（2020 年修改）规定，产生、收集、贮存、运输、利用、处置固体废物的单位和个人，应当采取措施，防止或者减少固体废物对环境的污染，对所造成的环境污染依法承担责任。施工现场的固体废物主要是建筑垃圾和生活垃圾。

① 建设产生、贮存、利用、处置固体废物的项目，应当依法进行环境影响评价，并遵守国家有关建设项目环境保护管理的规定。

② 建设项目的环境影响评价文件确定需要配套建设的固体废物污染环境防治设施，应当与主体工程同时设计、同时施工、同时投入使用。建设项目的初步设计，应当按照环境保护设计规范的要求，将固体废物污染环境防治内容纳入环境影响评价文件，落实防治固体废物污染环境和破坏生态的措施以及固体废物污染环境防治设施投资概算。

建设单位应当依照有关法律法规的规定，对配套建设的固体废物污染环境防治设施进行验收，编制验收报告，并向社会公开。

③ 收集、贮存、运输、利用、处置固体废物的单位和其他生产经营者，应当加强对相关设施、设备和场所的管理和维护，保证其正常运行和使用。

④ 产生、收集、贮存、运输、利用、处置固体废物的单位和其他生产经营者，应当采取防扬散、防流失、防渗漏或者其他防止污染环境的措施，不得擅自倾倒、堆放、丢弃、遗撒固体废物。

⑤ 禁止任何单位或者个人向江河、湖泊、运河、渠道、水库及其最高水位线以下的滩地和岸坡以及法律法规规定的其他地点倾倒、堆放、贮存固体废物。在生态保护红线区域、永久基本农田集中区域和其他需要特别保护的区域内，禁止建设工业固体废物、危险废物集中贮存、利用、处置的设施、场所和生活垃圾填埋场。

⑥ 转移固体废物出省、自治区、直辖市行政区域贮存、处置的，应当向固体废物移出地的省、自治区、直辖市人民政府生态环境主管部门提出申请。移出地的省、自治区、直辖市人民政府生态环境主管部门应当及时商经接受地的省、自治区、直辖市人民政府生态环境主管部门同意后，在规定期限内批准转移该固体废物出省、自治区、直辖市行政区域。未经批准的，不得转移。

转移固体废物出省、自治区、直辖市行政区域利用的，应当报固体废物移出地的省、自治区、直辖市人民政府生态环境主管部门备案。移出地的省、自治区、直辖市人民政府生态环境主管部门应当将备案信息通报接受地的省、自治区、直辖市人民政府生态环境主管部门。

⑦ 县级以上地方人民政府环境卫生主管部门负责建筑垃圾污染环境防治工作，建立建筑垃圾全过程管理制度，规范建筑垃圾产生、收集、贮存、运输、利用、处置行为，推进综合利用，加强建筑垃圾处置设施、场所建设，保障处置安全，防止污染环境。

⑧ 工程施工单位应当编制建筑垃圾处理方案，采取污染防治措施，并报县级以上地方人民政府环境卫生主管部门备案。

工程施工单位应当及时清运工程施工过程中产生的建筑垃圾等固体废物，并按照环境卫生主管部门的规定进行利用或者处置。

工程施工单位不得擅自倾倒、抛撒或者堆放工程施工过程中产生的建筑垃圾。

⑨ 有下列行为之一，由县级以上地方人民政府环境卫生主管部门责令改正，处以罚款，没收违法所得：

随意倾倒、抛撒、堆放或者焚烧生活垃圾的；擅自关闭、闲置或者拆除生活垃圾处理设施、场所的；工程施工单位未编制建筑垃圾处理方案报备案，或者未及时清运施工过程中产生的固体废物的；工程施工单位擅自倾倒、抛撒或者堆放工程施工过程中产生的建筑垃圾，或者未按照规定对施工过程中产生的固体废物进行利用或者处置的；产生、收集厨余垃圾的单位和其他生产经营者未将厨余垃圾交由具备相应资质条件的单位进行无害化处理的。

7.2　《绿色施工导则》环境保护技术要点

建设部于 2007 年 9 月印发《绿色施工导则》，用于指导建筑工程的绿色施工，并可供其他建设工程的绿色施工参考。绿色施工是指工程建设中，在保证质量、安全等基本要求的前提下，通过科学管理和技术进步，最大限度地节约资源与减少对环境负面影响的施工活动。下面简要介绍其中的环境保护技术要点。

（1）扬尘控制

① 运送土方、垃圾、设备及建筑材料等，不污损场外道路。运输容易散落、飞扬、流漏的物料的车辆，必须采取措施封闭严密，保证车辆清洁。施工现场出口应设置洗车槽。

② 土方作业阶段，采取洒水、覆盖等措施，达到作业区目测扬尘高度小于 1.5m，不扩散到场区外。

③ 结构施工、安装装饰装修阶段，作业区目测扬尘高度小于 0.5m。对易产生扬尘的堆放材料应采取覆盖措施；对粉末状材料应封闭存放；场区内可能引起扬尘的材料及建筑垃圾搬运应有降尘措施，如覆盖、洒水等；浇筑混凝土前清理灰尘和垃圾时尽量使用吸尘器，避免使用吹风器等易产生扬尘的设备；机械剔凿作业时可用局部遮挡、掩盖、水淋等防护措施；高层或多层建筑清理垃圾应搭设封闭性临时专用道或采用容器吊运。

④ 施工现场非作业区达到目测无扬尘的要求。对现场易飞扬物质采取有效措施，如洒水、地面硬化、围挡、密网覆盖、封闭等，防止扬尘产生。

⑤ 构筑物机械拆除前，做好扬尘控制计划。可采取清理积尘、拆除体洒水、设置隔挡等措施。

⑥ 构筑物爆破拆除前，做好扬尘控制计划。可采用清理积尘、淋湿地面、预湿墙体、屋面敷水袋、楼面蓄水、建筑外设高压喷雾状水系统、搭设防尘排栅和直升机投水弹等综合降尘。选择风力小的天气进行爆破作业。

⑦ 在场界四周隔挡高度位置测得的大气总悬浮颗粒物（TSP）月平均浓度与城市背景值的差值不大于 $0.08 mg/m^3$。

（2）噪声与振动控制

① 现场噪声排放不得超过国家标准《建筑施工场界噪声限值》（GB 12523—90）的规定。

② 在施工场界对噪声进行实时监测与控制。监测方法执行国家标准《建筑施工场界噪声测量方法》（GB 12524—90）。

《建筑施工场界环境噪声排放标准》（GB 12523—2011）于 2011 年 12 月发布，并于 2012 年 7 月实施，《建筑施工场界噪声限值》（GB 12523—90）和《建筑施工场界噪声测量方法》（GB 12524—90）同时废止。

③ 使用低噪声、低振动的机具，采取隔声与隔振措施，避免或减少施工噪声和振动。

（3）光污染控制

尽量避免或减少施工过程中的光污染。夜间室外照明灯加设灯罩，透光方向集中在施工范围；电焊作业采取遮挡措施，避免电焊弧光外泄。

（4）水污染控制

① 施工现场污水排放应达到国家标准《污水综合排放标准》（GB 8978—1996）的要求。

② 在施工现场应针对不同的污水，设置相应的处理设施，如沉淀池、隔油池、化粪池等。

③ 污水排放应委托有资质的单位进行废水水质检测，提供相应的污水检测报告。

④ 保护地下水环境。采用隔水性能好的边坡支护技术。在缺水地区或地下水位持续下降的地区，基坑降水尽可能少地抽取地下水；当基坑开挖抽水量大于 50 万立方米时，应进行地下水回灌，并避免地下水被污染。

⑤ 对于化学品等有毒材料、油料的储存地，应有严格的隔水层设计，做好渗漏液收集和处理。

（5）建筑垃圾控制

① 制定建筑垃圾减量化计划，如住宅建筑，每万平方米的建筑垃圾不宜超过 400 吨。

② 加强建筑垃圾的回收再利用，力争建筑垃圾的再利用和回收率达到 30%，建筑物拆除产生的废弃物的再利用和回收率大于 40%。对于碎石类、土石方类建筑垃圾，可采用地基填埋、铺路等方式提高再利用率，力争再利用率大于 50%。

③ 施工现场生活区设置封闭式垃圾容器，施工场地生活垃圾实行袋装化，及时清运。对建筑垃圾进行分类，并收集到现场封闭式垃圾站，集中运出。

（6）土壤保护

① 保护地表环境，防止土壤侵蚀、流失。因施工造成的裸土，及时覆盖砂石或种植速生草种，以减少土壤侵蚀；因施工造成容易发生地表径流土壤流失的情况，应采取设置地表排水系统、稳定斜坡、植被覆盖等措施，减少土壤流失。

② 沉淀池、隔油池、化粪池等不发生堵塞、渗漏、溢出等现象。及时清掏各类池内沉淀物，并委托有资质的单位清运。

③ 对于有毒有害废弃物如电池、墨盒、油漆、涂料等应回收后交有资质的单位处理，不能作为建筑垃圾外运，避免污染土壤和地下水。

④ 施工后应恢复施工活动破坏的植被（一般指临时占地内）。与当地园林、环保部门或当地植物研究机构进行合作，在先前开发地区种植当地或其他合适的植物，以恢复剩余空地地貌或科学绿化，补救施工活动中人为破坏植被和地貌造成的土壤侵蚀。

7.3 建筑节约能源制度

建筑节能是指建筑规划、设计、施工和使用维护过程中，在满足规定的建筑功能要求和室内环境质量的前提下，采取技术措施和管理手段，实现提高能源利用效率、降低运行能耗的活动。建筑工程的建设、设计、施工和监理单位应当遵守建筑节能标准。

《中华人民共和国节约能源法》（2018 年修改）（以下简称《节约能源法》）规定：国家实行固定资产投资项目节能评估和审查制度。不符合强制性节能标准的项目，建设单位不得开工建设；已经建成的，不得投入生产、使用。政府投资项目不符合强制性节能标准的，依法负责项目审批的机关不得批准建设。

《民用建筑节能条例》规定：民用建筑节能，是指在保证民用建筑使用功能和室内热环境质量的前提下，降低其使用过程中能源消耗的活动。城乡规划主管部门依法对民用建筑进行规划审查，应当就设计方案是否符合民用建筑节能强制性标准征求同级建设主管部门的意见；建设主管部门应当自收到征求意见材料之日起 10 日内提出意见。征求意见时间不计算在规划许可的期限内。

对不符合民用建筑节能强制性标准的，不得颁发建设工程规划许可证。

《民用建筑节能条例》明确规定工程建设相关主体的建筑节能义务如下：

7.3.1　施工图设计文件审查机构的节能义务

施工图设计文件审查机构应当按照民用建筑节能强制性标准对施工图设计文件进行审查；经审查不符合民用建筑节能强制性标准的，县级以上地方人民政府建设主管部门不得颁发施工许可证。

7.3.2　建设单位的节能义务

建设单位不得明示或者暗示设计单位、施工单位违反民用建筑节能强制性标准进行设计、施工，不得明示或者暗示施工单位使用不符合施工图设计文件要求的墙体材料、保温材料、门窗、采暖制冷系统和照明设备。

按照合同约定由建设单位采购墙体材料、保温材料、门窗、采暖制冷系统和照明设备的，建设单位应当保证其符合施工图设计文件要求。

建设单位组织竣工验收，应当对民用建筑是否符合民用建筑节能强制性标准进行查验；对不符合民用建筑节能强制性标准的，不得出具竣工验收合格报告。

7.3.3　其他单位的节能义务

设计单位、施工单位、工程监理单位及其注册执业人员，应当按照民用建筑节能强制性标准进行设计、施工、监理。

施工单位应当对进入施工现场的墙体材料、保温材料、门窗、采暖制冷系统和照明设备进行查验；不符合施工图设计文件要求的，不得使用。

工程监理单位发现施工单位不按照民用建筑节能强制性标准施工的，应当要求施工单位改正；施工单位拒不改正的，工程监理单位应当及时报告建设单位，并向有关主管部门报告。

墙体、屋面的保温工程施工时，监理工程师应当按照工程监理规范的要求，采取旁站、巡视和平行检验等形式实施监理。未经监理工程师签字，墙体材料、保温材料、门窗、采暖制冷系统和照明设备不得在建筑上使用或者安装，施工单位不得进行下一道工序的施工。

7.3.4　法律责任

（1）《节约能源法》相关规定

《节约能源法》规定，建筑工程的建设、设计、施工和监理单位应当遵守建筑节能标准。不符合建筑节能标准的建筑工程，建设主管部门不得批准开工建设；已经开工建设的，应当责令停止施工、限期改正；已经建成的，不得销售或者使用。

建设单位违反建筑节能标准的，由建设主管部门责令改正，处 20 万元以上 50 万元以下罚款。

设计单位、施工单位、监理单位违反建筑节能标准的，由建设主管部门责令改正，处10万元以上50万元以下罚款；情节严重的，由颁发资质证书的部门降低资质等级或者吊销资质证书；造成损失的，依法承担赔偿责任。

房地产开发企业违反规定，在销售房屋时未向购买人明示所售房屋的节能措施、保温工程保修期等信息的，由建设主管部门责令限期改正，逾期不改正的，处3万元以上5万元以下罚款；对以上信息作虚假宣传的，由建设主管部门责令改正，处5万元以上20万元以下罚款。

（2）《民用建筑节能条例》相关规定

① 建设单位有下列行为之一的，由县级以上地方人民政府建设主管部门责令改正，处20万元以上50万元以下的罚款：

明示或者暗示设计单位、施工单位违反民用建筑节能强制性标准进行设计、施工的；明示或者暗示施工单位使用不符合施工图设计文件要求的墙体材料、保温材料、门窗、采暖制冷系统和照明设备的；采购不符合施工图设计文件要求的墙体材料、保温材料、门窗、采暖制冷系统和照明设备的；使用列入禁止使用目录的技术、工艺、材料和设备的。

② 建设单位对不符合民用建筑节能强制性标准的民用建筑项目出具竣工验收合格报告的，由县级以上地方人民政府建设主管部门责令改正，处民用建筑项目合同价款2%以上4%以下的罚款；造成损失的，依法承担赔偿责任。

③ 设计单位未按照民用建筑节能强制性标准进行设计，或者使用列入禁止使用目录的技术、工艺、材料和设备的，由县级以上地方人民政府建设主管部门责令改正，处10万元以上30万元以下的罚款；情节严重的，由颁发资质证书的部门责令停业整顿，降低资质等级或者吊销资质证书；造成损失的，依法承担赔偿责任。

④ 施工单位未按照民用建筑节能强制性标准进行施工的，由县级以上地方人民政府建设主管部门责令改正，处民用建筑项目合同价款2%以上4%以下的罚款；情节严重的，由颁发资质证书的部门责令停业整顿，降低资质等级或者吊销资质证书；造成损失的，依法承担赔偿责任。

⑤ 施工单位有下列行为之一的，由县级以上地方人民政府建设主管部门责令改正，处10万元以上20万元以下的罚款；情节严重的，由颁发资质证书的部门责令停业整顿，降低资质等级或者吊销资质证书；造成损失的，依法承担赔偿责任：

未对进入施工现场的墙体材料、保温材料、门窗、采暖制冷系统和照明设备进行查验的；使用不符合施工图设计文件要求的墙体材料、保温材料、门窗、采暖制冷系统和照明设备的；使用列入禁止使用目录的技术、工艺、材料和设备的。

⑥ 工程监理单位有下列行为之一的，由县级以上地方人民政府建设主管部门责令限期改正；逾期未改正的，处10万元以上30万元以下的罚款；情节严重的，由颁发资质证书的部门责令停业整顿，降低资质等级或者吊销资质证书；造成损失的，依法承担赔偿责任：

未按照民用建筑节能强制性标准实施监理的；墙体、屋面的保温工程施工时，未采取旁站、巡视和平行检验等形式实施监理的。对不符合施工图设计文件要求的墙体材料、保温材料、门窗、采暖制冷系统和照明设备，按照符合施工图设计文件要求签字的，依照《建设工程质量管理条例》第六十七条的规定，责令改正，处50万元以上100万元以下的罚款，降低资质等级或者吊销资质证书；有违法所得的，予以没收；造成损失的，承担连带赔偿责任。

⑦ 房地产开发企业销售商品房，未向购买人明示所售商品房的能源消耗指标、节能措施和保护要求、保温工程保修期等信息，或者向购买人明示的所售商品房能源消耗指标与实际能源消耗不符的，依法承担民事责任；由县级以上地方人民政府建设主管部门责令限期改正；逾期未改正的，处交付使用的房屋销售总额 2％ 以下的罚款；情节严重的，由颁发资质证书的部门降低资质等级或者吊销资质证书。

⑧ 注册执业人员未执行民用建筑节能强制性标准的，由县级以上人民政府建设主管部门责令停止执业 3 个月以上 1 年以下；情节严重的，由颁发资格证书的部门吊销执业资格证书，5 年内不予注册。

7.4　劳动合同有关规定

7.4.1　劳动合同的订立

7.4.1.1　订立劳动合同的时间限制

用人单位自用工之日起即与劳动者建立劳动关系。建立劳动关系，应当订立书面劳动合同。已建立劳动关系，未同时订立书面劳动合同的，应当自用工之日起一个月内订立书面劳动合同。

① 因劳动者的原因未能订立劳动合同的法律后果。自用工之日起一个月内，经用人单位书面通知后，劳动者不与用人单位订立书面劳动合同的，用人单位应当书面通知劳动者终止劳动关系，无需向劳动者支付经济补偿，但是应当依法向劳动者支付其实际工作时间的劳动报酬。

② 因用人单位的原因未能订立劳动合同的法律后果。用人单位自用工之日起超过一个月不满一年未与劳动者订立书面劳动合同的，应当依照《中华人民共和国劳动合同法》（以下简称《劳动合同法》）规定向劳动者每月支付两倍的工资，并与劳动者补订书面劳动合同；劳动者不与用人单位订立书面劳动合同的，用人单位应当书面通知劳动者终止劳动关系，并依照《劳动合同法》的规定支付经济补偿。

用人单位自用工之日起满一年未与劳动者订立书面劳动合同的，自用工之日起满一个月的次日至满一年的前一日应当依照《劳动合同法》的规定向劳动者每月支付两倍的工资，并视为自用工之日起满一年的当日已经与劳动者订立无固定期限劳动合同，应当立即与劳动者补订书面劳动合同。

③ 试用期。劳动合同期限三个月以上不满一年的，试用期不得超过一个月；劳动合同期限一年以上不满三年的，试用期不得超过二个月；三年以上固定期限和无固定期限的劳动合同，试用期不得超过六个月。同一用人单位与同一劳动者只能约定一次试用期。

以完成一定工作任务为期限的劳动合同或者劳动合同期限不满三个月的，不得约定试用期。

试用期包含在劳动合同期限内。劳动合同仅约定试用期的，试用期不成立，该期限为劳动合同期限。

劳动者在试用期的工资不得低于本单位相同岗位最低档工资或者劳动合同约定工资的百分之八十，并不得低于用人单位所在地的最低工资标准。

7.4.1.2 劳动合同的无效

下列劳动合同无效或者部分无效：

① 以欺诈、胁迫的手段或者乘人之危，使对方在违背真实意思的情况下订立或者变更劳动合同的；

② 用人单位免除自己的法定责任、排除劳动者权利的；

③ 违反法律、行政法规强制性规定的。

对劳动合同的无效或者部分无效有争议的，由劳动争议仲裁机构或者人民法院确认。

劳动合同部分无效，不影响其他部分效力的，其他部分仍然有效。

劳动合同被确认无效，劳动者已付出劳动的，用人单位应当向劳动者支付劳动报酬。劳动报酬的数额，参照本单位相同或者相近岗位劳动者的劳动报酬确定。

7.4.2 劳动合同的履行和变更

（1）劳动合同的履行

用人单位与劳动者应当按照劳动合同的约定，全面履行各自的义务。

用人单位应当按照劳动合同约定和国家规定，向劳动者及时足额支付劳动报酬。

用人单位拖欠或者未足额支付劳动报酬的，劳动者可以依法向当地人民法院申请支付令，人民法院应当依法发出支付令。

用人单位应当严格执行劳动定额标准，不得强迫或者变相强迫劳动者加班。用人单位安排加班的，应当按照国家有关规定向劳动者支付加班费。

劳动者拒绝用人单位管理人员违章指挥、强令冒险作业的，不视为违反劳动合同。

劳动者对危害生命安全和身体健康的劳动条件，有权对用人单位提出批评、检举和控告。

（2）劳动合同的变更

用人单位与劳动者协商一致，可以变更劳动合同约定的内容。变更劳动合同，应当采用书面形式。

7.4.3 劳动合同的解除及终止

用人单位与劳动者协商一致，可以解除劳动合同。用人单位向劳动者提出解除劳动合同并与劳动者协商一致解除劳动合同的，用人单位应当向劳动者给予经济补偿。

劳动者提前30日以书面形式通知用人单位，可以解除劳动合同。劳动者在试用期内提前3日通知用人单位，可以解除劳动合同。

7.4.3.1 劳动者可以解除劳动合同的情形

《劳动合同法》规定，用人单位有表7-1所列情形之一的，劳动者可以解除劳动合同，用人单位应当向劳动者支付经济补偿。

表 7-1 劳动者单方解除劳动合同情形

解除类型	预告解除	立即解除
通知方式	① 劳动者提前30日以书面形式通知用人单位； ② 试用期内提前3日通知用人单位	不需事先告知用人单位

解除类型	预告解除	立即解除
具体情形	① 未按约定提供劳动保护或者劳动条件的； ② 未及时足额支付劳动报酬的； ③ 未依法为劳动者缴纳社会保险费的； ④ 用人单位的规章制度违反法律、法规的规定，损害劳动者权益的； ⑤ 因以欺诈、胁迫的手段或者乘人之危，使对方在违背真实意思的情况下订立或者变更劳动合同的规定的情形致使劳动合同无效的	① 用人单位以暴力、威胁或者非法限制人身自由的手段强迫劳动者劳动的； ② 用人单位违章指挥、强令冒险作业危及劳动者人身安全的

7.4.3.2　用人单位可以解除劳动合同的情形

除用人单位与劳动者协商一致，用人单位可以与劳动者解除合同外，有表 7-2 所列情形之一的，用人单位也可以与劳动者解除合同。

表 7-2　用人单位解除劳动合同情形

解除类型	预告解除	随时解除
通知及补偿	① 用人单位提前 30 日以书面形式通知劳动者； ② 额外支付 1 个月工资	① 用人单位可随时解除； ② 不支付补偿
具体情形	① 劳动者患病或非因工负伤，医疗期满后不能从事原工作，也不能从事另行安排工作的； ② 劳动者不能胜任工作，经过培训或调整工作岗位仍不能胜任的； ③ 原劳动合同订立时所依据的客观情况发生重大变化，致使合同无法履行，未能就变更合同达成协议的	① 在试用期间被证明不符合录用条件的； ② 严重违反劳动纪律或单位规章制度的； ③ 严重失职、营私舞弊，对用人单位造成重大损害的； ④ 劳动者同时与其他用人单位建立劳动关系，对完成本单位工作造成严重影响，经过提出拒不改正的； ⑤ 以欺诈胁迫手段或乘人之危与单位订立劳动合同，致使劳动合同无效的； ⑥ 被依法追究刑事责任的

7.4.3.3　经济性裁员

有下列情形之一，需要裁减人员 20 人以上或者裁减不足 20 人但占企业职工总数 10%以上的，用人单位提前 30 日向工会或者全体职工说明情况，听取工会或者职工的意见后，裁减人员方案经向劳动行政部门报告，可以裁减人员，用人单位应当向劳动者支付经济补偿：

① 依照企业破产法规定进行重整的；

② 生产经营发生严重困难的；

③ 企业转产、重大技术革新或者经营方式调整，经变更劳动合同后，仍需裁减人员的；

④ 其他因劳动合同订立时所依据的客观经济情况发生重大变化，致使劳动合同无法履行的。

裁减人员时，应当优先留用下列人员：

① 与本单位订立较长期限的固定期限劳动合同的；

② 与本单位订立无固定期限劳动合同的；

③ 家庭无其他就业人员，有需要扶养的老人或者未成年人的。

用人单位依照规定裁减人员，在 6 个月内重新招用人员的，应当通知被裁减的人员，并在同等条件下优先招用被裁减的人员。

7.4.3.4 用人单位不得解除劳动合同的情形

劳动者有下列情形之一的，用人单位不得解除劳动合同：

① 从事接触职业病危害作业的劳动者未进行离岗前职业健康检查，或者疑似职业病病人在诊断或者医学观察期间的；

② 在本单位患职业病或者因工负伤并被确认丧失或者部分丧失劳动能力的；

③ 患病或者非因工负伤，在规定的医疗期内的；

④ 女职工在孕期、产期、哺乳期的；

⑤ 在本单位连续工作满 15 年，且距法定退休年龄不足 5 年的；

⑥ 法律、行政法规规定的其他情形。

7.4.3.5 劳动合同终止

有下列情形之一的，劳动合同终止：

① 劳动合同期满的；

② 劳动者开始依法享受基本养老保险待遇的；

③ 劳动者死亡，或者被人民法院宣告死亡或者宣告失踪的；

④ 用人单位被依法宣告破产的；

⑤ 用人单位被吊销营业执照、责令关闭、撤销或者用人单位决定提前解散的；

⑥ 法律、行政法规规定的其他情形。

7.4.3.6 违约及经济补偿

经济补偿按劳动者在本单位工作的年限，每满 1 年支付 1 个月工资的标准向劳动者支付。6 个月以上不满 1 年的，按 1 年计算；不满 6 个月的，向劳动者支付半个月工资的经济补偿。劳动者月工资高于用人单位所在直辖市、设区的市级人民政府公布的本地区上年度职工月平均工资三倍的，向其支付经济补偿的标准按职工月平均工资三倍的数额支付，向其支付经济补偿的年限最高不超过十二年。

月工资是指劳动者在劳动合同解除或者终止前 12 个月的平均工资。按照劳动者应得工资计算，包括计时工资或者计件工资以及奖金、津贴和补贴等货币性收入。

用人单位违反《劳动合同法》的规定解除或者终止劳动合同，劳动者要求继续履行劳动合同的，用人单位应当继续履行；劳动者不要求继续履行劳动合同或者劳动合同已经不能继续履行的，用人单位应当依照《劳动合同法》规定的经济补偿标准的 2 倍向劳动者支付赔偿金，不再支付经济补偿，赔偿金的计算年限自用工之日起计算。

7.4.4 劳动争议的处理

《中华人民共和国劳动争议调解仲裁法》规定："发生劳动争议，当事人不愿协商、协商不成或者达成和解协议后不履行的，可以向调解组织申请调解；不愿调解、调解不成或者达成调解协议后不履行的，可以向劳动争议仲裁委员会申请仲裁；对仲裁裁决不服的，除本法另有规定的外，可以向人民法院提起诉讼。"

【例题 1】劳动者出现下列情形时，用人单位可以随时解除劳动合同的是（B）。

A. 在试用期后被证明不符合录用条件

B. 严重违反用人单位的规章制度

C. 被起诉有大量欠债

D. 经常生病不能从事岗位工作

【例题2】下列情形中，用人单位可以解除劳动合同的是（D）。

A. 职工患病，在规定的医疗期内　　　　B. 女职工在孕期内

C. 女职工在哺乳期内　　　　　　　　　D. 在试用期间被证明不符合录用条件

【例题3】劳动合同履行过程中，劳动者不需事先告知用人单位，可以立即与用人单位解除劳动合同的情形有（DE）。

A. 在试用期内

B. 用人单位濒临破产

C. 用人单位未依法缴纳社会保险费

D. 用人单位违章指挥、强令冒险作业危及劳动者人身安全

E. 用人单位以暴力、威胁手段强迫劳动者劳动

【例题4】用人单位可以解除劳动合同，但是应当提前30日以书面形式通知劳动者本人的是（D）。

A. 劳动者因交通肇事被追究刑事责任的

B. 劳动者因工伤致残，在规定的医疗期满后不能安排合适工作的

C. 劳动者严重失职，营私舞弊，对用人单位造成重大损害的

D. 劳动者不能胜任工作，经过培训或者调整工作，仍不能胜任工作的

本章提要及目标

环境保护基本制度，工程建设各种环境污染防治及节能制度，劳动合同制度。

贯彻环境保护基本国策，提高环保及节能意识，维护劳动者合法权益。

本 章 习 题

一、单选题

1. 根据《劳动合同法》，劳动者有下列情形的，用人单位不得解除劳动合同的是（　　）。

A. 在试用期间被证明不符合录用条件的

B. 严重违反用人单位规章制度的

C. 患病或非因工负伤，在规定的医疗期内的

D. 被依法追究刑事责任的

2. 劳动者可以立即解除劳动合同且无须事先告知用人单位的情形是（　　）。

A. 用人单位未按照劳动合同约定提供劳动保护或者劳动条件

B. 用人单位以暴力、威胁或者非法限制人身自由的手段强迫劳动者劳动

C. 用人单位未及时足额支付劳动报酬

D. 用人单位制定的规章制度违反法律、法规的规定，损害劳动者的权益

3.张某因不能胜任工作，公司经理办公会研究决定，从8月1日起解除与张某的劳动合同。根据法律规定，该公司最迟应于（　　　）前以书面形式通知张某。

    A.6月1日　　　　　B.6月16日　　　　　C.7月2日　　　　　D.7月16日

4.根据《劳动合同法》的规定，下列表述中不符合试用期规定的是（　　　）。

    A.劳动合同的期限在3个月以下的，可以不做试用期的约定

    B.劳动合同的期限在3个月以上不满1年的，试用期不得超过1个月

    C.劳动合同的期限在1年以上不满3年的，试用期不得超过2个月

    D.劳动合同的期限在3年以上的，试用期不得超过6个月

5.施工企业与劳动者签订了一份期限为2年半的劳动合同，施工企业和劳动者的试用期依法最长不得超过（　　　）个月。

    A.1　　　　　　　B.2　　　　　　　C.3　　　　　　　D.6

二、简答题

1.什么是建设项目环境影响评价制度？

2.施工噪声排放有哪些规定？

3.施工过程水污染的防治措施有哪些？

4.用人单位在什么情况下不能解除劳动合同？

第8章　建设工程纠纷的解决及法律责任

建设工程纠纷主要分为民事纠纷和行政纠纷。民事纠纷主体之间的法律地位平等，主要是财产关系方面的民事纠纷，如合同纠纷。行政纠纷是工程当事人和有关行政机关间的争议，主要因行政执法行为，包括行政许可、行政处罚、行政强制、行政裁决引起。行政纠纷主要通过行政复议和行政诉讼来解决。

8.1　建设工程民事纠纷的解决

工程当事人的民事争议，主要的处理办法有和解、调解、争议评审、仲裁和诉讼。当事人可以通过和解或者调解解决合同争议。当事人不愿和解、调解或者和解、调解不成的，可以根据仲裁协议向仲裁机构申请仲裁。当事人没有订立仲裁协议或者仲裁协议无效的，可以向人民法院起诉。根据我国有关法律的规定，裁决当事人民事纠纷时，实行"或裁或审制"，即当事人在订立合同时，双方应当约定发生合同纠纷时，在"仲裁"或者"诉讼"两种方式中，只能选择一种方式。

8.1.1　和解

和解是指当事人在自愿互谅的基础上，经过协商对争议解决达成协议，自行解决争议的一种方式。

和解达成的协议不具有强制执行效力，可以成为原合同的补充部分。当事人不按照和解达成的协议履行，另一方当事人不可以申请法院强制执行，可以追究其违约责任。和解的应用很灵活，可以在多种情形下达成和解协议。发生合同争议后，双方当事人应当进行广泛的、深入的协商，争取通过和解解决争议。

（1）诉讼前和解

诉讼前和解是指当事人之间就争议的事项，自愿达成协议、解决纠纷。

（2）诉讼中和解

当事人在诉讼中庭外和解的，可以由原告申请撤诉，经法院裁定撤诉后结束诉讼。也可以请求法院调解，制作调解书，经双方当事人签名盖章产生法律效力。

（3）执行中和解

发生法律效力的民事判决、裁定在执行过程中，双方当事人可以自愿达成和解协议，一方当事人不履行和解协议的，人民法院可以根据对方当事人的申请，恢复对原生效法律文书的执行。

（4）仲裁中和解

《中华人民共和国仲裁法》（以下简称《仲裁法》）规定，当事人申请仲裁后，可以自行和解。

仲裁中和解是双方当事人的自愿行为，不需要仲裁庭的参与。达成和解协议的，可以请求仲裁庭根据和解协议作出裁决书，也可以撤回仲裁申请。当事人达成和解协议，撤回仲裁申请后又反悔的，可以根据原仲裁协议重新申请仲裁。

8.1.2 调解

（1）调解的概念

调解是指第三人作为调解人，应纠纷当事人的请求，依法或依合同约定，对双方当事人进行说服教育，居中调停，使其在互相谅解、互相让步的基础上解决其纠纷的一种途径。调解达成的协议不具有强制执行力，相当于签订一个补充协议。

和解与调解的区别在于：和解是当事人之间自愿协商，达成的协议，没有第三人参加，而调解是在第三人主持下进行疏导、劝说，使之相互谅解，自愿达成协议。

（2）调解的种类

① 民间调解。这类调解是指在当事人以外的第三人或组织的主持下，通过相互谅解，使纠纷得到解决的方式。民间调解达成的协议不具有强制执行力，靠当事人自觉履行。

② 行政调解。这类调解是指在有关行政机关的主持下，依据相关法律、行政法规、规章及政策，处理纠纷的方式。行政调解达成的协议也不具有强制执行力，靠当事人自觉履行。

③ 法院调解。法院调解是指在诉讼过程中，在人民法院的主持下，在双方当事人自愿的基础上，以制作调解书的形式解决纠纷的方式。法院调解书经双方当事人签收后，具有强制执行力，效力与判决书相同。调解未达成协议或者调解书送达前一方反悔的，法院应当及时判决。

④ 仲裁调解。仲裁调解是指在仲裁过程中，仲裁庭在作出裁决前进行调解的解决纠纷的方式。当事人自愿调解的，仲裁庭应当调解。仲裁调解达成协议，仲裁庭应当制作调解书或者根据协议的结果制作裁决书。调解书与裁决书具有同等法律效力，调解书经双方当事人签收后即发生法律效力。

法院和仲裁机构主持的调解协议，在当事人双方签收后，不但具有法律约束力，而且直接具备强制执行力。

【例题1】和解（A）进行。

A. 可以在民事纠纷的任何阶段　　　　　B. 只能在诉讼阶段

C. 只能在诉讼之前　　　　　　　　　　D. 只能在诉讼之后

【例题2】下列关于和解的说法错误的是（C）。

A. 和解是当事人自行解决争议的一种方式

B. 当事人在申请仲裁或提起民事诉讼后仍然可以和解

C. 和解协议具有强制执行的效力

D. 和解可以发生在民事诉讼的任何阶段

［解析］和解达成的协议不具有强制执行力，相当于签订了一个补充协议。

【例题3】下列纠纷解决途径中，可以获得具有强制执行效力的法律文书的是（ABE）。

A. 诉讼　　　　　　B. 法院调解　　　　　　C. 和解

D. 行政调解　　　　E. 仲裁

【例题 4】施工单位与物资供应单位因采购的防水材料质量问题发生争议，双方多次协商，但没有达成和解。关于此争议的处理，下列说法中正确的是（A）。

A. 双方依仲裁协议申请仲裁后，仍可以和解

B. 如果双方在申请仲裁后达成了和解协议，该和解协议即具有法律强制执行力

C. 如果双方通过诉讼方式解决争议，不能再和解

D. 双方申请仲裁后，不可以和解

【例题 5】关于调解法律效力的说法中，正确的有（AE）。

A. 法院调解书经双方当事人签收后，具有强制执行的法律效力

B. 仲裁调解书经人民法院确认后，即发生法律效力

C. 经总监理工程师调解达成的调解协议具有强制执行的法律约束力

D. 经行政机关调解达成的调解协议，具有强制执行的法律效力

E. 仲裁委员会调解达成的调解协议经双方当事人签收后，具有强制执行的法律效力

【例题 6】王某在施工中腿部受伤，施工队支付了医药费和治疗期间工资，双方就伤残补偿问题达成书面协议，约定再付 1 万元，王某不可以起诉。但是王某收款后又起诉。以下关于达成协议的方式、协议效力以及王某诉讼权利的说法中，正确的是（ADE）。

A. 双方是通过和解方式达成协议的

B. 双方是通过调解方式达成协议的

C. 协议书在双方签收后具有强制执行力

D. 协议书具有法律效力

E. 王某仍有权起诉

8.1.3　争议评审

建设工程争议评审，是指在工程开始时或工程进行过程中当事人选择的独立于任何一方当事人的争议评审专家组成评审小组，就当事人发生的争议及时提出解决问题的建议或者作出决定的实时争议解决方式。

争议评审是近年来在国际工程合同争议解决中出现的一种方式，其特点介于调解与仲裁之间，但与两者又有所不同，双方不愿和解、调解或者和解、调解不成的，可以将争议提请争议评审小组决定。

《标准施工招标文件》中规定了争议评审内容，即当事人之间的争议在提交仲裁或者在诉讼前可以申请专家组成的评审组进行评审。

采用争议评审的，发包人和承包人应在开工日后的 28 天内或在争议发生后，协商成立争议评审组。争议评审组由有合同管理和工程实践经验的专家组成。

发包人和承包人接受评审意见的，由监理人根据评审意见拟定执行。经争议双方签字后作为合同的补充文件，并遵照执行。发包人或承包人不接受评审意见，并要求提交仲裁或提起诉讼的，应在收到评审意见后的 14 天内将仲裁或起诉意向书面通知另一方，并抄送监理人。但在仲裁或诉讼结束前应暂按总监理工程师的确定执行。

《施工合同（示范文本）》通用条款规定，合同当事人可以共同选择一名或三名争议评审员，组成争议评审小组。除专用合同条款另有约定外，合同当事人应当自合同签订后 28 天内，或者争议发生后 14 天内，选定争议评审员。

合同当事人可在任何时间将与合同有关的任何争议共同提请争议评审小组进行评审。争

议评审小组应秉持客观、公正原则，充分听取合同当事人的意见，依据相关法律、规范、标准、案例经验及商业惯例等，自收到争议评审申请报告后 14 天内作出书面决定，并说明理由。

争议评审小组作出的书面决定经合同当事人签字确认后，对双方具有约束力，双方应遵照执行。

任何一方当事人不接受争议评审小组决定或不履行争议评审小组决定的，双方可选择采用其他争议解决方式。

8.1.4 仲裁

仲裁指发生争议的当事人根据达成的仲裁协议，自愿将该争议提交中立的仲裁机构进行裁判的争议解决的方式。仲裁也是解决民事纠纷的重要途径，由于仲裁本身的特点，在建设工程纠纷的解决过程中被广泛选用。

（1）仲裁的特点

仲裁具有以下特点：

① 自愿性。当事人的自愿性是仲裁最突出的特点，仲裁以双方当事人的自愿为前提。仲裁协议是仲裁的前提，仲裁协议是指当事人自愿将他们之间已经发生或者可能发生的争议提交仲裁解决的协议。仲裁协议应当包括请求仲裁的意思表示、仲裁事项、选定的仲裁委员会三项内容。

仲裁协议一经有效成立，即对当事人产生法律约束力。发生纠纷后，当事人只能向仲裁协议中约定的仲裁机构申请仲裁，而不能就该纠纷向法院提起诉讼。有效的仲裁协议排除人民法院对仲裁协议约定争议事项的司法管辖权。

② 专业性。具有一定专业水平和能力的专家担任仲裁员，对当事人之间的纠纷进行裁决是仲裁公正性的重要保障。

③ 保密性。仲裁以不公开审理为原则。有关的仲裁法律和仲裁规则也同时规定了仲裁员及仲裁秘书人员的保密义务。仲裁的保密性较强。

④ 快捷性。仲裁实行一裁终局制，仲裁裁决一经仲裁庭作出即发生法律效力，当事人之间的纠纷能够迅速得以解决。当事人就同一争议再申请仲裁或者向法院起诉的，仲裁委员会或者法院不应受理。但是当事人对仲裁委员会作出的裁决不服时，并提出足够的证明、证据，可以向法院申请撤销裁决。如果撤销裁决的申请被法院裁定驳回，仲裁委员会作出的裁决仍然要执行。

⑤ 独立性。仲裁机构独立于行政机构，仲裁机构之间也无隶属关系，仲裁庭独立进行仲裁，不受任何机关、社会团体和个人的干涉。

（2）仲裁庭组成

当事人约定由 3 名仲裁员组成仲裁庭的，应当各自选定或者各自委托仲裁委员会主任指定 1 名仲裁员，第三名仲裁员由当事人共同选定或者共同委托仲裁委员会主任指定。第三名仲裁员是首席仲裁员。

独任仲裁员应当由当事人共同选定或者共同委托仲裁委员会主任指定。当事人没有在规定期限内选定的，由仲裁委员会主任指定。

（3）仲裁和解、调解

仲裁和解是指仲裁当事人通过协商，自行解决已提交仲裁的争议事项的行为。《仲裁法》

规定，当事人申请仲裁后，可以自行和解。当事人达成和解协议的，可以请求仲裁庭根据和解协议作出裁决书，也可以撤回仲裁申请。如果当事人撤回仲裁申请后反悔的，则可以仍根据原仲裁协议申请仲裁。

仲裁调解是指在仲裁庭的主持下，仲裁当事人在自愿协商、互谅互让基础上达成协议从而解决纠纷的一种制度。《仲裁法》规定，在作出裁决前可以先行调解。当事人自愿调解的，仲裁庭应当调解。调解不成的，应当及时作出裁决。

经仲裁庭调解，双方当事人达成协议的，仲裁庭应当制作调解书，经双方当事人签收后即发生法律效力。如果在调解书签收前当事人反悔的，仲裁庭应当及时作出裁决。仲裁庭除了可以制作仲裁调解书之外，也可以根据协议的结果制作裁决书。调解书与裁决书具有同等的法律效力。

（4）仲裁裁决

仲裁裁决是指仲裁庭对当事人之间所争议的事项进行审理后所作出的终局的权威性判定。仲裁裁决的作出标志着当事人之间的纠纷的最终解决。

当仲裁庭成员不能形成一致意见时，按多数仲裁员的意见作出仲裁裁决；在仲裁庭不能形成多数意见时，按首席仲裁员的意见作出裁决。仲裁裁决从裁决书作出之日起发生法律效力。其效力体现在以下几点：

① 当事人不得就已经裁决的事项再行申请仲裁，也不得就此提起诉讼。

② 仲裁机构不得随意变更已经生效的仲裁裁决。

③ 其他任何机关或个人均不得变更仲裁裁决。

④仲裁裁决具有执行力。在裁决履行期限内，义务方不履行仲裁裁决，权利方可申请人民法院强制执行。

（5）法院对仲裁的协助和监督

① 法院对仲裁的协助。

a.财产保全。财产保全措施包括查封、扣押、冻结以及法律规定的其他方法。

b.证据保全。证据保全是指在证据可能毁损、灭失或者以后难以取得的情况下，为保存其证明作用而采取一定的措施加以确定和保护的制度。

c.强制执行仲裁裁决。仲裁裁决具有强制执行力，对双方当事人都有约束力，当事人应该自觉履行。但仲裁机构没有强制执行仲裁裁决的权力。《仲裁法》规定，一方当事人不履行仲裁裁决的，另一方当事人可以依照民事诉讼法的有关规定向人民法院申请执行，受申请的人民法院应当执行。

② 法院对仲裁的监督。

当事人提出证据证明裁决有下列情形之一的，可以在自收到仲裁裁决书之日起 6 个月内向仲裁委员会所在地的中级人民法院申请撤销仲裁裁决：没有仲裁协议的；裁决的事项不属于仲裁协议的范围或者仲裁委员会无权仲裁的；仲裁庭的组成或者仲裁的程序违反法定程序的；裁决所根据的证据是伪造的；对方当事人隐瞒了足以影响公正裁决证据的；仲裁员在仲裁该案时有索贿受贿、徇私舞弊、枉法裁决行为的。

在仲裁裁决执行过程中，如果被申请人提出证据证明裁决有下列情形之一的，经法院组成合议庭审查核实，裁定不予执行该仲裁裁决：当事人在合同中没有订有仲裁条款或者事后没有达成书面仲裁协议的；裁决的事项不属于仲裁协议的范围或者仲裁机构无权仲裁的；仲裁庭的组成或者仲裁的程序违反法定程序的；认定事实和主要证据不足的；适用法律有错误的；仲裁员在仲裁该案时有贪污受贿、徇私舞弊、枉法裁决行为的。

【例题7】关于仲裁的说法，正确的是（C）。

A. 仲裁委员会隶属行政机关

B. 仲裁以公开审理为原则

C. 仲裁委员会由当事人协商确定

D. 仲裁裁决作出后可以上诉

【例题8】关于我国仲裁基本制度的说法，正确的是（B）。

A. 当事人对仲裁不服的，可以提起诉讼

B. 当事人达成仲裁协议，一方向法院起诉的，人民法院不予受理

C. 当事人没有仲裁协议而申请仲裁的，仲裁委员会应当受理

D. 仲裁协议不能排除法院对案件的司法管辖权

［解析］选项A错误，仲裁实行一裁终局制，当事人对仲裁不服的不能提起诉讼。选项C错误，仲裁协议是仲裁的前提。选项D错误，有效的仲裁协议排除了法院对案件的司法管辖权。

【例题9】关于仲裁裁决的说法，正确的有（CDE）。

A. 仲裁裁决应当根据仲裁员的意见作出，形不成多数意见的，由仲裁委员会讨论决定

B. 仲裁裁决没有强制执行力

C. 当事人可以请求仲裁庭根据双方的和解协议作出裁决

D. 仲裁实行一裁终局制，当事人不可以就已经裁决的事项再次申请仲裁

E. 仲裁裁决一经作出立即发生法律效力

【例题10】某建设工程施工合同纠纷案件在仲裁过程中，首席仲裁员甲认为应该裁决合同无效，仲裁员乙和仲裁员丙认为应裁决合同继续履行，则仲裁庭应（C）作出裁决。

A. 重新组成仲裁庭经评议后　　　　　B. 请示仲裁委员会主任并按其意见

C. 按乙和丙的意见　　　　　　　　　D. 按甲的意见

8.1.5　民事诉讼

民事诉讼是指人民法院在当事人和其他诉讼参与人的参加下，以审理、裁判、执行等方式解决民事纠纷的活动。民事诉讼是以司法方式解决平等主体之间的纠纷，是由法院代表国家行使审判权解决民事争议的方式。民事诉讼是解决民事纠纷的最终方式，只要没有仲裁协议的民事纠纷最终都可以通过民事诉讼解决。

调解、仲裁均建立在当事人自愿的基础上，只要有一方不愿意选择上述方式解决争议，调解、仲裁就无从进行。民事诉讼则不同，只要原告起诉符合民事诉讼法规定的条件，无论被告是否愿意，诉讼均会发生。同时，若当事人不能自觉履行生效裁判所确定的义务，法院可以依法强制执行。

《中华人民共和国民事诉讼法》是调整和规范法院和诉讼参与人的各种民事诉讼活动的基本法律。

（1）民事诉讼基本制度

① 公开审判制度。公开审判制度是指人民法院审理民事案件，除法律规定的情况外，审判过程及结果应当向社会公开的制度。

② 回避制度。回避制度是指为了保证案件的公正审判而要求与案件有一定利害关系的审判人员或其他有关人员不得参与本案的审理活动或诉讼活动的审判制度。

③ 合议制度。合议制度是指由 3 人以上单数人员组成合议庭，对民事案件进行集体审理和评议裁判的制度。合议庭评议案件，实行少数服从多数的原则。在民事诉讼过程中，除适用简易程序由审判员一人独任审判以外，均采用合议制度。

④ 两审终审制度。两审终审制度是指一个民事案件经过两级法院审理就宣告终结的制度。

（2）审判程序

① 第一审程序。第一审程序包括普通程序和简易程序。普通程序是指人民法院审理第一审民事案件通常适用的程序。普通程序是第一审程序中最基本的程序，具有独立性和广泛性，是整个民事审判程序的基础。

在审判过程中，在查清案件事实的基础上，当事人愿意调解的，可以当庭进行调解；当事人不愿调解或调解不成的，法院应当及时裁决。当事人也可以在诉讼开始后至裁决作出之前，随时向法院申请调解，法院认为可以调解时也可以随时调解。当事人自愿达成调解协议后，多数情况下，法院应当制作调解书，调解书送达双方当事人。调解不成的，应当及时判决。

人民法院适用普通程序审理的案件，应在立案之日起 6 个月内审结，有特殊情况需延长的，由本院院长批准，可延长 6 个月；还需要延长的，报请上级人民法院批准。

② 第二审程序。第二审程序又叫终审程序，是指民事诉讼当事人不服地方各级人民法院未生效的第一审裁判，在法定期限内向上级人民法院提起上诉，上一级人民法院对案件进行审理所适用的程序。第二审程序并不是每一个民事案件的必经程序，如果当事人在案件第一审过程中达成调解协议或者在上诉期内未提起上诉，第一审法院的裁判就发生法律效力，第二审程序也因无当事人的上诉而无从发生，当事人的上诉是第二审程序发生的前提。

③ 审判监督程序。审判监督程序即再审程序，是指由有审判监督权的法定机关和人员提起，或由当事人申请，由人民法院对发生法律效力的判决、裁定、调解书再次审理的程序。

（3）执行程序

执行是指人民法院依照法定的程序，对发生法律效力的法律文书确定的给付内容，以国家强制力为后盾，依法采取强制措施，迫使义务人履行义务的行为。

执行根据主要有：人民法院制作的发生法律效力的民事判决书、裁定书以及生效的调解书等；人民法院作出的具有财产给付内容的发生法律效力的刑事判决书、裁定书；仲裁机构制作的依法由人民法院执行的仲裁裁决书、生效的仲裁调解书等。

执行措施主要有：查封、冻结、划拨被执行人的存款；扣留、提取被执行人的收入；查封、扣押、拍卖、变卖被执行人的财产；对被执行人及其住所或财产隐匿地进行搜查；强制被执行人交付法律文书指定的财物或票证；强制被执行人迁出房屋或退出土地；强制被执行人履行法律文书指定的行为；办理财产权证照转移手续；强制被执行人支付迟延履行期间的债务利息或迟延履行金。

8.2　建设工程行政纠纷的解决

行政纠纷的法律解决途径主要有行政复议和行政诉讼。

行政复议是指行政机关根据上级行政机关对下级行政机关的监督权，在当事人的申请和参加下，按照行政复议程序对具体行政行为进行合法性和适当性审查，并作出裁决解决行政侵权争议的活动。

行政诉讼是指人民法院应当事人的请求，通过审查行政行为合法性的方式，解决特定范围内行政争议的活动。

除法律、法规规定必须先申请行政复议的以外，行政纠纷当事人可以自由选择申请行政复议还是提起行政诉讼。行政纠纷当事人对行政复议决定不服的，除法律规定行政复议决定为最终裁决的以外，可以依照《中华人民共和国行政诉讼法》的规定向人民法院提起行政诉讼。

8.2.1 行政复议

（1）可以申请行政复议的事项

行政复议保护的是公民、法人或其他组织的合法权益，行政争议当事人认为行政机关的行政行为侵犯其合法权益的，有权依法提出行政复议申请。当事人可以申请行政复议的情形通常包括：

① 行政处罚。当事人对行政机关作出的警告、罚款、没收违法所得、没收非法财物、责令停产停业、暂扣或者吊销许可证、暂扣或者吊销执照、行政拘留等行政处罚决定不服的。

② 行政强制措施。当事人对行政机关作出的限制人身自由或者查封、扣押、冻结财产等行政强制措施决定不服的。

③ 行政许可。当事人对行政机关作出的有关许可证、执照、资质证、资格证等证书变更、中止、撤销的决定不服的，以及当事人认为符合法定条件，申请行政机关颁发许可证、执照、资质证、资格证等证书，或者申请行政机关审批、登记等有关事项，行政机关没有依法办理的。

④ 认为行政机关侵犯其合法的经营自主权的。

⑤ 认为行政机关违法集资、征收财物、摊派费用或者违法要求履行其他义务的。

⑥ 认为行政机关的其他具体行政行为侵犯其合法权益的。

（2）行政复议申请

公民、法人或者其他组织认为具体行政行为侵犯其合法权益的，可以自知道该具体行政行为之日起 60 日内提出行政复议申请；但法律规定的申请期限超过 60 日的除外。因不可抗力或者其他正当理由耽误法定申请期限的，申请期限自障碍消除之日起继续计算。

申请人对县级以上地方各级人民政府工作部门的具体行政行为不服的，申请人可以向该部门的本级人民政府申请行政复议，也可以向上一级主管部门申请行政复议。

【例题11】某企业对 H 市甲县生态环境局作出的罚款行为不服，可以向下列行政机关中的（AE）提起行政复议。

A. H 市生态环境局　　　　　　　B. H 市人民政府

C. 甲县生态环境局　　　　　　　D. 甲县人大常委会

E. 甲县人民政府

［解析］对县级以上地方各级人民政府工作部门的具体行政行为不服的，由申请人选择，可以向该部门的本级人民政府申请行政复议，也可以向上一级主管部门申请行政复议。

8.2.2　行政诉讼

行政诉讼是国家审判机关为解决行政争议，运用司法程序而依法实施的整个诉讼行为及其过程。包括第一审程序、第二审程序和审判监督程序。

行政诉讼的被告只能是行政管理中的管理方，即作为行政主体的行政机关和法律、法规授权的组织。行政诉讼的原告只能是行政管理中的相对方，即公民、法人或者其他组织。

8.3　法律责任

8.3.1　行政法律责任

行政法律责任，是指有违反有关行政管理的法律规范的规定，但尚未构成犯罪的行为依法所应当受到的法律制裁。行政法律责任主要包括行政处分和行政处罚。

（1）行政处分

行政处分，是指国家机关、企事业单位和社会团体依据行政管理法规、规章、章程、纪律等，对其所属人员或者职工的违法失职行为所作的处罚。

对国家公务员的行政处分形式包括：警告、记过、记大过、降级、撤职、开除等。

对职工的行政处分形式包括：警告、记过、记大过、降级、撤职、留用察看、开除等。

（2）行政处罚

行政处罚是指行政主体依据法定权限和程序，对违反行政法规的行政相对人给予的法律制裁。

① 行政处罚的种类。行政处罚的种类包括：警告，罚款，没收违法所得，没收违法建筑物、构筑物和其他设施，责令停业整顿，吊销资质证书，吊销执业资格证书和其他许可证、执照，法律、行政法规规定的其他行政处罚。

② 行政赔偿。行政赔偿是指行政机关及其工作人员在行使行政职权过程中，因其行为或者不作为违法而侵犯了公民、法人或者其他组织的合法权益并造成实际损害，由国家给予受害人赔偿的法律制度。

建设行政主管部门和其他相关部门及其工作人员，在对建筑活动实施监督管理的过程中，不履行其职责或不正当行使权力，侵犯公民、法人或其他组织的合法利益并造成损失的，应当承担赔偿责任。

8.3.2　民事法律责任

《民法典》将承担民事责任的方式规定为：停止侵害；排除妨碍；消除危险；返还财产；恢复原状；修理、重作、更换；赔偿损失；支付违约金；消除影响，恢复名誉；赔礼道歉；继续履行。

8.3.3　刑事法律责任

刑事法律责任是指犯罪主体因违反刑法规定，实施犯罪行为应承担的法律责任。

刑事法律责任的承担方式是刑罚，刑罚是刑法规定的由国家审判机关依法对犯罪分子所适用的剥夺或限制其某种权益的最严厉的法律强制方法。包括主刑和附加刑两种刑事责任。主刑分为管制、拘役、有期徒刑、无期徒刑和死刑。附加刑分为罚金、剥夺政治权利、没收财产。对犯罪的外国人，也可以独立或附加适用驱逐出境。

（1）索贿、受贿、行贿的刑事法律责任

① 公司、企业人员受贿罪。公司、企业人员受贿罪是指公司、企业的工作人员利用职务上的便利，索取他人财物或者非法收受他人财物，为他人谋取利益，数额较大的行为。

② 对公司、企业人员行贿罪。对公司、企业人员行贿罪是指为谋取不正当利益，给予公司、企业的工作人员以财物，数额较大的行为。

③ 受贿罪。受贿罪是指国家工作人员利用职务上的便利，索取他人财物，或者非法收受他人财物，为他人谋取利益的行为。

④ 行贿罪。行贿罪是指为谋取不正当利益，给予国家工作人员财物的行为。

（2）工程重大安全事故的刑事法律责任

工程重大安全事故罪是指建设单位、设计单位、施工单位、工程监理单位违反国家规定，降低工程质量标准，造成重大安全事故的行为。

重大安全事故是指建筑工程在建设中及交付使用后，由于达不到质量标准或者存在严重问题，导致工程倒塌或报废等后果，致人伤亡或者造成重大经济损失。

（3）重大劳动安全事故的刑事法律责任

重大劳动安全事故罪是指工厂、矿山、林场、建筑企业或者其他企业、事业单位的劳动安全设施不符合国家规定，经有关部门或单位职工提出后，对事故隐患仍不采取措施，因而发生重大伤亡事故或者造成其他严重后果的行为。

重大伤亡事故是造成 3 人以上重伤或 1 人以上死亡的事故。其他严重后果，主要是造成重大经济损失，产生极坏的影响，引起单位职工强烈不满导致停工等。

（4）重大责任事故的刑事法律责任

重大责任事故罪是指工厂、矿山、林场、建筑企业或者其他企业、事业单位的职工，由于不服管理，违反规章制度，或者强令工人违章冒险作业，因而发生重大伤亡事故或者造成其他严重后果的行为。

建设工程三种法律责任的承担方式对比见表 8-1。

表 8-1　建设工程三种法律责任的承担方式对比

法律责任	民事责任		行政责任		刑事责任	
	违约责任	侵权责任	行政处罚 （对行政相对人）	行政处分 （对内部工作人员）	主刑	附加刑
承担方式	① 继续履行 ② 赔偿损失 ③ 支付违约金 ④ 采取补救措施 ⑤ 定金罚则	① 停止侵害 ② 排除妨碍 ③ 消除危险 ④ 返还财产 ⑤ 恢复原状 ⑥ 修理、重作、更换 ⑦ 消除影响、恢复名誉 ⑧ 赔礼道歉	① 警告 ② 罚款 ③ 没收违法所得、没收非法财物 ④ 责令停产停业 ⑤ 暂扣或吊销许可证和执照 ⑥ 行政拘留	① 警告 ② 记过 ③ 记大过 ④ 降级 ⑤ 撤职 ⑥ 开除	① 管制 ② 拘役 ③ 有期徒刑 ④ 无期徒刑 ⑤ 死刑	① 罚金 ② 剥夺政治权利 ③ 没收财产 ④ 驱逐出境

本章提要及目标

工程纠纷的解决方式及工程建设相关法律责任。

树立责任意识，培养分析和解决工程纠纷的能力，依法从事建筑活动，维护自身合法权益。

本章习题

一、单选题

1. 甲、乙双方因施工合同纠纷，经仲裁机构裁决乙方应承担责任，然而乙方拒不履行生效的裁决。根据《仲裁法》规定，甲方可以（ ）。

    A. 向法院申请撤销裁决   B. 向人民法院起诉

    C. 向上级仲裁机构申诉   D. 向人民法院申请执行

2. 甲、乙双方因工程施工合同发生纠纷，甲公司向法院提起了民事诉讼。审理过程中，在法院的主持下，双方达成了调解协议，法院制作了调解书并送达了双方当事人。双方签收后，乙公司又反悔，则下列说法正确的是（ ）。

    A. 甲公司可以向人民法院申请强制执行

    B. 人民法院应当根据调解书进行判决

    C. 人民法院应当认定调解书无效并及时判决

    D. 人民法院应当认定调解书无效并重新进行调解

3. 民事法律责任的承担方式中不包括（ ）。

    A. 恢复原状   B. 消除危险   C. 赔礼道歉   D. 没收财产

4. 行政法律责任的承担方式包括行政处罚和（ ）。

    A. 行政复议   B. 行政处分   C. 行政赔偿   D. 行政许可

5. 甲、乙两公司签订一份仲裁协议，该仲裁协议的内容可以不包括（ ）。

    A. 选定的仲裁委员会   B. 仲裁事项

    C. 双方不到法院起诉的承诺   D. 请求仲裁的意思表示

6. 建设单位在施工合同履行中未能按约定付款，由此可能承担的法律责任是（ ）。

    A. 警告   B. 支付违约金   C. 罚款   D. 赔礼道歉

7. 下列关于我国仲裁基本制度的表述错误的是（ ）。

    A. 仲裁实行一裁终局的制度

    B. 当事人没有仲裁协议而申请仲裁的，仲裁委员会应当受理

    C. 当事人达成有效仲裁协议，一方向人民法院起诉的，人民法院不予受理

    D. 有效的仲裁协议可以排除法院对案件的司法管辖权

二、多选题

1. 对市建设行政主管部门作出的具体行政行为，当事人不服，可以向（ ）申请行政复议。

    A. 市建设行政主管部门   B. 市人民政府

C. 省级建设行政主管部门　　　　　　　D. 省级人民政府

E. 国务院建设行政主管部门

2. 在仲裁过程中，调解是解决双方争议的有效方法。下列说法错误的是（　　　）。

A. 仲裁庭在作出裁决前，必须先行调解

B. 调解不成的，应当及时作出裁决

C. 调解达成协议的，仲裁庭只能制作调解书

D. 调解书不具有强制执行力

E. 在调解书签收前当事人反悔的，仲裁庭应当及时作出裁决

3. 仲裁和诉讼都是解决纠纷的方式，与诉讼相比，仲裁具有的特点有（　　　）。

A. 当事人对仲裁庭的组成有权选定

B. 仲裁基于当事人的协议授权

C. 仲裁制度是基于当事人的协议授权，可以自由选择仲裁委员会

D. 仲裁制度一次裁决即终局

E. 仲裁裁决的效力低于诉讼判决

本章在线测试题

参考文献

［1］ 谭丽丽.建设工程招标投标与合同管理［M］.北京：中国建筑工业出版社，2021.

［2］ 住房城乡建设部高等学校土建学科教学指导委员会.建设法规教程［M］.4 版.北京：中国建筑工业出版社，2018.

［3］ 朱宏亮.建设法规教程［M］.2 版.北京：中国建筑工业出版社，2019.

［4］ 杜月秋.民法典条文对照与重点解读［M］.北京：法律出版社，2020.

［5］ 全国一级建造师执业资格考试用书编写委员会.建设工程法规及相关知识［M］.北京：中国建筑工业出版社，2021.

［6］ 顾永才.建设法规［M］.5 版.武汉：华中科技大学出版社，2019.

［7］ 刘文锋.建设法规教程［M］.3 版.北京：中国建材工业出版社，2020.

［8］ 何佰洲.工程建设法规与案例［M］.3 版.北京：中国建材工业出版社，2019.

［9］ 李永军.合同法［M］.北京：中国人民大学出版社，2020.

［10］ 徐勇戈.建设法规［M］.北京：机械工业出版社，2020.

［11］ 王平.工程招投标与合同管理［M］.2 版.北京：清华大学出版社，2020.